중국우언(中國寓言)

춘추전국시대(春秋戰國時代) 편
― 백가쟁명의 창과 방패 ―

중국우언(中國寓言)

춘추전국시대(春秋戰國時代)편
― 백가쟁명의 창과 방패 ―

초 판 인 쇄   2017년 08월 21일
초 판 발 행   2017년 08월 31일

역 해 자   권 석 환
발 행 인   윤 석 현
발 행 처   도서출판 박문사
책 임 편 집   최 인 노
등 록 번 호   제2009-11호

우 편 주 소   서울시 도봉구 우이천로 353 성주빌딩 3층
대 표 전 화   02) 992 / 3253
전   송   02) 991 / 1285
홈 페 이 지   http://www.jncbms.co.kr
전 자 우 편   bakmunsa@hanmail.net

ⓒ 권석환, 2017. Printed in KOREA

ISBN 979-11-87425-29-8 03190   정가 48,000원

중국우언(中國寓言)

춘추전국시대(春秋戰國時代)편

─ 백가쟁명의 창과 방패 ─

권석환(權錫煥) 역해

박문사

≪중국우언≫서

≪중국우언≫(춘추전국시대 편-백가쟁명의 창과 방패)을 세상에 낸다.

이 책에 실린 우언은 춘추전국(春秋戰國, 기원전 770－기원전 221년)시대의 제자백가서(諸子百家書)에서 뽑아 번역하고 해설을 붙인 것이다. 대략 300여 편을 수록했다.

춘추전국시대는 중국 사상과 문화의 기초를 마련하였고, 백가쟁명(百家爭鳴)이라는 위대한 문화유산을 남겼다. 이 시기의 우언은 백가쟁명의 무대에서 공격의 예리한 창이면서도 방어의 든든한 방패이기도 하였다. 그래서 이 책의 부제를 ≪백가쟁명의 창과 방패≫로 정했다.

우언은, 말하는 사람이 직접 말하는 것이 아니라 이야기 속에 의미를 숨겨 에둘러 남이 말하는 방식을 취한다. 춘추전국시대 제자백가들이 자신이 말하려고 했던 사상, 인격, 전략, 처세술 등을 이야기를 통해 에둘러 전달하려고 했던 것은, 백가쟁명이라는 치열한 토론의 장에서 우위를 확보하기 위해서였다. 의미를 담는 힘이 강할수록 논쟁의 힘이 강했기 때문이다.

우언 이야기는 길이가 짧고 구조가 매우 간단하다. 그러나 그 의미를 파악하기 그리 쉽지 않다. 예를 들면, 오십보백보(五十步百步)·'알묘조장(揠苗助長)'·'한단학보(邯鄲學步)'·'포정해우(庖丁解牛)'·'기로망양(岐路亡羊)'·'남원북철(南轅北轍)'·'휼방상쟁(鷸蚌相爭)'·'화사첨족(畵蛇添足)'·'모순(矛盾)'·'일명동인(一鳴動人)'·'연작지지(燕雀之志)'·정저지와

(井底之蛙) 등은 우리에게 매우 익숙한 우언 이야기이지만 막상 그 의미를 파악하기 쉽지 않다. 왜냐하면 이야기로 구성된 우언 속에는 철학적 담론, 역사에 대한 견해, 때로는 군신 간의 정책 대결, 삶의 방식들이 숨겨져 있기 때문이다. 한번 읽으면 표면적인 의미는 금방 이해가 되지만 이면에 숨어있는 뜻은 쉽게 드러나지 않는다. 그러므로 우언을 읽는 것은 이야기 속에 숨어있는 의미를 찾아내는 과정이라고 할 수 있다.

수천 년 전의 춘추전국시대 우언을 왜 읽어야 하는가? 이것은 이솝우화를 왜 읽느냐는 물음과 다르지 않다. 우언 속에는 시간을 초월하는 인간의 보편적 심리와 이성이 담겨있다. 과도한 욕망에 대한 경계, 우매함에 대한 풍자, 겸손과 예지에 대한 권유 등 인류공통의 삶에 필요한 덕목이 담겨 있다. 그러면서도 우언은 융통성이 강하여 각 시대의 여러 장르와 어울려 새로운 의미를 만들어내기도 한다.

이 책에 수록된 우언의 제목은 역자가 붙인 것으로, 우리말과 한자어로 나누어져 있다. 우언의 원문은 수록하지 않고 번역만 배치하였다. 번역은 가급적 현대 어투를 사용하려고 노력하였고, 읽기 편리하도록 한 문장이 끝나면 줄을 바꾸었다. 그 다음으로 우언에 담긴 우의(寓意)를 한 줄로 정리하였다. 가급적 원작자의 의미를 최우선으로 했고, 그것을 훼손하지 않는 선에서 새로운 해석을 붙였다. 이야기에 대한 이해가 부족할 경우 해제와 참고를 통해 약간 보충 설명을 하였다.

역자는 1984년 석사과정 때 ≪장자≫를 읽으면서 중국 우언을 처음 접하였다. 그것은 자연스럽게 박사과정으로 이어져 춘추전국 시대 우언을 논문 주제로 삼기에 이르렀다. 이 때가 1990년 초반이었다. 이 원고는 당시 학위 논문을 쓰면서 틈틈이 번역했던 것이니 아마도 20년 이상 지났을 것이다. 이렇게 오래 묵은 원고를 다시 들추는 것은, 우언에 담긴 백가쟁명 정신이 소통의 부재 시대에 조금이나마 깨우침이 되지 않을까 하는 생각 때문이다.

원고 정리를 시작하던 지난해 여름은 무척 더웠다. 더위를 식혀줄 태풍도 불지 않았다. 수목은 갈증과 병충에 시달렸다. 세상은 찌는 더위보다 더욱 답답했다. 게다가 정치적 불통이 절벽처럼 가로막아 갑갑하였다.

그러나 불통의 절벽을 향해 절규하던 수백만의 함성이 드디어 새로운 돌파구를 열었다. 백가쟁명은 여전히 위대하였다! 그리고 다시 여름을 맞이하였다. 이 책이 위대한 백가쟁명에 참여하길 바란다.

끝으로, 삽화를 그려주신 상명대 유동관 교수님, 교정을 도와준 지영, 대영 그리고 출판을 맡아주신 윤석현 사장님을 비롯한 박문사 관계자 여러분께 감사의 말씀을 드린다.

2017년 8월 어느 날

목 차

《중국우언》서 / 5

제1장 《논어(論語)》 우언   19

  論-1   닭을 잡는데 어찌 소 잡는 칼을 쓰는가! | 殺鷄牛刀   21

제2장 《묵자(墨子)》 우언   23

  墨-1   실을 물들이다 | 國亦有染   25
  墨-2   도둑 잡는 방법은 하나 | 盜無自出   26
  墨-3   잘록한 허리를 좋아했던 초나라 왕 | 楚王好細腰   27
  墨-4   용감한 무사를 좋아했던 월왕(越王) 구천(勾踐) | 勾踐好勇   29
  墨-5   동기와 결과 | 墨子言利   31
  墨-6   남의 집 아이를 때리다 | 隣家之父   32
  墨-7   대나무 까치 만들기 | 竹木爲鵲   33
  墨-8   개구리와 새벽 닭 | 多言何益   34

제3장 《맹자(孟子)》 우언   35

  孟-1   오십 보 백 보 | 五十步笑百步   37
  孟-2   싹의 목을 뽑아 자라는 것을 돕다 | 揠苗助長   39
  孟-3   어찌 원칙을 버리랴 | 不失其馳   40
  孟-4   초나라 사람이 제나라 말을 배우다 | 楚人學齊語   42
  孟-5   닭 잡아먹은 사람의 뻔뻔함 | 攘鷄非義   43
  孟-6   봉몽의 활쏘기 학습 | 逄蒙學射   44
  孟-7   제나라의 어떤 남편 | 齊人有一妻一妾   45
  孟-8   고기 삶아 먹고 변명하기 | 校人烹魚   47
  孟-9   날아가는 기러기에 마음이 있다 | 鴻鵠將至   49

莊-1 뱁새가 봉황을 비웃다 | 斥鷃笑鵬 53
莊-2 제주가 도마를 넘어가 주방장을 대신해서야 | 越俎代庖 55
莊-3 송(宋)나라 갓 장수 | 宋人適越 57
莊-4 쓸모없는 것의 쓰임 | 無用之用 59
莊-5 조삼모사 | 朝三暮四 61
莊-6 여희(麗姬)의 후회 | 後悔其泣 63
莊-7 그림자 테두리가 그림자에게 묻다 | 罔兩問影 64
莊-8 백정의 소 잡는 원리(道) | 庖丁解牛 65
莊-9 들꿩의 자유 | 野雉樂志 67
莊-10 사마귀가 수레를 막다 | 螳螂拒轍 68
莊-11 사랑도 때를 가려야 | 愛馬不時 69
莊-12 쓸모없는 나무 | 不材之木 70
莊-13 지리소(支離疏)의 행복 | 支離其德 72
莊-14 돼지 새끼의 도망 | 豘子之走 73
莊-15 혹부리 영감 | 甕㼜大癭 74
莊-16 거품으로 적셔주기 | 相濡以沫 75
莊-17 대장장이의 제련 | 大冶鑄金 76
莊-18 혼돈의 죽음 | 混沌之死 77
莊-19 양을 잃어버리기는 마찬가지 | 臧穀亡羊 79
莊-20 좀도둑과 큰 도둑의 차이 | 胠篋探囊 80
莊-21 도둑질에도 노(道)가 있다 | 盜亦有道 81
莊-22 기계에 의존하려는 마음 | 心有機事 82
莊-23 문둥이가 한밤에 아이를 낳다 | 厲人生子 84
莊-24 수레바퀴를 깎는 노인 | 輪扁斵輪 85
莊-25 짚으로 만든 개 | 芻狗 87
莊-26 서시(西施)의 찌푸림 | 東施效顰 88
莊-27 바다를 바라보며 감탄하다 | 望洋興嘆 90
莊-28 진정한 승리 | 蘷蚿蛇風 93
莊-29 우물 안 개구리 | 坎井之蛙 95
莊-30 서울 걸음마 배우기 | 邯鄲學步 97
莊-31 차라리 진흙탕 속에서 살리라 | 曳尾塗中 99
莊-32 부엉이가 썩은 쥐를 잡다 | 鴟得腐鼠 101
莊-33 물고기의 즐거움 | 濠梁之樂 103
莊-34 장자 아내의 죽음 | 莊子妻死 105
莊-35 장자와 해골의 대화 | 髑髏見夢 107
莊-36 바다 새를 기르는 방법 | 魯侯養鳥 109

莊-37 꼽추의 매미잡기 | 痀瘻承鳥   110
莊-38 뱃사공의 배 젓기 | 津人操舟   112
莊-39 부족한 점을 채우지 않으면 | 不鞭其後   114
莊-40 구차하게 살아가다 | 苟生有辱   115
莊-41 싸움닭 조련과정 | 木鷄德全   116
莊-42 폭포에서 헤엄치는 사내 | 呂梁丈夫   117
莊-43 잡념을 버려라 | 梓慶削木   119
莊-44 동야직의 말몰이 | 東野稷之御   121
莊-45 나무와 거위의 운명 | 材與不材   122
莊-46 예쁜 여우와 얼룩 담비의 처세법 | 豊狐文豹   124
莊-47 세상을 자유롭게 사는 방법 | 方舟濟河   125
莊-48 동해 새가 사는 법 | 東海有鳥   126
莊-49 군자의 사귐은 물처럼 담백하다 | 君子之交   127
莊-50 원숭이와 가시 | 處勢不便   128
莊-51 사마귀가 매미를 노리다 | 螳螂捕蟬   129
莊-52 송나라의 두 여인 | 宋姸二人   131
莊-53 노나라에는 유학자가 적다 | 魯國少儒   132
莊-54 진정한 화공 | 解衣般礴   134
莊-55 열자의 활쏘기 공부 | 列子學射   135
莊-56 가죽띠 기술자 | 大馬捶鈎   137
莊-57 장자가 혜자의 무덤을 지나다 | 匠石運斤   138
莊-58 달팽이 뿔의 전쟁 | 蝸角之戰   140
莊-59 수레바퀴 자국 속의 붕어 | 轍中鮒魚   141
莊-60 임공자(任公子)의 낚시 | 任氏釣魚   143
莊-61 시(詩)와 예(禮)를 이용하여 무덤을 도굴하다 | 詩禮發冢   145
莊-62 그물을 두려워하지 않는 물고기 | 魚不畏網   147
莊-63 도척(盜跖)이 공자(孔子)를 꾸짖다 | 盜跖罵孔子   149
莊-64 어떤 바보의 이야기 | 畏影惡迹   153
莊-65 용 잡는 기술 | 學屠龍術   154
莊-66 임금님의 치질과 수레 | 舐痔得車   155

제5장 ≪열자(列子)≫ 우언   157

列-1 기우 | 杞憂   159
列-2 도둑질하는 이치 | 爲盜之道   161
列-3 바닷가 갈매기 | 海上漚鳥   163
列-4 조삼모사 | 朝三暮四   164
列-5 윤씨의 낮과 밤 | 尹氏治産   166

列-6 연(燕)나라 사람의 귀국길 | 燕人還國 168

列-7 우공이산 | 愚公移山 170

列-8 해를 잡으려다 죽은 과보 | 夸父追日 173

列-9 두 아이가 태양의 거리를 따지다 | 兩兒辯日 175

列-10 낚시질과 집중력 | 詹何釣魚 177

列-11 편작의 심장교환수술 | 扁鵲換心 179

列-12 설담의 노래 공부 | 薛譚學謳 181

列-13 명창 한아 | 韓娥善歌 183

列-14 지음지교 | 知音之交 185

列-15 신묘한 기교 | 神工造化 187

列-16 활쏘기 공부 | 紀昌學射 189

列-17 말몰이 공부 | 造父習御 191

列-18 햇볕을 바치려던 농부 | 田夫獻曝 193

列-19 시(施)씨와 맹(孟)씨의 두 아들 | 得時失時 194

列-20 뽕도 따고 임도 보려다가 | 道見桑婦 196

列-21 도둑의 근본적인 퇴치법 | 擧賢任用 197

列-22 재주도 때를 잘 만나야 | 蘭子進技 199

列-23 구방고의 말 고르기 | 相馬之道 201

列-24 갈림길에서 양을 잃어버리다 | 岐路亡羊 203

列-25 은혜의 본뜻 | 獻鳩放生 205

列-26 세상에는 귀천의 구분이 없다 | 類無貴賤 207

列-27 어느 가난한 자의 항변 | 豈辱馬醫 209

列-28 명분과 실질 | 得遺契者 210

列-29 바른말이 오해를 부르다 | 枯梧不祥 211

列-30 도끼를 잃어버리고 이웃을 의심하다 | 亡鈇疑隣 212

列-31 제나라 사람의 변명 | 齊人攫金 213

제6장 《한비자(韓非子)》 우언 215

韓-1 정무공(鄭武公)의 계략 | 武公伐胡 217

韓-2 자기 자식 말만 믿다 | 智子疑隣 218

韓-3 미자하(彌子瑕)가 총애를 잃다 | 彌子瑕 219

韓-4 화씨의 구슬 | 和氏之璧 221

韓-5 명의 편작(扁鵲)의 선견지명 | 扁鵲之見 223

韓-6 순망치한 | 脣亡齒寒 225

韓-7 주왕(紂王)의 상아 젓가락 | 紂爲象箸 229

韓-8 자한(子罕)의 보배 | 子罕之寶 231

韓-9 상아로 만든 나뭇잎 | 三年成一葉 233

11

韓-10 왕자기(王子期)의 말 모는 법 | 必不在馬　235
韓-11 삼 년 동안 울지 않다 | 三年不鳴　237
韓-12 눈으로 눈썹을 보지 못하다 | 目不見睫　240
韓-13 자신을 이기는 것이 강한 것 | 子夏自勝　241
韓-14 얻고 싶거든 잠시 주어라 | 欲取姑予　243
韓-15 물이 마른 연못 속의 뱀 | 涸澤之蛇　245
韓-16 늙은 말이 길을 알아본다 | 老馬識途　247
韓-17 불사약 | 不死之藥　249
韓-18 교묘한 속임수와 서투른 진실 | 樂羊食子　251
韓-19 세상이 다 취해있을 때 나만 깨어있으면 | 天下失日　255
韓-20 노나라 사람이 월나라에 가다 | 魯人去越　256
韓-21 심기는 어려워도 뽑아버리기는 쉽다 | 樹難去易　258
韓-22 딸에게 시집가서 딴 주머니를 차라고 한다 | 因私積聚　259
韓-23 노단(魯丹)의 세 번 유세 | 魯丹三說　261
韓-24 백락(伯樂)의 말 고르는 법 | 伯樂相馬　263
韓-25 코와 눈을 조각하는 방법 | 刻削之道　265
韓-26 양포(楊布)의 집 개 | 楊布擊狗　266
韓-27 월나라 사람이 과녁이 되려고 한다 | 越人持的　267
韓-28 송나라의 큰 장사꾼 | 宋之富賈　268
韓-29 말몰이로 왕을 만나다 | 以御見王　269
韓-30 허유와 갓 | 許由之冠　270
韓-31 이 세 마리와 돼지의 피 | 三蝨爭訟　271
韓-32 입이 둘 달린 독사 | 一身兩口　272
韓-33 아부는 멈추지 않는다 | 文子出亡　273
韓-34 아궁이 꿈을 꾸다 | 侏儒見竈　274
韓-35 제왕이 하백을 만나다 | 河伯大神　276
韓-36 반대하는 사람을 잃어서는 안된다 | 王亡其半　277
韓-37 숙손(叔孫)과 그 부자의 죽음 | 不參之患　279
韓-38 세 사람이 시장에 호랑이가 있다고 말하다 | 三人言市有虎　282
韓-39 깊은 계곡에 들어가면 반드시 죽는다 | 入澗必死　284
韓-40 근엄하지 못한 통치 | 游吉不嚴　286
韓-41 자애로움은 패망의 길이다 | 功至於亡　288
韓-42 월왕 구천이 개구리에게 절하다 | 句踐式蛙　289
韓-43 떨어진 바지도 공로가 있어야 하사한다 | 必待有功　290
韓-44 합주와 독주의 차이 | 濫竽充數　291
韓-45 한소후(韓昭侯)의 명쾌한 관찰 | 昭侯明察　292
韓-46 똥으로 목욕하다 | 李季浴矢　294
韓-47 부부의 기도 | 夫妻祈禱　296

韓-48 미녀의 코가 잘리다 | 刀劓美人　　　　　　　297
韓-49 불고기 속의 머리카락 | 上炙髮繞　　　　　　299
韓-50 상자만 사고 진주를 되돌려주다 | 買櫝還珠　　301
韓-51 가시 끝에 조각하기 | 棘刺母猴　　　　　　　303
韓-52 정나라 사람의 나이 따지기 | 鄭人爭年　　　　305
韓-53 귀신 그리기가 가장 쉽다 | 畵犬馬難　　　　　306
韓-54 쓸모없이 커다란 표주박 | 屈穀巨瓠　　　　　307
韓-55 앞뒤가 꽉 막힌 아내 | 卜妻縫袴　　　　　　309
韓-56 수레의 멍에를 모르다 | 不識車軛　　　　　　311
韓-57 물 먹이다 자라를 잃어버리다 | 卜妻飮鱉　　　312
韓-58 내 멋대로 해석하기 | 郢書燕說　　　　　　313
韓-59 정나라 사람의 신발사기 | 鄭人買履　　　　　315
韓-60 실천이 믿음이다 | 不躬不親　　　　　　　　316
韓-61 송양공의 인자함 | 宋襄之仁　　　　　　　　318
韓-62 말에서 내려 달려간 제경공 | 不如下走　　　　320
韓-63 증자(曾子)의 돼지 잡기 | 曾子殺彘　　　　　322
韓-64 초려왕의 경보 | 楚厲王有警　　　　　　　324
韓-65 하나면 족하다 | 夔一足　　　　　　　　　325
韓-66 유생(儒生)은 잡기를 하지 않는다 | 儒者不博　327
韓-67 서문표의 다스림 | 西門豹爲鄴　　　　　　329
韓-68 밑 빠진 옥잔 | 玉卮無當　　　　　　　　331
韓-69 주막집의 사나운 개 | 狗猛酒酸　　　　　　333
韓-70 사당의 쥐 | 社鼠　　　　　　　　　　　335
韓-71 정신이 분산되면 | 王子於期　　　　　　　337
韓-72 물고기를 좋아했던 공손의 | 公孫儀嗜魚　　338
韓-73 조보가 눈물을 흘린 이유 | 造父泣涕　　　　340
韓-74 모순 | 矛盾　　　　　　　　　　　　　342
韓-75 수주대토 | 守株待兎　　　　　　　　　344

제7장 ≪상군서(商君書)≫ 우언　　　　　　　345

商-1 욕심장이 동곽창 | 東郭敞　　　　　　　　347

제8장 ≪윤문자(尹文子)≫ 우언　　　　　　　349

尹-1 영원한 바보 | 悅名喪實　　　　　　　　351
尹-2 허울의 탈을 벗어라 | 違名得實　　　　　　352
尹-3 들꿩이 봉황으로 둔갑하다 | 山雉與鳳凰　　354
尹-4 옥을 얻은 농부 | 田父得玉　　　　　　　356

尹-5　마을의 어떤 영감 | 莊里丈人　　　　　　　　　358
尹-6　옥과 쥐 | 周人懷璞　　　　　　　　　　　　　359

제9장 ≪순자(荀子)≫ 우언　　　　　　　　　　　361

荀-1　뱁새의 둥지 | 蒙鳩爲巢　　　　　　　　　　　363
荀-2　바보 겁쟁이 | 愚而善畏　　　　　　　　　　　364
荀-3　증자의 눈물 | 曾子食魚　　　　　　　　　　　365
荀-4　기울어진 그릇 | 敧器　　　　　　　　　　　　366

제10장 ≪관자(管子)≫ 우언　　　　　　　　　　367

管-1　곧은 나무를 먼저 놓아야 | 先傅直木　　　　　369
管-2　착각 | 駁象虎疑　　　　　　　　　　　　　　370

제11장 ≪안자춘추(晏子春秋)≫ 우언　　　　　371

晏-1　기우제 | 景公祈雨　　　　　　　　　　　　　373
晏-2　두 개의 복숭아로 세 명의 무사를 죽이다 | 二桃殺三士　375
晏-3　월석보 | 越石父　　　　　　　　　　　　　　378
晏-4　의기양양한 마부 | 晏子之御　　　　　　　　　381
晏-5　소머리 걸어 놓고 말고기를 팔다 | 牛頭馬肉　　383
晏-6　안자가 초나라에 사신으로 가다 | 晏子使楚　　385
晏-7　귤이 회수를 건너면 탱자가 된다 | 橘化爲枳　　387

제12장 ≪신자(慎子)≫ 우언　　　　　　　　　　389

慎-1　혀는 남아 있으되 이는 없어졌다 | 舌存齒亡　391
慎-2　모르면 용감하다 | 過峽不慄　　　　　　　　392

제13장 ≪갈관자(鶡冠子)≫ 우언　　　　　　　　395

鶡-1　누가 최고 명의인가 | 孰最善醫　　　　　　　397

제14장 ≪위문후서(魏文侯書)≫ 우언　　　　　　399

魏-1　약속은 지켜야 한다 | 魏文侯期獵　　　　　　401
魏-2　남에게 기대서는 안된다 | 五不足恃　　　　　402

第15장 ≪복자(宓子)≫ 우언　　　　　　　　　　405

　宓-1　양교어와 방어 | 陽橋與魴　　　　　　407

第16장 ≪경자(景子)≫ 우언　　　　　　　　　　409

　景-1　맡기기와 통제하기 | 任人任力　　　　411

第17장 ≪호비자(胡非子)≫ 우언　　　　　　　413

　胡-1　활과 화살 | 弓矢　　　　　　　　　　415

第18장 ≪시자(尸子)≫ 우언　　　　　　　　　　417

　尸-1　뒤돌아본 사슴 | 回頭張望　　　　　　419
　尸-2　그대에게 모두 맡기리 | 張子委制　　　420
　尸-3　오직 용기 하나로 | 孟賁重勇　　　　　421
　尸-4　독은 제거되어야 한다 | 巫馬期買酖　　422

第19장 ≪궐자(闕子)≫ 우언　　　　　　　　　　423

　闕-1　계수꽃 미끼와 황금 낚시 바늘 | 桂餌金鉤　　425
　闕-2　바보가 연석을 줍다 | 愚人得燕石　　426

第20장 ≪어릉자(於陵子)≫ 우언　　　　　　　429

　於-1　달팽이와 개미 | 中州之蝸　　　　　　431

第21장 ≪국어(國語)≫ 우언　　　　　　　　　　433

　國-1　냇둑은 막으면 반드시 무너진다 | 川壅必潰　　435

第22장 송옥(宋玉) 우언　　　　　　　　　　　　437

　宋-1　유행가와 대중 | 曲高和寡　　　　　　439

第23장 ≪여씨춘추(呂氏春秋)≫ 우언　　　　　441

　呂-1　황양(黃羊)의 인물추천 | 去私爲公　　443
　呂-2　의(義)를 위해 자식을 죽이다 | 行義殺子　445
　呂-3　열자의 활쏘기 공부 | 列子學射　　　447
　呂-4　지성이면 감천 | 夜聞擊磬　　　　　　448

15

呂-5 폭군과 명군의 차이 | 網開三面   450

呂-6 고지식한 직궁 | 直躬之信   452

呂-7 가당치 않은 용기 | 割肉相啖   454

呂-8 도끼를 잃고 남을 의심하다 | 亡鈇之疑   455

呂-9 노끈을 사용하는 마음 | 用組之心   456

呂-10 고슴도치도 제 자식은 귀엽다고 한다 | 魯有醜者   458

呂-11 제비의 안목 | 燕雀之志   459

呂-12 냄새나는 사나이 | 逐臭之夫   460

呂-13 아는 것이 화근 | 牛缺遇盜   461

呂-14 연못을 말려 진주를 찾다 | 竭池求珠   463

呂-15 공자의 말이 달아나다 | 孔子馬逸   464

呂-16 야수의 상부상조 | 蹷與蚷蚷距虛   466

呂-17 강의 수위는 항상 변한다 | 荊人涉澭   468

呂-18 각주구검 | 刻舟求劍   470

呂-19 아비와 아들은 다르다 | 其父善游   471

呂-20 썩은 오동나무 | 疑枯梧樹   472

呂-21 풀리지 않는 매듭 | 以不解解   473

呂-22 안회가 먼저 밥을 먹다 | 顏回攫甑   474

呂-23 등석(鄧析)의 궤변 | 鄧析之辯   476

呂-24 억지가 판치는 세상 | 强取人衣   477

呂-25 팔꿈치를 잡아당기다 | 時掣搖肘   478

呂-26 꿈속에서조차 굴복하지 않으려고 한다 | 尋夢決鬪   480

呂-27 말을 다루는 법 | 取道殺馬   482

呂-28 천하의 선비 | 天下之士   483

呂-29 보검과 교룡 | 次非斬蛟   485

呂-30 현명한 사람이 민심을 얻는다 | 賢者得民   487

呂-31 나를 밝혀줄 사람 | 士之明己   489

呂-32 유왕(幽王)의 북 | 幽王擊鼓   491

呂-33 귀신에 홀린 노인 | 黎丘丈人   493

呂-34 우물 속에서 사람을 캐다 | 穿井得人   495

呂-35 신하의 회초리 | 極言之功   497

呂-36 음탕의 말로 | 戎主醉縛   499

呂-37 고기 속에 생긴 구더기 | 肉自生蟲   500

呂-38 활쏘기를 좋아 하던 왕 | 齊宣王好射   502

呂-39 귀를 막고 종을 훔치다 | 掩耳盜鈴   503

呂-40 뜻이 한결 같으면 | 專一其志   504

呂-41 사냥을 좋아하던 제나라 사람 | 齊人好獵   506

呂-42 이론과 실제 | 回生之術   507

呂-43 보검 감정 I 相劍者　　　　　　　　　508
呂-44 생나무로 집을 짓다 I 生木造屋　　　　510
呂-45 쥐 잡는 개 I 取鼠之狗　　　　　　　511

제24장 《전국책(戰國策)》 우언　　　　　　　513

戰-1　백발백중하는 명궁이라도 I 養由基善射　　515
戰-2　초(楚)나라의 두 아내 I 楚人兩妻　　　517
戰-3　일거양득 I 一擧兩得　　　　　　　518
戰-4　명의 편작의 진단 I 名醫扁鵲　　　　519
戰-5　증자(曾子)의 살인 I 曾子殺人　　　　520
戰-6　어느 처녀의 변호 I 江上處女　　　　522
戰-7　신단수의 신령 I 恒思神叢　　　　　523
戰-8　박(璞)과 박(朴)의 차이 I 周人賣朴　　524
戰-9　바다의 큰 고기 I 海大魚　　　　　525
戰-10　추기(鄒忌)의 깨달음 I 鄒忌比美　　527
戰-11　사족 I 畵蛇添足　　　　　　　529
戰-12　진흙인형과 목각인형 I 土偶桃梗　　531
戰-13　농부의 불로소득 I 田父之利　　　533
戰-14　벼슬하지 않고 부자가 된 전병 I 田騈不宦　535
戰-15　호랑이 없는 숲에 여우가 대장 I 狐假虎威　537
戰-16　우물에 오줌 싼 개 I 狗嘗溺井　　　539
戰-17　교활한 고라니 I 黠麋落網　　　　541
戰-18　활에 놀란 새 I 驚弓之鳥　　　　　542
戰-19　천리마가 백락을 만나다 I 驥遇伯樂　544
戰-20　덫에 걸린 호랑이의 결단 I 虎怒決蹯　546
戰-21　남쪽으로 간다고 하면서 북쪽을 향한다 I 南轅北轍　547
戰-22　억울하게도 I 忠信得罪　　　　　549
戰-23　천금구마 I 千金求馬　　　　　　551
戰-24　말 값이 열 배로 뛰다 I 馬價十倍　　553
戰-25　어부지리 I 漁父之利　　　　　　555
戰-26　말은 때가 중요하다 I 新婦要言　　557

제25장 춘추전국(春秋戰國)시대 우언에 관하여　　　559

17

중국우언(中國寓言)

춘추전국시대(春秋戰國時代) 편
— 백가쟁명의 창과 방패 —

제1장

≪논어(論語)≫ 우언

≪논어(論語)≫는 공자(孔子)의 언행과 그 제자와의 대화를 기록한 책이다.

공자는 때로 제자들과 토론을 통하여 제자들의 미흡한 점을 지적하였다. 그리고 '군자(君子)'가 지녀야 할 '인(仁)' 등의 핵심적 담론을 제시하였다.

공자는 제자들과 대화를 나누는 과정에서 많은 이야기를 인용하였다. 이야기는 공자가 제자들과 다양하게 소통하면서 언어 전달력을 높이는 역할을 하였다. 이것은 듣는 사람에게 공감을 주고 사색하도록 하였다.

≪논어≫에는 이야기가 많이 수록되어 있지만, 에둘러 말하는 우언은 많지 않다.

여기에서는 <닭을 잡는데 어찌 소 잡는 칼을 쓰는가!(殺鷄牛刀)> 1편을 수록하였다.

論-1

닭을 잡는데 어찌 소 잡는 칼을 쓰는가!

殺鷄牛刀
(살 계 우 도)

공자가 무성(武城) 땅에 도착하니 거문고와 노래 소리가 들렸다.

공자가 빙그레 웃으며 말했다.

"닭을 잡는데 어찌 소 잡는 칼을 쓰는가?"

그러자 자유(子游)가 대답하였다.

"전에 선생님께서 '지도자가 예악(禮樂)을 배우면 남을 사랑할 수 있고, 일반 백성이 예악을 배우면 다루기 쉬워진다'고 하신 말씀을 들은 적이 있었사옵니다."

그러자 공자가 말했다.

"제자들아, 자유(子游)의 말이 옳다. 앞에서 내가 한 말은 농담일 뿐이다."

≪논어(論語)·양화편(陽貨篇)≫

우의

보편적 원리는 어디에서나 적용되어야 한다. 작은 마을이라고 할지라도 다스리는 원리는 국가와 다를 바가 없다.

중국우언(中國寓言)

춘추전국시대(春秋戰國時代) 편
― 백가쟁명의 창과 방패 ―

제2장

≪묵자(墨子)≫ 우언

≪묵자(墨子)≫는 춘추(春秋)시대 말기에 살았던 묵적(墨翟, 생졸 미상, 기원전 5세기에서 4세기 사이에 활동)과 그의 제자들의 사상과 언행을 기록한 것이다. 묵적은 춘추 말기 묵가(墨家) 학파의 창시자라고 할 수 있다.

묵가는 공자(孔子)를 중심으로 하는 유가(儒家) 학파와 함께 '현학(顯學)'으로 불렸고, 당시에 상당한 영향력을 가지고 있었다. 그들이 주장했던 '겸애(兼愛)'는 차별이 없는 보편적인 사랑을 추구하였다. 또한 전쟁을 부정하는 '비공(非攻)', 현명한 인재를 숭상한다는 '상현(尙賢)', 사치와 낭비를 버리자는 '절용(節用)' 등 매우 중요한 주장을 펼쳤다. 이러한 주장은 오랫동안 사상적인 영향을 주었고, 현대인의 삶에 매우 유용한 가치를 지니고 있다.

≪묵자≫는 논리적 언어 구사에 상당한 관심을 가졌다. 언어는 개념이 정확해야 하고, 논증과 추리를 강구해야 한다고 주장하였다. 또한 ≪묵자≫는 비유 수법을 적극적으로 활용하였다. 예를 들면, 말을 할 때 '비(譬)'·'비약(譬若)'·'비유(譬猶)'·'비여(譬如)'·'비지(譬之)'·'비약-연(譬若-然)'·'비여-연(譬如-然)' 등으로 시작하는 경우가 많다.

이것을 보면, 묵적이 말의 설득력과 효용을 높이기 위해 비유를 적극적으로 활용하였음을 알 수 있다. 그가 사용한 비유는 이야기 구조를 이룬다는 점에서 우언에 가깝다.

여기에는 8편의 우언을 수록하였다. 이것을 읽으며 묵가의 핵심 사상을 이해할 수 있다.

실을 물들이다

국 역 유 염
國亦有染

묵자(墨子)가 염색하는 사람을 발견하고 감탄하며 말하였다.

"파란 물감으로 물들이면 파랗게 되고, 황색 물감으로 물들이면 누렇게 되는구나. 넣는 물감이 바뀌면 색깔도 바뀐다. 다섯 번 넣으면 색깔도 다섯 번 바뀔 것이다. 그러니 물들이는 것을 조심하지 않을 수 없겠구나."

염색뿐 아니라, 국가도 역시 이와 같다.

≪묵자(墨子)・소염편(所染篇)≫

우의

환경의 선택이 국가의 성패를 결정한다.

해제

염사(染絲)를 통하여, 국가 경영에 있어 환경선택이 얼마나 중요한가를 비유적으로 설명하였다. 이것은 천자(天子)와 제후(諸侯) 등 통치자는 물론이고 사대부와 일반 서민에 이르기까지 환경이 매우 중요하다는 점을 강조하였다. 주변으로부터 어떤 가르침과 영향을 받는가가 운명을 결정하기 때문이다. 그래서 주변 환경을 매우 신중하게 선택해야 한다고 하였다.

도둑 잡는 방법은 하나

盜 無 自 出
도 무 자 출

어떤 부자에 비유해 보자.

그는 담을 높이 치고 깊숙한 방에서 살았다.

그는 담을 튼튼하게 쌓고 그 위에 문을 하나만 뚫었다.

만약 도둑이 들어오면 문을 닫아버리고 체포하기 위해서였다.

도둑이 스스로 빠져나갈 구멍을 없앤 것이다.

그 까닭은 무엇인가?

≪묵자(墨子)·상현상(尙賢上)≫

우의

나라를 부흥시킬 수 있는 유일한 방법은 인재를 존중하는 것이다.

해제

현명한 사람을 존중하는 것, 즉 '상현(尙賢)'이 정치의 핵심이라는 것이다. 국가의 지도자는 혈연, 지연 등의 관계에 얽매이지 말고 반드시 현명한 인물을 등용해야 한다는 주장이다. 마치 집으로 들어온 도둑을 잡는 유일한 방법이 나갈 구멍을 없애는 방법인 것처럼.

잘록한 허리를 좋아했던 초나라 왕

초 왕 호 세 요
楚王好細腰

옛날 초나라 영왕(靈王)은 허리가 잘록한 신하를 좋아하였다.

그러자 영왕의 신하들은 모두 식사를 한 끼로 줄였다.

그들은 숨을 내쉰 다음 허리띠를 매었다.

그들은 벽을 짚어야만 일어날 수 있었다.

일 년 뒤, 조정 관리들의 얼굴이 검게 변해버렸다.

이 원인은 무엇일까?

군주가 좋아하자 신하도 그렇게 하였기 때문이다.

《묵자(墨子)·겸애중(兼愛中)》

[우의]

　내가 남을 사랑하면 남도 나를 사랑하고, 내가 남을 해치면 남도
나를 해친다.

[해제]

　묵자는 이 이야기를 가지고 겸애(兼愛), 즉 차별 없는 사랑을 주장
하였다. 즉 통치자가 백성을 두루 사랑하는 것이 겸애를 실천할 수

있는 길이라는 것이다.

이 우언과 비슷한 내용이 ≪안자춘추(晏子春秋)·외편(外篇)≫과 ≪한비자(韓非子)·이병(二柄)≫에도 수록되어 있는 것으로 보아, 이 이야기가 당시 민간에 널리 유행했음을 알 수 있다. 그러나 담고 있는 의미는 각각 조금씩 다르다.

우언은 사용하는 사람의 의도에 따라 우의가 다를 수 있다.

용감한 무사를 좋아했던 월왕(越王) 구천(勾踐)

구 천 호 용
勾踐好勇

옛날 월왕 구천은 용맹한 군사를 좋아하였다.
그는 신하를 훈련시킨다는 구실로 주궁(舟宮)에 불을 지르고
군사들을 시험하였다.
"월(越)나라의 보물이 모두 이 안에 들어 있다!"
그리고 월왕이 직접 북을 두드려 군사들을 뛰어들게 하였다.
북소리를 들은 군사들이 대열에서 이탈하고 난리법석을 떨었다.
불을 밟고 죽은 자가 주변에 백여 명이 되었다.
그러자 월왕이 징을 쳐서 물러서게 하였다.

≪묵자(墨子)·겸애중(兼愛中)≫

우의

지도자가 백성을 사랑하면, 백성들도 자연스럽게 서로를 사랑하
게 된다.

참고

이 우언과 유사한 내용이 ≪여씨춘추(呂氏春秋)·용민(用民)≫편과

≪한비자(韓非子)·내저설상(內儲說上)≫편 등에도 수록되어 있는 것으로 보아, 이 이야기 역시 당시 민간에 널리 퍼져있었던 것 같다.

동기와 결과

묵 자 언 리
墨子言利

무마자(巫馬子)가 묵자에게 말했다.

"선생님은 세상의 모든 사람을 똑같이 사랑한다고 하지만 이익을 본 적이 없고, 저는 세상의 사람들을 사랑하지 않지만 피해를 당한 적이 없습니다. 성과가 전혀 나타나지 않았는데, 왜 선생님만이 옳고 내가 그르다는 것입니까?"

그러자 묵자가 대답하였다.

"지금 여기에 불이 났다고 합시다. 한 사람은 물을 퍼다 뿌리려고 하고, 한 사람은 불길을 부추기려고 합니다. 성과가 아직 나타나지 않았지만, 그대는 둘 중에 누가 잘 한 것 같습니까?"

그러자 무마자가 대답하였다.

"물을 퍼 올린 자의 생각이 옳고, 불길을 부추긴 자의 생각이 틀렸습니다."

묵자가 말했다.

"그래서 나는 내 생각이 옳고, 그대의 생각이 틀렸다는 것이오."

≪묵자(墨子)·경주(耕柱)≫

우의

동기가 바르면 결과도 바른 법.

남의 집 아이를 때리다

인 가 지 부
隣家之父

여기 어떤 사람에게 비유하기로 하자.

그 사람이 자기 아들이 사납고 재주가 없다며 회초리로 때렸다.

그러자 그 이웃에 사는 한 노인이 몽둥이를 들고 이 사람의 아들을 때리면서 말했다.

"내가 이 애를 때린 것은, 그 애비의 뜻에 따른 것일 뿐이야."

황당하지 않은가!

≪묵자(墨子)·노문(魯問)≫

우의

내부의 혼란은 외부의 공격을 부른다. 강대국들은 항상 약소국의 내부 사정을 구실삼아 침공하기 때문이다.

대나무 까치 만들기

죽 목 위 작
竹木爲鵲

공수자(公輸子)가 대나무를 깎아 까치를 만들었다.

완성이 되어 날리니 사흘 동안 떨어지지 않았다.

공수자는 스스로 매우 정교하게 만들었다고 생각하였다.

그러나 묵자가 공수자에게 이렇게 말했다.

"당신이 만든 까치는 목수가 만든 수레 축 고리만도 못합니다. 눈 깜짝할 시간에 세 치의 나무를 깎아 만든 고리는 육천 근의 무게를 지탱할 수 있거든요."

물건이 남에게 이로우면 정교하고, 남에게 이롭지 못하면 볼품없다고 말한다.

≪묵자(墨子)·노문(魯問)≫

우의

실용적인 것이 바로 정교함이다.

개구리와 새벽 닭

다 언 하 익
多言何益

금자(禽子)가 물었다.

"말이 많으면 유익합니까?"

그러자 묵자가 대답하였다.

"개구리들은 밤낮으로 울어댄다. 혓바닥이 마르고 갈라져도 듣는 사람이 없다.

그런데 새벽에 수탉이 때에 맞추어 울면 세상 사람들이 놀라서 깬다.

말이 많은 것이 어찌 유익하겠는가?

말은 때에 달렸을 뿐이네."

《묵자한고(墨子閒詁) 부편(附篇)》

우의

말은 필요할 때 해야 효과가 높다.

제3장

≪맹자(孟子)≫ 우언

≪맹자(孟子)≫는 전국시대(戰國時代) 맹가(孟軻, 대략 기원전 372−기원전 289년 전후)와 그의 제자들의 언행과 사상을 기록한 책이다.

맹자는 공자(孔子)의 유가(儒家) 사상을 계승하여 '선왕지도(先王之道)'를 주장하였다. '선왕지도'는 춘추시대 이후 무너진 주(周)나라의 종법(宗法) 질서를 회복하기 위한 방안이었다. 그래서 그의 사상은 종법적 질서를 부정하는 양주(楊朱)와 묵적(墨翟)의 사상과 대립하였다.

맹자는 자신의 주장을 관철하기 위해 다른 학파와 논쟁을 벌였다. 그리고 논쟁을 강화하기 위해 여러 가지 논리적 방법을 강구하였다.

≪맹자≫ 속에 등장하는 다양한 논증과 날카로운 풍자, 그리고 풍부한 비유는 논쟁의 방편이었는데, 이는 우언과 관련이 있다.

여기에서는 우언 9편을 수록한다. <오십 보 백 보(五十步笑百步)> 우언을 읽으면 은혜를 베푸는 방법을 깨달을 수 있다. <싹의 목을 뽑아 자라는 것을 돕다(揠苗助長)>를 읽으면 호연지기는 오랜 수양에 의해 길러진다는 사실을 이해할 수 있다. 또한 <제나라의 어떤 남편(齊人有一妻一妾)>을 통하여 허영에 빠진 사람의 허울을 발견할 수 있다.

오십보백보

오 십 보 소 백 보

五十步笑百步

양혜왕(梁惠王)이 물었다.

"과인은 이 나라에 온 신경을 다 쓰고 있다오. 하내(河內) 땅에 흉년
이 들면, 그곳 백성들을 하동(河東) 땅으로 이주시키고, 하동 땅의 곡
식을 하내 땅으로 운반하였습니다. 하동 땅에 흉년이 들면 역시 그
렇게 하였소. 그런데 이웃나라의 정치를 살펴보면 과인처럼 신경을
쓰는 사람이 없습니다. 그런데 이웃나라 인구는 줄지 않고, 우리나
라 인구는 늘지 않으니, 어찌된 일이요?"

그러자 맹자가 대답하였다.

"왕께서 전쟁을 좋아하시니, 전쟁에 비유해 볼까 하옵니다. 북을
둥둥 치며 싸움이 벌어졌을 때, 갑옷을 벗어버리고 달아나는 사람이
있었습니다. 어떤 사람은 백 보를 달아난 뒤에 멈추고, 어떤 사람은
오십 보를 달아난 뒤에 멈췄습니다. 오십 보 달아난 사람이 백 보 달
아난 사람을 비웃었다니, 이것을 어떻게 생각하십니까?"

그러자 왕이 말하였다.

"옳지 않소. 백 보를 도망가지 않았을 뿐이지 도망간 것은 마찬가
지입니다."

맹자가 말하였다.

"왕께서 이러한 이치를 아신다면, 인구가 이웃나라보다 많아지는 것을 바라지 마십시오."

≪맹자(孟子)·양혜왕상(梁惠王上)≫

우의

자그마한 은혜를 베풀고 자만하는 것은 베풀지 않은 것과 같다.

싹의 목을 뽑아 자라는 것을 돕다

알 묘 조 장
揠 苗 助 長

어떤 송나라 사람이 있었다.

그는 식물의 싹(苗)이 빨리 자라지 않는 것을 못마땅하게 여기고는 목을 뽑아 올렸다.

그는 피곤한 듯 집으로 돌아와 가족들에게 말했다.

"오늘은 병날 것 같구나! 내가 싹이 빨리 자라도록 도와주었지!"

그의 아들이 황급히 달려가 보았다.

싹이 모두 말라 있었다.

≪맹자(孟子)·공손축상(公孫丑上)≫

우의

호연지기를 기르기 위해서는 오랜 수양이 필요하다. 단시간에 기르려고 서두르면 오히려 해가 된다.

어찌 원칙을 버리랴

옛날 조간자(趙簡子)가 왕량(王良)을 시켜 측근인 해(奚)와 수레를 함께 타고 사냥하도록 하였다.

그런데 하루 종일 새를 한 마리도 잡지 못하였다.

측근인 해(奚)가 돌아와서는 보고하였다.

"저 자는 천하의 보잘 것 없는 마부입니다."

어떤 사람이 왕량에게 이 말을 전하자, 왕량이 말하였다.

"다시 한 번 말을 몰아 사냥을 하도록 해 주십시오."

억지로 승낙을 받은 왕량은 한나절 만에 열 마리의 새를 잡았다.

그러자 측근인 해(奚)가 돌아와서 다시 보고하였다.

"저 자는 천하의 훌륭한 마부입니다."

그러자 조간자가 말했다.

"나는 네가 모는 수레만 탈 것이다."

그러나 이 말을 들은 왕량은 안된다고 하며 말했다.

"제가 그 사람을 위해 말을 원칙대로 몰았기에 하루 종일 한 마리도 잡지 못했습니다. 그러나 속임수를 썼더니 한나절 만에 열 마리를 잡을 수 있었습니다. ≪시경(詩經)≫에 이르길 '말 모는 법칙을 잃

지 않아야 과녁을 명중시킨다.'라고 하였사옵니다. 저는 소인배의
수레몰기에 익숙하지 않습니다. 그래서 사양하옵니다."

≪맹자(孟子)·등문공하(滕文公下)≫

우의

자신의 원칙을 버리고 남의 비위를 맞추어서는 안 된다.

초나라 사람이 제나라 말을 배우다

맹자가 대불승(戴不勝)에게 물었다.

"그대는 그대의 왕이 훌륭해지기를 바라십니까? 그렇다면 내가 그대에게 확실하게 알려주리다. 여기에 초나라의 대부가 있다고 합시다. 그는 자기 자식이 제(齊)나라 말을 하기 바라고 있습니다. 그를 제나라 사람이 가르쳐야 할까요, 초(楚)나라 사람이 가르쳐야 할까요?"

그러자 대불승이 대답하였다.

"제나라 사람이 가르쳐야지요."

그러자 맹자가 말하였다.

"제나라 사람 한 명이 가르쳐봤자 옆에서 초나라 사람 여럿이 지껄이면, 매일 제나라 말을 하라고 회초리로 때려도 안 될 것입니다. 그를 데려다가 제나라 장악(莊嶽) 거리에 몇 년 동안 살게 하면, 날마다 회초리로 때리면서 초나라 말을 하라고 해도 못 할 것입니다."

≪맹자(孟子)·등문공하(滕文公下)≫

우의

소인배가 많고 인격자가 적은 나라는 잘 다스려지지 않는 법이다.

닭 잡아먹은 사람의 뻔뻔함

양계비의
攘鷄非義

날마다 이웃집 닭을 잡아먹는 사람이 있었다.

어떤 사람이 그에게 말했다.

"이것은 인격자가 할 짓이 아니오."

그러자 그 사람이 대답하였다.

"그러면 그것을 줄여서 한 달에 닭 한 마리를 잡아먹다가 내년에 그만두지요."

그러자 맹자가 말했다.

"만약에 그것이 옳지 않다는 것을 알면 속히 그만둘 것이지, 어째서 내년까지 기다리는 것인가?"

≪맹자(孟子)·등문공하(滕文公下)≫

우의

잘못은 한 번이나 백 번이나 같다.

봉몽의 활쏘기 학습

봉 몽 학 사
逢蒙學射

봉몽(逢蒙)이 후예(后羿)에게 활쏘기를 배웠다.

그는 후예의 기법을 모두 배우고 나서, 천하에 자기보다 나은 사람은 후예 밖에 없다고 생각한 나머지 후예를 죽여버렸다.

맹자가 말하였다.

"후예에게도 죄가 있다."

그러자 공명의(公明義)가 말하였다.

"제 생각으로는 당연히 죄가 없는 것 같사옵니다만."

맹자가 말하였다.

"죄가 가벼울지언정 어찌 죄가 없겠는가."

≪맹자(孟子)·이루하(離婁下)≫

우의

잘못 가르치는 것도 일종의 죄이다.

제나라의 어떤 남편

齊人有一妻一妾
제 인 유 일 처 일 첩

제나라의 어떤 사람이 아내와 첩을 하나씩 두고 살고 있었다.

그 사람은 외출을 하면 반드시 술과 고기를 배불리 먹고 집에 돌아왔다.

당신과 함께 먹고 마시는 사람이 누구냐고 아내가 물으면, 모두 부귀한 사람이라고 대답하였다.

그러자 그의 아내가 첩에게 말했다.

"우리 낭군님이 외출하면 반드시 술과 고기를 실컷 먹고 집에 돌아오기에, 함께 먹고 마시는 사람이 누구냐고 물었더니, 모두 부귀한 사람이라고 하네. 헌데 유명한 사람이 집에 찾아온 적이 없어. 낭군님이 어디를 가시는지 뒤를 밟을 걸세."

그들은 아침 일찍 일어나 남편이 가는 곳을 쫓아갔다.

남편은 장안을 여기저기 돌아다니면서도 함께 서서 이야기를 나누는 사람이 없었다.

급기야는 동쪽 성 밖에 있는 공동묘지의 제사 지내는 곳으로 가서 남은 음식을 빌어먹었다.

배가 부르지 않은지 다시 기웃기웃하며 다른 데로 갔다.

이것이 그가 배불리 먹는 방법이었던 것이었다.

아내가 집에 돌아와 첩에게 말했다,

"우리가 평생을 우러러보며 살아갈 낭군이 이 지경이네"

그녀는 첩과 함께 뜨락에서 남편을 욕하며 울었다.

남편은 아무 것도 모르고 의기양양하게 밖에서 돌아와 아내와 첩에게 교만을 떨었다.

사리 밝은 사람이 보건대, 부귀영화와 출세를 쫓는 사람치고 그 아내와 첩을 부끄럽고 눈물 흘리지 않게 하는 자는 거의 없을 것이다.

≪맹자(孟子)·이루하(離婁下)≫

우의

양심을 구걸하고 부귀영화를 쫓는 사람치고 허풍떨지 않는 사람이 드물다.

고기 삶아 먹고 변명하기

교 인 팽 어
校人烹魚

옛날에 어떤 사람이 정(鄭)나라 자산(子産)에게 살아있는 고기를 바쳤다.

자산이 연못 관리인에게 시켜 물속에서 기르도록 하였다.

그러나 연못 관리인은 그것을 삶아 먹고는 돌아와 자산(子産)에게 말했다.

"처음에 그 놈을 풀어놓았을 때는 비실비실거리더니 조금 있다가 생기가 돌아 유유히 사라져버렸습니다."

그러자 자산이 말했다.

"그것이 살 곳을 만난 게로군. 그것이 살 곳을 만났어!"

연못 관리인은 밖으로 나오며 중얼거렸다.

"누가 자산을 보고 똑똑하다고 했을까? 내가 이미 삶아 먹었거늘 '그것이 살 곳을 만난 게로군, 그것이 살 곳을 만났어!' 라고 하다니."

그러므로 군자는 적당한 방법으로 속일 수는 있어도, 근본적으로 숨길 수는 없다.

≪맹자(孟子)·만장상(萬章上)≫

　진리는 적당한 방법으로 잠시 속일 수는 있어도 근본적으로 숨길 수 없다.

날아가는 기러기에 마음이 있다

홍 곡 장 지
鴻 鵠 將 至

혁추(奕秋)는 전국에서 가장 바둑을 잘 두는 사람이었다.

그는 두 사람에게 바둑을 가르쳤다.

한 사람은 정신을 집중하고 혁추의 가르침을 귀담아들었다.

또 한 사람은 혁추의 말을 들으면서도 마음 한구석에는 기러기와 따오기가 날아오면 활을 당겨 맞출 생각을 하고 있었다.

비록 함께 배웠지만 효과가 같지 않았다.

이렇게 된 것은 재능이 다르기 때문인가?

그렇지 않다.

≪맹자(孟子)·고자상(告子上)≫

[우의]

배움의 효과는 집중에 달려있다.

중국우언(中國寓言)

춘추전국시대(春秋戰國時代) 편
― 백가쟁명의 창과 방패 ―

제4장

≪장자(莊子)≫ 우언

≪장자(莊子)≫는 장주(莊周, B.C.369~B.C.286)가 지은 것으로, 철학적 핵심은 무위(無爲)에 있다. 그는 인위적인 가치기준이 자연적 본성과 생명을 억압한다고 믿었다. 그래서 인간 본래의 본성으로 돌아가기 위해서는 무위(無爲)가 필요하다고 하였다.

≪장자≫는 우언을 통하여 무위사상을 표현하였다. ≪장자≫ 우언에는 매우 독특한 인물이 등장한다. 예를 들면 구멍이 없는 혼돈(混沌), 혹부리 영감, 장애인 지리소(支離疏), 문둥이, 악행을 저지르는 도척(盜跖), 해골, 소 잡는 백정, 꼽추 등이 그들이다. 장자는 이들을 통해 인위적 가치를 부정하였다.

또한 공자(孔子), 우물 안 개구리, 송나라 사람(宋人), 달팽이 뿔 위의 나라, 썩은 쥐를 물고 있는 부엉이 등이 유지하려고 했던 과거의 인습과 제도를 통렬하게 비판하였다.

또한 그는 진흙탕 속에 사는 거북이나 발아래 작은 모이를 주워 먹는 참새가 될지언정 종묘에 갇힌 새나 비단에 싸인 돼지가 되지 않겠다는 의지를 표현하였다.

≪장자≫ 우언은 기발한 상상력과 다양한 이야기로 구성되어 있어 많은 사람들이 즐겨 읽는다. 그리고 '조삼모사(朝三暮四)', '포정해우(庖丁解牛)'와 같은 우언은 성어(成語)가 되어 사람들의 입에 오르내리고 있다.

여기에서는 66편의 우언을 수록하였다.

뱁새가 봉황을 비웃다

척 안 소 붕
斥鴳笑鵬

불모의 땅 북쪽에 명해(冥海)가 있다.

이곳이 천지이다.

그 속에 물고기가 살고 있다.

그 물고기의 넓이가 수 천 리이고, 그 길이는 얼마나 되는 지 알 수가 없다.

그 이름은 곤(鯤)이다.

그 곳에 새가 살고 있었는데, 그 이름은 붕(鵬)이다.

이 새의 등은 태산과 같고, 날개를 펼치면 마치 하늘가에 구름이 드리워진 것 같다. 이 새는 회오리바람을 타고 구만 리를 높이 올라가, 구름을 뚫고 푸른 하늘을 등에 진 다음 남쪽을 향하여 남명이란 바다로 날아간다.

연못가에 사는 뱁새가 붕을 비웃었다.

"저것이 장차 어디로 날아갈까? 나는 홀짝 뛰어 올라 봤자 불과 몇 길을 못가고 떨어지고 쑥대밭 사이에서 날아다닌다. 이것이 내가 최고로 날아가는 것인데 저것은 장차 어찌 저리 날아갈까?"

이것은 크고 작음의 차이일 뿐이다.

≪장자(莊子)·소요유편(逍遙遊篇)≫

대붕의 몸집이 크다고 하여 우월한 것이 아니듯, 뱁새가 작다고 열등하지 않다. 서로는 크기의 차이가 있을 뿐, 세상은 사는 것은 한 가지이다.

크고 작은 차이를 인정하는 것이 인위를 극복하고 진정한 자유를 얻는 길이다.

이 우언은 대붕과 뱁새라는 두 마리의 아주 대비적인 새를 통하여 장자 사상의 핵심을 담았다.

대붕은 수천 리 물길을 치고 회오리바람을 일으키며 하늘로 비상한다고 한다. 그리고 6월의 태풍을 타고 푸른 하늘을 거침없이 날아 남해로 간다. 그러나 대붕이 이렇게 날기 위해서는 조건이 필요하다. 바다같이 깊고 넓은 공간, 그 몸짓을 감당할 만한 날개, 태풍 같은 거대한 바람이 있어야 날 수 있다. 이렇게 보면, 대붕은 조건에 의존하는, 완전한 자유의 경지에는 이르지 못한 존재일 뿐이다.

한편 뱁새는 이런 대붕을 비웃었다. 뱁새는 대붕에 비해 몸집이 매우 작다. 뛰어올라가 봐야 불과 몇 길을 못가고 쑥대밭 사이에서 떨어지거나, 느릅나무나 박달나무에 부딪혀 땅에 떨어지고 마는 존재이다. 그러니 대붕이 왜 그렇게 거대한 몸짓으로 하늘을 날려고 하는지를 이해하지 못한다.

둘의 움직임이 다른 것은 크고 작은 '차이'에서 오는 결과이다. 완전한 자유를 얻는데 뱁새나 대붕 모두 한계를 가지고 있다.

따라서 장자는 대붕의 거대함과 뱁새의 왜소함을 구별하지 말아야 절대적 자유인 소요유(逍遙遊)의 경지에 이를 수 있다고 생각하였다.

제주가 도마를 넘어가 주방장을 대신해서야

월 조 대 포
越俎代庖

요(堯)임금이 허유(許由)에게 천하를 넘겨주려고 하면서 말하였다.

"해와 달이 떴는데도 횃불을 끄지 않고 빛을 밝히는 것은 소용이 없지 않겠소? 단비가 내렸는데도 여전히 물을 주어 흥건하게 만드는 것이 헛고생이 아니겠소? 그대가 왕위에 오르면 천하를 잘 다스릴 텐데, 내가 아직도 대신하고 있습니다. 내 스스로 부족함을 느끼니 천하를 맡아주구려."

그러자 허유가 말하였다.

"그대가 왕위에 올라 천하를 이미 잘 다스렸습니다. 내가 그대를 대신하라니, 날 보고 명성을 바라는 사람이 되란 말이오? 명성이란 실제의 껍데기일 뿐인데, 날 보고 껍데기가 되란 말이오? 굴뚝새가 깊은 숲 속에 새집을 짓는 데 나무 가지 하나면 그만이고, 두더지가 황하 물을 마시는 데는 배가 부르면 그만이오. 돌아가시오. 천하는 내게 아무 소용이 없소! 주방장이 설사 요리를 못할지라도, 제주가 도마를 넘어가 그의 일을 대신 할 수 없습니다."

≪장자(莊子)·소요유편(逍遙遊篇)≫

　사람은 각자 주어진 대로 사는 것이지, 다른 사람을 대신해서는
안된다.

송(宋)나라 갓 장수

宋人適越

송나라 사람이 장보(章甫) 갓을 팔기 위해 월(越)나라로 갔다.

그러나 월나라 사람들은 머리가 짧고 몸에 문신을 새기기 때문에 갓이 아무 소용이 없었다.

요임금이 천하의 백성을 다스리고 국내 정국을 평안하게 만들었다.

그러나 막고야산(邈姑射山)의 분수(汾水) 북쪽에 사는 네 은사를 만나고는 망연자실하여 자신의 나라를 잊어버렸다.

≪장자(莊子)·소요유편(逍遙遊篇)≫

[우의]

과거의 것이 아무리 좋아도 오늘날에 그대로 적용해서는 안된다.

[해제]

장보(章甫)는 은(殷)나라 사람들이 쓰던 갓이다. 송(宋)나라 사람들은 패망한 은나라의 유민으로, 춘추시대가 되었는데도 여전히 장보 갓을 사용하였던 것 같다. 그러나 갓은 머리가 짧고 몸에 문신을 새기는 월(越)나라에게는 소용이 없는 물건이 되었다.

이 우언은 시대가 바뀌었는데도 옛 것을 고수하는 사람을 비판하고 있다. 또한 나에게 좋다고 다른 사람에 그것을 강요하는 사람을 풍자하기도 한다.

쓸모없는 것의 쓰임

무 용 지 용
無 用 之 用

혜자(惠子)가 장자에게 말하였다.

"위(魏)나라 왕이 나에게 큰 표주박 씨를 주었네. 그것을 심어서 키웠더니 다섯 단[石] 크기의 열매가 열렸더군. 그런데 얼마나 약하던지 물을 담아서 들 수가 없었고, 깨서 표주박으로 쓰려고 하니 우물 안으로 들어가지 않더군. 너무 크고 아무 쓸모가 없어서 깨부숴버렸네!"

그러자 장자가 말하였다.

"자네는 큰 것을 쓰는데 정말로 서툴구먼! 송나라에 손 트지 않는 약을 잘 만드는 사람이 있었지. 그는 대대로 면사 염색을 업으로 삼고 살아 왔지. 어떤 과객이 이 소문을 듣고 그 비법을 사겠다고 제안했다네. 그러자 이 사람은 가족을 모아 놓고 상의를 했다는군.

'우리는 대대로 염색을 하면서 살았지만, 돈 몇 푼 버는 게 고작이었다. 오늘 하루아침에 이 기술을 백금에 팔 수 있게 됐어! 이것을 파는 것이 어떠냐?'

그 과객은 이 기술을 가지고 오(吳)나라 왕에게 유세를 펼쳤지. 마침 오나라는 월나라의 침공을 받고 있었다네. 마침내 오나라 왕이 군대 동원 명령을 내려 겨울에 월나라와 수중전을 펼쳐 대파하였지. 오나라 왕은 그에게 땅을 떼어 주고 벼슬을 내렸다네. 손을 트지 않게 하는 것은 같지만, 어떤 사람은 땅과 벼슬을 얻었고, 어떤 사람은 염색에서 벗어나지 못했지.

이것은 이용하는 방법이 달랐기 때문이야.

지금 자네는 어째서 다섯 단의 표주박을 가지고 허리배를 만들어 강과 호수에 띄울 생각은 안하고, 표주박이 소용없다고 걱정하는가? 자네는 쑥대 속처럼 꽉 막혔구먼!"

≪장자(莊子)·소요유편(逍遙遊篇)≫

우의

쓰임이 없는 것이 바로 쓰임이다.

해제

여기에 등장하는 혜자(惠子)는 전국시대에 뛰어난 논변가였다. 장자의 절친한 친구이면서 서로 논쟁을 벌였던 사이였다. 혜자는 장자가 주장하는 학설이 마치 표주박처럼 거추장스럽고 현실에 적용하기 어렵다고 비평하였다. 그러자 장자는 이 우언을 들어 혜자의 주장을 반박하였다. 세상의 가치기준에 의해 쓸모없다고 여기는 것도 그것 나름의 쓰임새가 있다는 것이다.

인위적인 가치 기준을 버려야 비로소 사물의 쓰임새가 보이는 법이다.

조삼모사

조 삼 모 사
朝 三 暮 四

원숭이를 기르는 노인이 원숭이에게 상수리를 주면서 말했다.

"아침에 세 개를 주고 저녁에 네 개를 주마."

이때 여러 원숭이들이 화를 냈다.

그러자 그가 말했다.

"그러면 아침에 네 개를 주고, 저녁에 세 개를 주마."

그러자 여러 원숭이들이 모두 기뻐하였다.

명분과 실제가 달라지지 않았는데, 희비가 엇갈린 것은 주관적인 판단 때문이다. 그래서 성인은 옳고 그름을 조화롭게 만들고, 사물의 자연적인 균형을 유지하였다. 이것을 양행(兩行)이라고 부른다.

《장자(莊子)·제물론편(齊物論篇)》

우의

옳고 그름에 주관적인 판단을 개입하지 말라.

해제

이 우언은 《열자(列子)·황제편(黃帝篇)》에도 수록되어 있는데, 《장자≫에 수록된 우언보다 줄거리가 복잡하고 풍자적 의미도 다르다.

이런 것으로 보아 원숭이 이야기는 춘추전국시대에 민간에 널리 퍼져 있었던 것 같다.

위 이야기에 등장하는 원숭이는 자기의 방식만이 옳다고 고집을 부리고 있다. 모든 주체는 자신만의 살아가는 방식이 있다. 이것을 인정하는 것이 상호공존의 길이며, 자연의 법칙이다.

여희(麗姬)의 후회

後悔其泣
후 회 기 읍

애(艾)땅 변방지기에게 여희라는 딸이 있었다.

진(晉)나라가 그녀를 처음 데려왔을 때는 옷이 젖도록 눈물을 흘렸다.

그러다가 그녀는 왕의 처소에 들어가서는 왕과 안락한 침대에서 잠을 자고 산해진미를 먹게 되었다.

그리고는 자기가 왜 울었던가를 후회하였다.

≪장자(莊子)·제물론편(齊物論篇)≫

우의

가치에 대한 판단은 상대적이다.

그림자 테두리가 그림자에게 묻다

망 양 문 영
罔 兩 問 影

그림자 테두리가 그림자에게 물었다.

"당신은 금방 걷고 있더니 지금은 멈추었고, 금방 앉아 있더니 지금은 일어섰네. 어찌 이렇게 지조가 없는 게요?"

그러자 그림자가 말하였다.

"물체가 그렇게 하니 나도 따라서 그렇게 된 거야. 내가 의지하는 물체도 그렇게 하는 것에 의해 그렇게 되는 거야. 뱀이 비늘로 기어가고, 매미가 날개로 나는 것처럼 의지하는 게 있단다. 이렇게 되는 까닭을 어찌 알 것이며, 그렇게 되지 않는 까닭을 어찌 알겠는가!

≪장자(莊子)·제물론편(齊物論篇)≫

우의
자연의 섭리는 오묘하여 인간이 예측할 수 없다.

백정의 소 잡는 원리(道)

포정해우
庖丁解牛

포정이 문혜군(文惠君) 앞에서 소를 잡고 있다.

손이 닿는 곳, 어깨로 기댄 곳, 발로 밟은 곳, 무릎을 꿇고 있는 곳마다 껍질과 뼈가 싹싹 갈라졌다.

칼이 푹하며 들어가 음악의 선율을 따라 움직였다.

그 음악 소리는 <상림(桑林)>의 춤사위와 어울리더니, 곧 바로 <경수(經首)>의 리듬을 타는 것 같았다.

그러자 문혜군이 말했다.

"와! 대단하구나. 너의 기교가 어찌 그리 놀랍더냐?"

그러자 포정은 칼을 놓으며 말하였다.

"제가 좋아하는 것은 원리[道]입니다. 기교를 초월한 것입니다. 제가 처음 소를 잡았을 때는 소의 전체 모습만 보였을 뿐입니다. 삼 년이 지나서야 비로소 소의 전체 윤곽이 보이지 않게 되었습니다. 이제 저는 소를 정신적으로 만나지 눈으로 보지 않습니다. 감각기관을 정지할 줄 알아야 정신이 움직이게 됩니다. 소의 자연적인 결에 따라 칼을 근육과 뼈 틈 사이에 집어넣고, 소의 생리적인 구조에 의거하여 골절 사이의 공혈을 따라 갑니다. 근맥·경락·근골과 고기가 엉

켜있는 곳에는 칼을 대지 않습니다. 그러니 대퇴부는 어떻겠습니까! 뛰어난 백정은 1년에 한 번 칼을 바꾸는데, 이는 칼이 살을 베기 때문입니다. 일반적인 백정은 달마다 칼을 바꾸는데, 이는 칼이 뼈에 부딪치기 때문입니다. 지금 저는 십구 년 동안 칼을 사용하여 수천 마리의 소를 잡았지만, 칼날이 금방 숫돌에 간 것 같습니다. 소의 골절에는 틈이 있고, 칼날은 두텁지 않습니다. 두텁지 않은 칼날을 그 틈 속에 집어넣으면, 넓게 벌어진 틈에 칼날이 넉넉히 춤을 추듯이 움직이게 됩니다. 그러므로 칼을 십구 년 동안 사용해도 금방 숫돌에 간 것 같습니다. 비록 이렇게 해도 힘줄과 뼈가 뒤엉킨 곳을 지나는 것은 어렵습니다. 정신을 바짝 차리고 시선을 집중한 뒤, 동작을 서서히 하며 칼을 세밀하게 움직이면 마치 진흙이 땅에 툭툭 떨어지는 것처럼 쩍하고 갈라집니다. 이때 칼을 거두고 서서 사방을 돌아보면 마음이 뿌듯해집니다. 그리고 칼을 잘 닦아 보관합니다."

문혜군이 말하였다.

"훌륭하구나! 나는 포정의 말을 듣고 양생(養生)의 도를 터득하였도다."

≪장자(莊子)·양생주편(養生主篇)≫

우의

복잡한 세상을 살아가는 최선의 방법은 자연에 순응하는 길이다.

들꿩의 자유

야 치 락 지
野 雉 樂 志

들꿩은 열 발 짝을 걸어야 모이 하나를 쪼아 먹는다.

그리고 백 보를 걸어야 물 한 모금을 마실 수 있다.

그러나 새장에 갇혀 사육당하길 원치 않는다.

≪장자(莊子)·양생주편(養生主篇)≫

[우의]
궁핍할지언정 속박당하지 않으리.

사마귀가 수레를 막다

당 랑 거 철
螳螂拒轍

자네는 사마귀를 아는가?

사마귀가 앞다리를 번쩍 들어 수레를 막으려고 했다지.

그 놈은 자기가 그 일을 할 수 없다는 것을 모르고 있는 게야.

자기의 재능을 너무 높이 평가한 게야.

조심하고 삼가야 하는데!

여러 번 재능을 과시하고 부딪치면 위태로워진다!

≪장자(莊子)·인간세편(人間世篇)≫

우의

자기 재능에 넘치는 일을 하려고 하지 말라!

사랑도 때를 가려야

愛 馬 不 時

어떤 사람이 말을 사랑한 나머지
광주리로 말똥을 받고, 대합조개 껍질로 오줌을 받아냈다.
마침 말 위에 모기와 쇠파리가 달라붙었다.
그가 내려쳤지만 때가 좋지 않았다.
말은 재갈을 풀어 헤치고 그 사람의 머리와 가슴을 치받아 깨부쉈다.
아끼려는 그의 의도가 반대의 결과로 나왔다.
정말로 조심하라!

≪장자(莊子)·인간세편(人間世篇)≫

우의

혼란한 세상에는 애정도 삼가야 한다.

쓸모없는 나무

부 재 지 목
不材之木

목수 장석(匠石)이 제(齊)나라로 가다가 곡원(曲轅)에 도착했다.

그는 사직단에서 역수(櫟樹)를 발견했다.

그 나무는 수천 마리 소를 가릴 만큼 컸다.

새끼줄로 재면 백 아름이 되었고, 나무가 높은 산꼭대기에 닿아있었다.

팔십 척 높이까지 올라가야 가지가 나타났다.

배를 만들 수 있는 곁가지가 십여 개나 되었다.

구경꾼이 시장처럼 몰려들었지만, 목수는 거들떠보지도 않았을 뿐 아니라 걸음도 멈추지 않았다.

그의 제자는 그 나무를 한참 구경하고 나서 목수에게 달려가 말했다.

"제가 도끼를 들고 스승님을 따라나선 이래, 이렇게 멋있는 나무는 처음 보았습니다. 그런데 스승님께서는 거들떠보지도 걸음을 멈추지도 않으시니 어찌 된 일입니까?"

"그만! 말하지 마라! 쓸모없는 나무니라. 배를 만들면 가라앉고, 관을 만들면 쉽게 썩으며, 그릇을 만들면 부서지기 쉽고, 문을 만들

면 송진이 많이 나오며, 기둥을 만들면 좀이 슬 것이다. 재목감이 못
되는 나무니라. 쓸모가 없어서 이렇게 오래 살았던 거야."

≪장자(莊子)·인간세편(人間世篇)≫

우의

쓸모없는 것이 쓸모가 있다.

지리소(支離疏)의 행복

지 리 기 덕
支離其德

지리소는 턱이 배꼽에 파묻혀 어깨가 이마 위로 솟고 상투가 하늘로 치켜 서 있다.

오장이 모두 위로 올라붙어 양쪽 대퇴부가 옆구리 노릇을 한다.

그러나 바느질과 빨래로 입에 풀칠하기는 충분하였다.

키질과 체질로 쌀을 골라내어 열 식구를 배불리 먹여 살렸다.

나라에서 군대를 징발해도 지리소는 팔을 걷어 부치고 활보할 수 있었고, 나라에서 부역을 동원해도 고질병 때문에 면제되었다.

나라에서 병자에게 곡식을 나누어 주면, 그는 양식 스무 말과 땔감 열 다발을 받았다.

저렇게 지리소 같은 몸으로도 자기 자신을 보존하여 천수를 누릴 수 있거늘, 지리소 같은 인격을 가진 사람은 더 말해 무엇 하랴?

《장자(莊子)·인간세편(人間世篇)》

우의

쓸모없는 것이 오히려 천수를 누릴 수 있다.

돼지 새끼의 도망

独 子 之 走
돈 자 지 주

마침 돼지 새끼들이 죽은 어미의 젖을 빨고 있는 것을 보았다.

얼마 있다가, 그들은 깜짝 놀라 모두 제 어미를 버리고 달아났다.

어미 돼지가 자기들을 돌봐주지 못하고, 자기들과 다르다는 것을 알았기 때문이었다.

그것들이 제 어미를 사랑했던 것은 그의 육체가 아니라, 그 육체를 조종하는 것이었다.

≪장자(莊子)·덕충부편(德充符篇)≫

우의

정신이 빠진 육체는 시체와 다를 바 없다.

혹부리 영감

옹 앙 대 영
甕瓮大癭

항아리만한 혹이 달린 사람이 제(齊)나라 환공(桓公)에게 유세를 하였다.

환공이 기뻐하며 그를 온전한 사람으로 대하였다.

그러자 그의 목이 오히려 아주 가늘어 보였다.

≪장자(莊子)·덕충부편(德充符篇)≫

우의

인격은 추한 외모를 가릴 수 있다.

莊-16

거품으로 적셔주기

상 유 이 말
相濡以沫

냇물이 마르자 모든 물고기들이 마른 땅 위로 드러났다.

그들은 서로서로 숨을 내쉬어 주고, 거품을 품어내어 서로의 몸을
축축하게 적셔주었다.

그러나 이것은 냇물 속에서 서로 모르며 살 때만 못하였다.

≪장자(莊子)·대종사편(大宗師篇)≫

[우의]

어려울 때 서로 돕는 것은, 도울 일이 없는 것만 못하다.

[해제]

"거품을 품어 서로 적셔주다"라는 뜻을 가진 성어(成語)로 '상유이
말(相濡以沫)'이 쓰이고 있다. 이 성어는 오늘날 '어려움을 당했을 때
미약한 힘이라도 서로 돕는다.'는 의미로 사용되고 있다. 본래의 우
의(寓意)와는 달라진 것이다.

대장장이의 제련

大冶鑄金
대 야 주 금

한 대장장이가 쇠를 담금질하려고 하였다.

그 쇠가 뛸 듯이 기뻐하며 말했다.

"앞으로 나는 분명히 막야(鏌鋣)와 같은 명검이 될 거야!"

그러나 대장장이는 반드시 '재수없는 쇳덩이!'라고 여길 것이다.

≪장자(莊子)·대종사편(大宗師篇)≫

우의

인간은 자연의 조화에 의해서 만들어지는 법. 자신이 원한다고 되는 것이 아니다.

혼돈의 죽음

혼 돈 지 사
混沌之死

남해에서는 숙(儵)이라는 신이 있고, 북해에는 홀(忽)이라는 신이 있으며, 중앙에는 혼돈이란 신이 있었다.

숙과 홀은 종종 혼돈의 땅에서 만났고, 혼돈은 그들을 후하게 대접하였다.

그래서 숙과 홀은 혼돈의 은혜를 어떻게 보답할까 상의하였다.

"사람들은 모두 일곱 개의 구멍을 가지고 보고 듣고 마시며 숨을 쉽니다. 혼돈만이 구멍이 없으니, 그에게 구멍을 파 주기로 합시다."

그리고 매일 구멍을 하나씩 파자 혼돈은 7일 만에 죽어버렸다.

≪장자(莊子)·응제왕편(應帝王篇)≫

우의

생긴 대로 두는 것이 생명을 지키는 길이다.

해제

이 우언에 등장하는 신의 이름은 성격과 형태의 특징을 나타내고 있다. 숙(儵)은 신속하지만 경망스럽고, 홀(忽)은 민첩하지만 신중하지 못하며, 혼돈은 우직하지만 진실하다.

　이야기 속의 구멍은 인간의 인위적인 가치기준을 말한다. 이 우언은 인위적인 가치가 인간의 순수한 성정을 파괴한다고 경고하고 있다.

양을 잃어버리기는 마찬가지

장 곡 망 양
臧穀亡羊

장(臧)과 곡(穀) 두 사람이 있었다.
둘은 함께 양을 방목하다가 둘 다 양을 잃어버렸다.
장에게 무슨 일 때문에 양을 잃었느냐고 물었다.
책을 끼고 읽다가 잃었다고 했다.
또 곡에게 물었다.
도박하며 놀다가 양을 잃었다고 하였다.
두 사람이 한 일은 서로 다르나, 그들이 양을 잃어버린 것은 마찬가지였다.

≪장자(莊子)·병무편(駢拇篇)≫

우의

인위적인 행동은 방식이 다를 뿐 본성을 해치는 것은 마찬가지이다.

해제

소인배는 이익을 위해 죽고, 사대부는 명예를 위해 죽으며, 통치자는 나라를 위해 죽는다. 백이숙제는 명예를 위해 수양산(首陽山)에서 굶어 죽었고, 도척은 이익 때문에 죽었다. 이처럼 죽은 원인은 서로 다르나 생명의 본질을 해친 것은 마찬가지이다.

좀도둑과 큰 도둑의 차이

胠 篋 探 囊
거 협 탐 낭

소매치기와 금고털이의 범행을 막으려면 반드시 호주머니 끈을
잘 묶어 매고 빗장 고리와 자물쇠를 튼튼하게 해야 한다.

이것은 일반 사람들이 알고 있는 지식이다.

그러나 큰 도둑놈은 궤짝과 주머니 그리고 상자를 통째로 메고 달
아난다.

오히려 주둥이 끈과 빗장 고리가 헐렁할까 걱정한다.

그러므로 앞서 말한 지식이 바로 큰 도둑을 위해 지식을 마련해
둔 셈이 되지 않는가?

≪장자(莊子)·거협편(胠篋編)≫

우의
얄팍한 지식은 오히려 큰 재앙을 돕는다.

도둑질에도 도(道)가 있다

盜亦有道
도 역 유 도

도척(盜跖)의 무리가 도척에게 물었다.

"도둑질에도 도가 있습니까?"

그러자 도척이 말했다.

"어딜 간들 도가 없는 곳이 있겠느냐! 방 안에 숨어 있는 물건을 알아내는 것이 성스러움(聖)이고, 먼저 방으로 들어가는 것이 용기(勇)이며, 남보다 늦게 방에서 나오는 것이 의로움(義)이고, 성공 여부를 판단하는 것이 예지(智)이며, 공평하게 분배하는 것이 인자함(仁)이다. 이 다섯 가지를 갖추지 않고 큰 도둑이 된 사람은 아직 세상에 없다."

≪장자(莊子)·거협편(胠篋編)≫

우의

잘못된 지식은 오히려 사회혼란을 키우는 무기가 될 수 있다.

기계에 의존하려는 마음

자공(子貢)이 남쪽 초(楚)나라로 유람을 갔다가 진(晉)나라로 돌아오는 길에 한수(漢水) 이남 지방을 지나게 되었다.

채소 밭두렁을 일구고 있는 어떤 영감을 발견하였다.

영감은 항아리로 물을 길어 우물의 배수로에 붓고 있었다.

낑낑대며 힘을 많이 쓰지만 효과가 적었다.

그래서 자공이 말을 걸었다.

"양수기가 있잖소. 하루에도 백 두렁의 물을 댈 수 있을 것입니다. 그것은 힘이 적게 들고 효과가 큰데, 써보지 않겠소?"

그러자 밭을 일구던 노인이 고개를 들어 바라보며,

"어떤 기계요?"

하고 관심을 표하자, 자공이 말했다.

"나무를 깎아서 만든 기계인데, 앞이 무겁고 뒤가 가벼워 물을 빨아내듯이 퍼낼 수 있습니다. 단숨에 물을 넘치도록 댈 수 있을 겁니다. 그 기계를 고(槹)라고 합니다."

밭을 일구던 사람은 버럭 화를 냈다.

그러더니 얼굴빛을 바꾸고 웃으면서 말했다.

"우리 스승께서 이렇게 말씀하셨습니다.

'기계를 가진 사람은 반드시 기계가 할 일이 생기고, 기계가 할 일이 생기면 사행심이 생기며, 사행심이 마음속에 남아 있으면 순수하고 밝은 마음이 사라지고, 순수하고 밝은 마음이 사라지면 정신이 불안해지며, 정신이 불안하면 진실이 깃들지 않는다.'라고. 기계를 몰라서가 아니라, 걱정이 되어 사용하지 않는 것이오."

이 말을 들은 자공은 부끄러워 고개를 숙이고 대답하지 못하였다.

≪장자(莊子)·천지편(天地篇)≫

우의

편리함에는 반드시 대가가 따르는 법!

문둥이가 한밤에 아이를 낳다

려 인 생 자
厲人生子

문둥이가 한밤중에 아이를 낳았다.

그는 황급히 불을 끌어다가 제 새끼를 유심히 살폈다.

새끼가 자기를 닮을까 걱정이 되었기 때문이다.

≪장자(莊子)·천지편(天地篇)≫

우의

마음을 비우면 걱정할 필요가 없는데!

수레바퀴를 깎는 노인

윤 편 착 윤
輪扁斲輪

제환공(齊桓公)이 마루 위에서 책을 읽고 있었다.

이때 마루 아래에서 수레바퀴공, 편(扁)이 수레바퀴를 깎고 있었다.

그는 자귀를 놓고 마루로 올라가 환공에게 물었다.

"감히 묻겠습니다. 공께서 무슨 말씀을 읽고 계신지요?"

"성인의 말씀을 읽고 있네."

"성인이 살아있습니까?"

"이미 죽었지."

"그렇다면 공께서 읽고 계신 것은 옛사람이 남긴 찌꺼기에 불과합니다."

"과인의 독서에 대해 수레바퀴공이 왜 시비를 거느냐? 말이 타당하면 괜찮지만, 말이 안 되면 죽여버리겠다!"

수레바퀴공이 말했다.

"제 일을 가지고 살펴보지요. 수레바퀴를 많이 깎으면 헐렁하여 꼭 끼지 않고, 적게 깎으면 뻑뻑해져서 들어가지 않습니다. 많지도 적지도 않게 깎는 것을 마음으로 터득하고 손으로 느낍니다. 그래서 말로는 표현할 수 없는 것입니다. 오묘한 기술은 그 속에 있는 겁니다. 그것은 제 자식에게 가르쳐줄 수 없으며, 제 자식 역시 저에게 전수받을 수 없습니다. 이 때문에 나이 칠십 노인이 되었어도 아직 바퀴를 깎고 있는 것입니다. 이와 같이 옛날 사람들이 전달하지 못한 오묘한 기술은 그 사람들과 함께 죽어버렸으니, 공께서 읽고 계신 것은 옛사람이 남긴 찌꺼기에 불과하지 않겠습니까?"

≪장자(莊子)·천도편(天道篇)≫

우의

오묘한 경지는 말로 표현할 수 없다.

해제

이 우언은 ≪회남자(淮南子)·도응편(道應篇)≫에도 수록되어 있지만 이야기의 내용은 조금 다르다.

이 우언은 후대에 이르러 "착윤노수(斫輪老手)", "득심응수(得心應手)"라는 성어로 사용되고 있다. 모두 높은 예술적 경지를 표현하고 있다. 예술적 경지는 말로 표현할 수 없고, 마음속으로 터득하고 손으로 느낄 수 있다는 주장이다.

짚으로 만든 개

추 구
芻 狗

짚으로 만든 개가 제사상에 오르기 전이었다.

그것이 대나무 그릇에 담겨 비단 무늬 수건에 덮여 있었다.

제주가 목욕재계하고 그것을 제사상에 진설하였다.

제사상에 오르고 난 뒤, 지나가는 사람들은 짚으로 만든 개의 머리와 척추를 짓밟았다.

나무꾼은 가져다가 불을 피워 밥을 짓는 데 사용하였다.

그것을 다시 주워서 대나무 그릇에 담고 비단 무늬 수건으로 덮고서 그 아래에서 생활하고 잠을 자는 사람이 있었다.

그는 잠을 잘 이룰 수 없었고, 또한 여러 번 악몽을 꾸었다.

≪장자(莊子)·천운편(天運篇)≫

우의
예의와 법도는 시대의 변화에 맞추어 바꿔야 한다.

서시(西施)의 찌푸림

동 시 효 빈
東 施 效 顰

서시가 가슴앓이 때문에 눈살을 찌푸리며 마을을 지나곤 했다.

그 마을에 사는 추녀의 눈에 그것이 예쁘게 보였다.

추녀는 가슴을 움켜쥐고 눈살을 찌푸리며 마을을 지나다녔다.

그 광경을 본 마을의 부자는 문을 걸어 잠그고 꼼짝하지 않았다.

그 광경을 본 마을의 가난한 사람은 처자식의 손을 잡고 달아나 버렸다.

이 추녀는 눈살을 찌푸린 것이 예쁘다는 것만 알았지, 눈살을 찌푸리면 왜 예쁜지를 몰랐다.

《장자(莊子)·천운편(天運篇)》

우의

도덕이 그 시대에 유용하면 아름답지만, 시대가 바뀌면 쓸모없는 추물이 된다.

현재 쓰이고 있는 '동시효빈(東施效顰)'·'봉심효서자(捧心效西子)'·'효
빈(效顰)' 등의 성어는 모두 이 우언에서 나왔다. 이 말은 자신이 가지
고 있는 조건이나 상황을 생각하지 않고 다른 사람을 기계적으로 모
방하는 바보 같은 행동을 비판하고 있다.

바다를 바라보며 감탄하다

망 양 홍 탄
望 洋 興 嘆

마침 가을비가 내려 물이 불어났다.

작은 냇물들이 모두 황하로 몰려들었다.

물줄기가 불어나자 양쪽 기슭과 강섬 언덕에 있는 소와 말을 구분할 수 없게 되었다.

그러자 황하의 신 하백(河伯)은 기분이 좋아 의기양양하였다.

세상의 아름다운 것이 모두 자기에게로 몰려든다고 생각하였다.

그는 물길을 따라 동쪽으로 내려가서 북해에 당도하였다.

동쪽을 바라보니 물의 끝이 보이지 않았다.

그제서야 하백은 시선을 돌려 바다를 바라보고는 바나의 신 약(若)을 향해 탄성을 질렀다.

" '백 가지 듣고서 자기만한 사람이 없다고 여긴다.'는 속담이 있는데, 바로 저를 두고 한 말이었군요. 저는 일찍이 어떤 사람이 공자(孔子)의 견문을 과소평가하고 백이(伯夷)의 의로움을 하찮게 여겼다는 이야기를 들었습니다. 애초에는 믿지 않았지만, 지금 당신의 끝없는 모습을 보니, 만약 내가 그대의 영역에 오지 않았더라면 아마도 나는 엉터리처럼 오랫동안 대가(大家)들의 웃음거리가 되었을 것입니다."

그러자 북해의 약이 말했다.

"우물 안 개구리에게 바다 얘기를 할 수 없는 것은 그가 좁은 공간에 갇혀 있기 때문이며, 여름 벌레에게 얼음 얘기를 할 수 없는 것은 그가 시간에 얽매여 있기 때문이요, 하나만 고집하는 선비와 큰 진리를 논할 수 없는 것은 그가 예교(禮敎)에 얽매여 있기 때문입니다. 지금 당신은 강기슭을 벗어나 큰 바다를 바라보고서 자신이 볼품없다는 것을 깨달았으니 당신과 함께 세상의 큰 진리를 논할 수 있을 것 같습니다. 천하의 물 중에 바다보다 큰 것은 없습니다. 바다는 모든 강물이 흘러들어 언제 그쳐야 넘치지 않는지, 물이 새어나가는 것이 언제 정지해야 마르지 않는지 알지 못합니다. 봄가을에도 변함이 없고, 홍수와 가뭄에도 아랑곳하지 않습니다. 이 바다가 강과 호수의 물줄기보다 크다는 것은 알지만 어림잡을 수 없소. 그러나 나는 이것을 가지고 자랑해 본 적이 없습니다. 스스로 천지에 몸을 맡기고 음양의 기를 받아들입니다. 내가 천지에 속해 있는 것은 작은 돌과 나무가 큰 산 속에 있는 것과 같습니다. 내 자신이 작다는 것을 아는데, 어떻게 뽐낼 수 있겠습니까? 사해(四海)가 천지 사이에 있는 것은 큰 연못가에 있는 개미구멍과 비슷하지 않겠소? 중국이 사해 내에 있는 것은 큰 창고에 들어 있는 좁쌀과 비슷하지 않겠습니까?"

≪장자(莊子)·추수편(秋水篇)≫

우의

크고 작은 것은 상대적이다. 인위적인 기준으로 크고 작은 것을 평가하지 말라.

이 우언 속에 등장하는 북해의 신 약은 우물 안 개구리와 여름 벌레 그리고 하백에 비하면 거대하다. 그러나 그것 또한 우주의 무궁한 공간에 비하면 왜소하기 그지없다.

후대에 '망양흥탄(望洋興嘆)'·'견소대방(見笑大方)'·'정와불가이어해(井蛙不可以語海)'·'하충불가이어빙(夏蟲不可以語氷)'(우물 안 개구리에게 바다 얘기를 못하고, 여름 벌레에게 얼음 얘기를 못한다)" 등의 성어가 모두 이 우언에서 비롯되었다.

진정한 승리

기 현 사 풍
夔 蚿 蛇 風

외다리 기(夔)가 노래기[蚿]를 부러워하였다.

노래기는 뱀을 부러워하였다.

뱀은 바람을 부러워하였다.

바람은 눈을 부러워하였다.

눈은 마음을 부러워하였다.

외다리 기가 노래기에게 말했다.

"나는 다리 하나로 뛰어다니니 이보다 간편할 수 없소. 그대는 왜 그렇게 많은 다리를 가지고 걷는 게요?"

그러자 노래기가 말하였다.

"그렇지 않소. 당신은 거품을 뿜는 사람을 보지 못했소? 거품을 뿜어내면 큰 것은 구슬만 하고, 작은 것은 안개만 하지만 서로 뒤섞여 내려오면 자세히 셀 수가 없다오. 나는 태어난 기능대로 움직일 뿐이고, 왜 이렇게 되는지를 알지 못합니다."

노래기가 뱀에게 말했다.

"나는 많은 다리를 가지고 걷지만, 다리가 없는 그대만 못하니 어찌 된 것입니까?"

그 말을 들은 뱀이 말하였다.

"태어난 기능을 가지고 움직이는 것을 어떻게 바꿀 수 있겠소? 내가 어떻게 다리를 사용하겠습니까?"

이번에는 뱀이 바람에게 물었다.

"나는 내 척추를 가지고 움직입니다. 다리가 있는 것과 마찬가지입니다. 그런데 지금 그대는 붕하고 북해에서 일어나 남해로 붕하며 날아갑니다. 아무것도 없는 것 같은데 어찌 된 겁니까?"

그러자 바람이 대답하였다.

"그렇소. 나는 붕하며 북해에서 불어 남해로 날아가지만 손가락이 나를 압도하고, 발이 나를 제압할 수 있습니다. 그러나 큰 나무를 부러뜨리고 큰 집을 날려버릴 수 있는 것은 나뿐이요. 그러므로 작은 승리를 추구하지 않는 것이 크게 이기는 것입니다. 큰 승리를 거둘 수 있는 사람은 오직 성인뿐이랍니다."

≪장자(莊子)·추수편(秋水篇)≫

우의

작은 승리를 추구하지 않는 것이 크게 이기는 길이다.

우물 안 개구리

감 정 지 와
埳 井 之 蛙

우물 안 개구리가 동해에 사는 자라에게 말했다.

"즐거워라! 나는 우물 난간 위로 뛰어오를 수 있고, 벽돌이 빠진 우물 벽에서 쉴 수도 있다. 물에 들어가면 겨드랑이와 턱에 물이 찰랑찰랑하게 닿는다. 진흙을 밟으면 발등이 묻힐 정도야. 붉은 물벌레·가재·올챙이를 돌아보아도 나처럼 즐겁지 못하지. 게다가 우물을 독차지하며 딱 버티고 있는 것 또한 최고의 즐거움이라네. 당신도 짬을 내어 들어와서 구경하지 않을래?"

동해 자라가 왼쪽 다리를 뻗어 들어가려 했지만 오른쪽 무릎이 걸려버렸다. 동해 자라는 우물쭈물하다가 뒤로 물러서 개구리에게 바다 이야기를 해주었다.

"바다는 천리 길로도 그 크기를 가늠할 수 없고, 천 길 높이로도 그 깊이를 짐작할 수 없단다. 우(禹)임금 당시 십구 년 홍수에도 바닷물은 불어나지 않았고, 탕(湯)임금 당시 십오 년 큰 가뭄에도 해안(海岸)의 바닥이 드러나지 않았어. 시간이 흘러도 변하지 않고, 물이 많고 적어지는 변화가 없어. 이것이 바로 동해의 큰 즐거움이란다."

우물 안 개구리는 이 얘기를 듣고 나서 놀라고 황당해진 나머지 망연자실하였다.

≪장자(莊子)·추수편(秋水篇)≫

우의

　가치 판단은 상대적이다. 우물은 우물대로 바다는 바다대로 즐거움이 있다.

참고

　"정저지와(井底之蛙)"·"장와지견(井蛙之見)"·"좌정관천(坐井觀天)" 등의 성어는 모두 이 우언에서 비롯되었다고 볼 수 있다.
　본래의 장자의 의도와 관계없이 이 성어는 모두 식견이 고루한 사람을 비판하는 데 쓰이고 있다.

서울 걸음마 배우기

한 단 학 보
邯鄲學步

수릉(壽陵)에 사는 소년이 한단(邯鄲)에서 걸음마를 배웠다는 얘기를 들어보았는가?

그는 한단 사람들의 걷는 방법을 배우지도 못했을 뿐 아니라 원래 자기의 걸음 법마저 잃어버렸다네.

그는 하는 수 없이 기어서 돌아왔지.

≪장자(莊子)·추수편(秋水篇)≫

[우의]

사람은 항상 자신의 본성과 능력에 맞게 살아야 한다.

다른 사람을 따라가는 데만 급급하면 자기가 가지고 있는 능력마저 잃고 만다.

[해제]

전국시대(戰國時代) 조(趙)나라의 공손용(公孫龍)은 자신의 이론이 그어떤 학자보다 탁월하다고 여기고 있었다. 그러던 차에 장자(莊子)의 학문이 심오하다는 소문을 듣고, 친구 위모(魏牟)를 찾아가 자신을 장자와 비교해 보려고 했다.

그러자 위모는 그에게 "우물 안 개구리"와 "걸음마 배우기" 이야기를 들려주었다. 자신의 학설을 인정하고, 남을 맹목적으로 추종하지 말라고 권유하였다.

≪한서(漢書)·서전상(叙傳上)≫에서도 반사(班嗣)가 이 우언을 인용하였다. 어느 날 환담(桓譚)이 반사에게 장자의 책을 빌리려고 하였다. 반사는 이 우언 이야기를 들려주며 거절하였다. 유가의 가치기준에 얽매여 있는 환담 같은 사람은 장자(莊子)의 큰 진리를 이해하지 못한다는 이유에서였다. 유교의 학설이 우물 안 개구리라면, 장자의 학설은 동해 바다와 같다는 것이다.

차라리 진흙탕 속에서 살리라

예 미 도 중
曳尾塗中

장자가 복수(濮水)에서 낚시질을 하고 있었다.

초왕(楚王)이 대부 두 사람을 보내 미리 자기의 뜻을 장자에게 전달하였다.

"우리 나라 국내 정치를 맡아주시오."

장자는 낚싯대를 잡고 돌아보지도 않은 채 말하였다.

"나는 초(楚)나라에 신령한 거북이가 있었다고 들었습니다. 죽은 지가 이미 천 년이 지났다더군요. 왕이 거북이를 수건에 잘 싸서 대나무 광주리에 넣어 사당에 안치하였답디다. 이 거북이가 유골이 되어 부귀해지는 것이 좋습니까, 아니면 살아서 진흙탕 속에서 꼬리를 끌고 다니는 것이 낫겠습니까?"

이 말을 들은 두 대부는 말하였다.

"차라리 살아서 진흙탕 속에서 꼬리를 끌고 다니는 것이 좋았겠지요."

그러자 장자는 말하였다.

"이제 가 보시오. 나는 진흙탕 속에서 꼬리를 끌면서 살겠소이다!"

《장자(莊子)·추수편(秋水篇)》

각자의 본성에 맞게 사는 것이 양생의 길이다.

구속을 벗어 버려야 진정한 자유를 누릴 수 있다.

이 우언은 ≪사기(史記)·노장신한열전(老莊申韓列傳)≫과 ≪예문유취 (藝文類聚)≫96에도 수록되어 있다.

인위적인 구속을 싫어하는 장자의 정신을 잘 설명해주는 대목이 라고 할 수 있다.

구속을 받으며 부귀영달을 누리느니, 차라리 진흙탕 속일지라도 자유를 누리며 살겠다는 자유 의지를 표현하였다.

부엉이가 썩은 쥐를 잡다

치 득 부 서
鴟 得 腐 鼠

혜자(惠子)가 양(梁)나라의 재상이 되었다.

장자가 그를 만나러 갔다.

어떤 사람이 혜자에게 고자질했다.

"장자가 당신 대신 재상이 되려는 거요."

이 말에 놀란 혜자는 사흘 밤낮 온 나라를 뒤져 장자를 수색하였다.

이 때 장자가 나타나 혜자에게 말했다.

"남쪽에 어떤 새가 사는데, 완추라는 봉황이지. 자네도 알고 있지? 그 새는 남해에서 출발하여 북해로 날아가는데, 오동나무가 아니면 내려앉지 않고, 대나무 열매가 아니면 먹지도 않으며, 천연샘물이 아니면 마시지 않지. 썩은 쥐를 잡은 부엉이는 봉황이 날아가는 것을 올려다보고는 '꽥!' 하고 소리쳤다지. 지금 그대는 자네의 양나라를 가지고 나를 위협하고 있는 겐가!"

≪장자(莊子)·추수편(秋水篇)≫

욕망은 썩은 쥐와 같다.

이 이야기에는 썩은 쥐를 잡고 빼앗기지 않으려고 전전긍긍하고 있는 부엉이, 욕망을 버리고 고고하게 사는 봉황이 등장한다. 각각 부귀영화에 빠진 혜자와 욕심 없는 장자를 비유하고 있다.

이 우언은 부엉이와 봉황, 혜자와 장자의 비교를 통해 욕망에 사로잡힌 인간을 신랄하게 비판하였다.

이 우언은 ≪예문유취(藝文類聚)≫, ≪초학기(初學記)≫, ≪태평어람(太平御覽)≫에 수록되어 있다.

물고기의 즐거움

호 량 지 락
濠梁之樂

장자(莊子)가 혜자(惠子)와 함께 호수(濠水)의 다리를 거닐면서 말하였다.

"피라미가 유유자적하게 헤엄치는구나! 저것이 바로 물고기의 즐거움이지."

그 말을 들은 혜자가 말했다.

"자네는 물고기가 아니면서 어떻게 물고기의 즐거움을 안다는 거야?"

장자가 말하였다.

"자네는 내가 아닌데, 어째서 내가 물고기의 즐거움을 모른다고 생각하지?"

혜자가 말하였다.

"나는 자네가 아니니 정말 자네를 모르고, 자네도 물고기가 아니니 물고기의 즐거움을 모르는 것이 당연하지."

그러자 장자가 말하였다.

"처음으로 돌아가세. 그대가 '자네가 어떻게 물고기의 즐거움을 안다는 거야?'라고 말했던 것은, 내가 이미 그것을 알고 있다는 사실을 알면서 물었던 것이네. 내가 알고 있는 것은 내가 다리 위에 있다는 거야. 호수의 다리에서 알고 있다는 것뿐이야.”

≪장자(莊子)·추수편(秋水篇)≫

우의

사물을 예술적으로 보느냐 아니면 분석적으로 보느냐에 따라 이해가 다른 법이다.

장자 아내의 죽음

장 자 처 사
莊子妻死

장자의 아내가 죽자 혜자가 문상을 갔다.

장자는 막 두 다리를 벌리고 항아리를 두드리며 노래를 부르고 있었다.

그 모습을 보고 혜자가 말했다.

"자네와 함께 살아왔던 저 사람은 자식을 키우면서 늙어 죽었네. 울지 않는 것이야 그렇다고 치세. 하지만 항아리를 두드리며 노래를 부르는 것은 좀 심하지 않은가?"

그러자 장자가 말하였다.

"그렇지 않네. 그녀가 막 죽었을 때, 내가 어떻게 슬프지 않았겠는가? 그러나 저 사람의 시작을 살펴보면, 본래는 생명이 없었네. 단지 생명만 없었던 것이 아니라, 원래 육체도 없었네. 육체만 없었던 것이 아니라, 본래 기(氣)도 없었네. 혼돈 상태에 섞여 있다가 변화되어 기가 생겨났고, 기가 변하여 육체가 생겨났으며, 육체가 변하여 생명이 생겨난 것이네. 지금 다시 변하여 죽었으니 이는 춘하추동 사계절이 운행하는 것과 같다네. 그리고 저 사람은 하늘과 땅이라는 큰 집에 반듯하고 편안하게 누워있는데 내가 훌쩍훌쩍 따라 운다면 이는 스스로 천명을 이해하지 못하는 것이 되네. 그래서 울음을 멈추었던 것이네."

≪장자(莊子)·지락편(至樂篇)≫

[우의]

기가 모이면 살고 기가 흩어지면 죽는 것이니, 살고 죽는 것에 얽매이지 말라.

장자와 해골의 대화

장자가 초(楚)나라로 가다가 덩그러니 놓여있는 해골을 만났다.

바짝 마른 몰골을 하고 있었다.

장자가 말채찍으로 툭툭 치며 물었다.

"그대는 살아보려고 버둥거리다가 양생(養生)의 이치에 어긋나서 이 꼴이 되었는가? 아니면 나라가 망하는 바람에 칼과 도끼에 맞아 죽었는가? 아니면 나쁜 짓을 하다가 부모와 처자식에게 추한 모습을 보일까봐 자살하였는가? 아니면 추위와 굶주림의 고통을 참지 못해 이 꼴이 되었는가? 아니면 늙어서 죽었는가?"

장자는 말을 마치고 해골을 베고 잠을 잤다.

밤이 깊어 해골이 꿈에 나타나 말했다.

"그대의 말솜씨는 변호사 같소. 당신이 말한 것은 모두 살아있는 사람의 번뇌입니다. 죽은 뒤에는 이런 번뇌가 없소. 당신은 내가 말하는 죽음 얘기 들어보고 싶지 않소?"

"듣고 싶습니다."

해골이 말했다.

"죽은 뒤에는 위로 임금이 없고, 아래로 신하도 없소. 또한 사계절의 변화도 없고, 편안히 천지와 더불어 나이를 먹어가니, 설사 백성 위에 군림하는 임금의 즐거움이라 할지라도 이 즐거움을 능가하지 못할 것이오.”

장자가 믿지 못해 말했다.

“내가 염라대왕에게 부탁하여 그대의 육체를 소생시키고, 뼈와 살을 붙여 그대의 부모와 처자식과 친구들에게 돌려보내 주려고 하는데 당신은 어떻게 생각하오?”

해골이 양미간과 콧날을 심하게 찌푸리며 말했다.

“내가 어찌 죽은 뒤에 임금이 되는 즐거움을 버리고, 다시 살아나 인간의 고통을 당하겠소?”

≪장자(莊子)·지락편(至樂篇)≫

우의

구속 받는 삶은 죽는 것만 못하다.

해제

작가는 해골을 통하여 인간의 번뇌로부터 해탈하는 방법을 제시하였다. 인간은 누구나 살아보려고 버둥거리다가 죽거나, 나라가 망하는 참사를 당하기도 하며, 도끼에게 찍히는 변을 당하기도 한다. 또한 나쁜 행위를 저지르다가 추위와 굶주림의 고통에 시달리다가 죽음을 당한다.

해골은 말한다. 번뇌로 고통을 받고 사느니 차라리 죽는 것이 행복이라고. 그러나 죽는 것이 차라리 행복인 이유는 다른 데 있지 않다. 바로 인위적 구속에서 벗어날 수 있기 때문이다. 구속을 받는 삶은 죽음보다 못하다는 것이다.

바다 새를 기르는 방법

노 후 양 조
魯 侯 養 鳥

옛날에 바다 새가 노(魯)나라 교외에 내려앉았다.

노나라 제후가 그 새를 맞이하여 종묘에서 잔치를 베풀어주었다.

순(舜)임금의 구소(九韶) 음악을 연주하고, 소·돼지·양고기 요리를 먹였다.

그러자 새는 눈이 어지럽고 마음이 불안해졌다.

그리고 고기 한 점과 물 한 모금도 먹지 못하고 사흘만에 죽고 말았다.

이것은 인간을 기르는 법을 가지고 새를 먹였기 때문이다.

새를 기르는 법을 가지고 새를 기른 것이 아니었다.

≪장자(莊子)·지락편(至樂篇)≫

우의

사람이 사는 방식과 새가 사는 방식은 다르다.

꼽추의 매미잡기

구 루 승 조
病瘻承鳥

공자(孔子)가 초(楚)나라로 가는 도중 숲 속을 지나다가 매미를 잡고 있는 꼽추를 만났다.

꼽추는 매미를 줍듯이 잡고 있었다.

공자가 물었다.

"당신은 특별한 재주를 가지고 있는 거요, 아니면 원리(道)를 가지고 있습니까?"

"나는 원리를 가지고 있습니다. 대나무 끝에 두 개의 끈끈이를 붙였다가 5, 6개월 동안 이것을 떨어뜨리지 않으면 매미를 놓치지 않고 잡을 수 있습니다. 세 개를 포개서 떨어뜨리지 않으면 매미를 열 마리 중 아홉 마리를 잡을 수 있습니다. 다섯 개를 포개서 떨어뜨리지 않으면 매미를 줍듯이 잡을 수 있습니다. 나는 마치 나무기둥이나 그루터기처럼 서 있고, 대나무를 잡고 있는 나의 손은 마치 고목 나무 가지처럼 됩니다. 비록 하늘과 땅이 크고 만물은 다양해도 오직 매미 날개만을 생각합니다. 나는 이리저리 움직이지 않고, 매미 날개를 그 어떤 것과도 바꾸지 않습니다. 그러니 어찌 매미를 잡지 못하겠습니까!"

공자가 제자를 돌아보며 말했다.

" '마음을 분산시키지 않고, 정신을 집중한다.'는 말은 꼽추 노인을 두고 한 것이로다!"

≪장자(莊子)·달생편(達生篇)≫

우의

정신을 집중하면 사물의 원리를 알 수 있다.

뱃사공의 배 젓기

진 인 조 주
津人操舟

안연(顔淵)이 공자에게 물었다.

"제가 전에 상심연(觴深淵)을 건넌 적이 있었습니다. 뱃사공이 신기하게 배를 몰기에, 배 젓는 법을 배울 수 있느냐고 물었습니다. 그러니 '물론입니다. 수영을 잘하는 사람은 금방 배울 수 있고, 잠수할 수 있는 사람은 배를 본 적이 없어도 가뿐하게 배를 저을 수 있습니다.'라고 대답하였습니다. 제가 그 이유를 물었지만 대답을 하지 않았습니다. 그래서 감히 그 이유를 묻고자 합니다."

그러자 공자가 대답하였다.

"수영을 잘 하는 사람이 금방 배우는 것은, 자기가 물속에 있다는 것을 잊을 수 있기 때문이니라. 잠수를 할 수 있는 사람이 배를 본 적이 없어도 가뿐하게 배를 저을 수 있는 것은, 연못을 육지처럼 보고, 배가 뒤집히는 것을 수레가 뒤집히는 것처럼 보기 때문이다. 배가 자주 눈앞에서 뒤집어져도 마음이 흔들리지 않으니, 어디 가도 여유가 있지 않겠는가? 기와를 걸고 활쏘기를 하면 마음이 교활해지고, 허리띠를 걸고 활쏘기를 하면 마음이 두근거린다. 황금을 걸고 활쏘기를 하면 마음이 혼란해진다. 기교는 같은데 기대하는 바가 있으면 겉을 중요시한다. 겉모양을 중요하게 여기는 사람은 속이 보잘 것 없는 법이지."

≪장자(莊子)·달생편(達生篇)≫

우의

기대할 것이 없어야 마음이 흔들리지 않고 능력을 발휘할 수 있다.

부족한 점을 채우지 않으면

불 편 기 후
不 鞭 其 後

노나라의 선표(單豹)는 바위 속에서 물만 먹고 살았다.

그리고 남들과 이익을 가지고 싸우지 않았다.

나이 칠십이 되었는데도 얼굴색이 갓난아이 같았다.

그러나 불행하게도 굶주린 호랑이를 만나 잡아먹혔다.

장의(張毅)라는 사람은 크고 작은 가문을 왕래하지 않은 곳이 없었다.

그러나 나이 마흔에 내열병(內熱病)으로 죽었다.

선표는 정신을 잘 수양하였지만 호랑이에게 잡아먹혔고 장의는
육체를 잘 단련했지만 속병이 들었다.

이 두 사람 모두 자신의 부족한 점을 채우지 않았기 때문이다.

≪장자(莊子)·달생편(達生篇)≫

우의

육체와 정신을 함께 수양해야 양생을 달성할 수 있다.

구차하게 살아가다

苟生有尊
구 생 유 존

제관[祝宗人]이 검은 제사복을 입고 우리로 다가가 돼지에게 말하였다.

"너는 어째서 죽기를 싫어하니? 내가 앞으로 석 달 동안 잘 먹여주고, 열흘 동안 근신하고, 사흘 동안은 재계시켜 줄게. 갈대를 깔고 꽃무늬가 새겨진 도마 위에 너의 어깨와 엉덩이를 올려 주마. 그렇게 하겠느냐?"

만약에 돼지를 대신하여 의견을 말하라고 하면, "차라리 술 찌꺼기와 쇤밥을 먹을지언정 돼지우리에서 살겠소!"라고 한다. 그런데 자기 의향을 말하라고 하면, "구차하게 살아서 영광스런 지위에 오르고, 죽어서는 화려한 운구차에 실려 호화로운 관 속에 들어가겠다." 라고 대답한다.

돼지를 대신해서는 거부 반응을 보이다가, 자기 자신은 받아들일 뜻이 있다면, 돼지와 무엇이 다른가?

《장자(莊子)·달생편(達生篇)》

우의

권세를 쫓고 부귀영화에 눈이 멀면 돼지와 같은 삶을 살게 된다.

싸움닭 조련과정

목 계 덕 전
木鷄德全

기성자(紀渻子)가 왕을 위하여 싸움닭을 훈련시켰다.

열흘이 지나 왕이 물었다.

"그 닭은 싸울 만한가?"

"아직 안됩니다. 공연히 교만을 떨고 기운을 믿고 있습니다."

열흘이 지나 다시 물으니, 그가 대답하였다.

"아직 안됩니다. 아직도 메아리와 그림자에 반응하고 있습니다."

열흘이 지나 다시 물었다.

"아직 덜 되었습니다. 여전히 눈을 흘기거나 씩씩거리고 있습니다."

열흘이 지나 다시 물었다.

"거의 됐사옵니다. 어떤 닭이 울어도 전혀 흔들리지 않고 마치 나무 닭처럼 바라봅니다. 그것이 정신을 집중하고 있으면, 다른 닭은 감히 덤벼들지 못할 뿐 아니라 보면 오히려 달아나버립니다."

≪장자(莊子)·달생편(達生篇)≫

우의

교만과 기세를 버려야 무적의 경지에 오를 수 있다.

폭포에서 헤엄치는 사내

여 량 장 부
呂梁丈夫

공자(孔子)가 여량(呂梁) 땅을 유람하였다.

폭포의 길이가 이만 사천 자나 되고, 물거품이 사십 리나 퍼졌다.

자라와 악어조차도 헤엄을 칠 수 없는 곳이었다.

이때 한 사내가 헤엄을 치고 있었다.

괴로운 일이 있어 죽으려나 보다 여기고, 공자가 제자에게 물길을 따라 내려가 구출하게 하였다.

그런데 그 사내는 수백 길을 들어갔다가 나와 머리를 털고 노래를 부르며 언덕 아래로 헤엄쳐 갔다.

공자가 따라가며 물었다.

"나는 그대가 귀신인 줄 알았네. 자세히 보니 사람이었군. 헤엄에 특별한 원리가 있소?"

그 사내가 대답하였다.

"없습니다. 나에게 특별한 원리가 없습니다. 나는 본성을 타고났고 습성에 따라 성장하면서 자연의 이치를 알게 되었습니다. 소용돌이를 타고 잠수하였다가 용솟음을 따라 나옵니다. 물의 성질에 따라 헤엄을 칩니다. 내 마음대로 하지 않습니다. 이것이 내가 헤엄치는 법입니다.”

공자가 말하였다.

“본성을 타고났고, 습성에 따라 자랐으며 자연의 이치를 알게 되었다는 것은 무슨 뜻이요?”

“나는 땅에서 태어나 땅이 편안하니 그것이 본성을 타고난 것이고, 물에서 자라 물이 편안하니 습성이 된 것입니다. 내가 이렇게 움직이는 까닭을 모릅니다. 이것이 자연의 이치입니다.”

≪장자(莊子)·달생편(達生篇)≫

우의

본성과 습성대로 사는 것이 자연의 법칙을 따르는 것이다.

잡념을 버려라

재 경 삭 목
梓慶削木

목수 경(慶)은 나무를 깎아 종고(鍾鼓)를 만들었다.

종고 만들기를 구경하던 사람들은 모두 신들린 그의 재주에 놀랐다.

노나라 왕이 물었다.

"그대는 무슨 기술로 악기를 만드는가?"

그가 대답하였다.

"목수 주제에 무슨 기술이 있겠습니까! 그래도 한 가지는 있군요. 저는 악기를 만들기 전에 정기를 허비하지 않습니다. 반드시 잡념을 버린 뒤 마음을 고요하게 가라앉힌답니다. 사흘 동안 목욕재계한 뒤에는 포상과 벼슬은 전혀 생각하지도 않습니다. 닷새 동안 목욕재계하고 나서는 악기제작에 대한 비난과 칭찬, 정교함과 서투름을 염두에 주지 않사옵니다. 칠 일 동안 목욕재계하고 나서는 사지와 육체를 모두 잊어버립니다. 그때가 되면 국가 조정의 존재조차 생각하지 않습니다. 기교에 몰입하면 혼란이 없어집니다. 그런 뒤에 숲 속으로 들어가 나무의 천성을 관찰합니다. 악기의 형체와 잘 어울리는 나무를 발견하면 완성된 종고를 눈앞에 떠올립니다. 그런 뒤에 작업을 시작하고, 그렇지 않으면 그만둡니다. 저의 천성과 나무의 천성

이 하나가 되는 것이 악기를 귀신같이 만들 수 있는 방법입니다. 이
것 뿐입니다.

≪장자(莊子)·달생편(達生篇)≫

우의

대상과 주체가 하나가 될 때 최고의 예술적 경지에 도달할 수 있다.

동야직의 말몰이

동 야 직 지 어
東野稷之御

동야직(東野稷)이 말몰이 기술을 가지고 장공(莊公)을 뵈었다.
그는 먹줄을 그은 듯이 전진하고 후진하였다.
컴퍼스로 그린 것처럼 좌우로 회전하며 말을 몰았다.
장공은 그것이 비단짜기보다 멋있다고 생각하였다.
그리고 백 바퀴를 돌고 돌아오게 하였다.
안합(顏闔)이 이 광경을 보고는 궁궐로 들어와 장공을 뵙고 말하였다.
"동야직의 말은 곧 지쳐 쓰러질 것입니다."
그러나 장공은 아무 대답도 하지 않았다.
얼마 있다가, 말이 지쳐 돌아오자 장공이 안합에게 물었다.
"당신은 그것을 어떻게 알았습니까?"
"말이 탈진했는데 여전히 달리라고 독촉했으니 '지쳐 쓰러질 것
입니다'라고 말했던 것입니다."

《장자(莊子)·달생편(達生篇)》

우의

육체가 지치면 정신마저 빠지게 된다.

나무와 거위의 운명

재 여 부 재
材 與 不 材

장자(莊子)가 산속을 거닐다가 잎과 가지가 무성한 큰 나무를 발견하였다.

벌목꾼이 그 나무 옆에 발길을 멈추었지만 그 나무를 베지 않았다.

장자가 그 까닭을 물었다.

"쓸모가 없어서요."

장자가 말했다.

"이 나무는 재목감이 못돼 천수를 누리게 되었군."

장자가 산에서 나와 친구 집에 머물게 되었다.

친구는 반가워 마당쇠에게 거위를 잡아 삶으라고 하였다.

마당쇠가 주인에게 의견을 물었다.

"한 놈은 잘 울고, 한 놈은 잘 울지 못하는데, 어느 놈을 잡을까요?"

주인이 말했다.

"울지 못하는 놈을 잡거라."

다음날 제자가 장자에게 물었다.

"어제 산 나무는 재목감이 못돼 천수를 누렸지만, 오늘 이 주인의 거위는 재주가 없어 죽었습니다. 선생님의 생각은 무엇입니까?"

장자가 웃으면서 말했다.

"나는 앞으로 재주가 있는 것과 없는 것 사이에 서겠네."

≪장자(莊子)·산목편(山木篇)≫

우의

고정된 생각에 얽매이지 말자.

예쁜 여우와 얼룩 담비의 처세법

풍 호 문 표
豊狐文豹

예쁜 여우와 얼룩 담비는 숲 속의 바위 동굴에 숨어 산다.

꼼짝하지 않고 지내기 위해서이다.

밤에 움직이고 낮에 가만히 있는 것은, 경계를 하기 위해서다.

비록 배고프고 목이 타며 궁색해도 오히려 강과 호수에서 멀리 떨어진 곳에서 먹이를 구하는 것이 안전하기 때문이다.

그래도 그들은 그물과 덫의 근심에서 벗어나지 못하고 있다.

무슨 죄가 있어서일까?

그들의 가죽이 재앙을 부르기 때문이다.

《장자(莊子)·산목편(山木篇)》

우의
권력은 곧 재앙의 씨앗이다.

세상을 자유롭게 사는 방법

방 주 제 하
方 舟 濟 河

두 배가 나란히 황하를 건너고 있었다.

빈 배가 와서 충돌하면, 성급한 사람조차도 화를 내지 않는다.

그러나 배에 사람이 타고 있으면 앞으로 저어라 물러가라며 큰 소리를 지른다.

한 번 소리를 질러 말을 듣지 않으면 다시 소리를 지르고, 그래도 말을 듣지 않으면 세 번째 소리를 지를 때는 반드시 욕설이 따른다.

앞서 화를 내지 않다가 이번엔 화를 내는 것은, 앞에는 빈 배였고 이번은 사람이 타고 있었기 때문이다.

사람이 자기를 비우고 세상을 노닐 수 있다면, 그 누가 그를 해칠 수 있겠는가?

≪장자(莊子)·산목편(山木篇)≫

우의

자기를 비우면 갈등이 사라지고 자유를 즐길 수 있다.

동해 새가 사는 법

동 해 유 조
東海有鳥

동해에 어떤 새가 살고 있었다.

그 이름은 의태(意怠)이다.

그 새는 느려서 기력이 없어 보인다.

그 새는 무리를 따라 날고, 다른 새들 사이에 끼어서 살았다.

감히 선두에 서서 나아가지 않고, 뒤에 처져 돌아오지 않는다.

감히 먼저 맛을 보지 않고 반드시 남은 것을 먹는다.

그러므로 그 대열에서 따돌림을 당하지 않고 외부인도 결국 그를 해치지 않는다.

이 때문에 그는 재앙을 모면하였다.

곧은 나무가 먼저 베어지고, 단 샘물이 먼저 마르는 법이다.

≪장자(莊子)·산목편(山木篇)≫

우의

욕심을 버리면 재앙을 피할 수 있다.

군자의 사귐은 물처럼 담백하다

군 자 지 교
君子之交

임회(林回)가 천금의 구슬을 버리고 벌거숭이 아이를 업고 달아났다. 어떤 사람이 그에게 물었다.

"재물 때문에 그러는 것입니까? 그 벌거숭이가 무슨 값이 나간다고. 거추장스러웠을 텐데? 벌거숭이는 아주 거추장스러운데, 천금의 구슬을 버리고 벌거숭이를 업고 달아난 이유가 무엇이요?"

임회가 대답하였다.

"구슬은 이익 때문에 만났고, 벌거숭이는 천륜으로 만났습니다. 대체로 이익으로 만난 관계는 궁색하고 어려워지면 서로 저버리게 됩니다. 그러나 천륜으로 맺어진 관계는 궁색하고 어려워지면 서로 거두어들입니다. 서로 거두어들이는 것과 서로 저버리는 것은 천지 차이입니다. 또한 군자의 사귐은 물처럼 담백하고, 소인의 사귐은 꿀처럼 달콤합니다. 군자들은 담백하지만 친절하고, 소인들은 달콤하지만 단절됩니다."

《장자(莊子)·산목편(山木篇)》

우의
군자의 사귐은 물처럼 담백하다.

원숭이와 가시

處勢不便

왕께서는 저 팔딱거리는 원숭이를 보지 않으셨는지요?

녹나무[柟樹]와 장목(樟木)을 만나면 가지를 끌어당기며 그 속에서 의기양양하게 지냅니다.

비록 예(羿)나 봉몽(蓬蒙)일지라도 조준하여 쏠 수가 없사옵니다.

그러나 원숭이는 가시나무 관목을 만나면 조심조심 걷고 힐끔힐끔 쳐다보며 덜덜 떱니다.

이는 근육과 뼈가 딱딱하고 빠르지 못해서가 아니라, 처한 환경이 불편하여 제 능력을 발휘하지 못하기 때문입니다.

≪장자(莊子)·산목편(山木篇)≫

우의

환경이 좋지 못하면 능력을 발휘하기 어렵다.

사마귀가 매미를 노리다

당 랑 포 선
螳 螂 捕 蟬

장자(莊子)가 조릉(雕陵) 숲에서 놀고 있었다.

이상한 까치가 남쪽에서 날아오는 것을 발견하였다.

날개의 너비는 일곱 자이고, 눈의 지름이 한 치가 되었다.

이 새는 장자의 이마를 스치면서 날아 밤나무 숲에 내려앉았다.

장자가 말하였다.

"이게 무슨 새일까? 날개는 큼지막한 것이 제대로 날지 못하고, 눈이 큰데도 제대로 보지 못하잖아?"

장자는 바지 자락을 걷고 날쌔게 달려가 탄환을 들고 그것의 동태를 살폈다.

이때 매미 한 마리가 시원한 나무그늘에서 아무 생각도 없이 놀고 있었다.

그런데 사마귀가 나뭇잎 속에 몸을 숨기고 이것을 잡아먹으려고 하였다.

이 사마귀는 자기 자신조차 잊고 먹이를 잡으려고 하였다.

이상한 까치도 이 기회를 틈타 사마귀를 잡아먹으려고 하였다.

모두 자신의 이익에 빠져 자신을 잊어버렸던 것이다.

장자가 깜짝 놀라 말했다.

"아! 상대방에게 서로서로 해를 끼치는구나. 이것은 서로의 탐욕이 부른 것이구나."

장자가 탄환을 버리고 돌아나오는데, 밤나무 숲지기가 따라오며 욕설을 퍼부었다.

≪장자(莊子)·산목편(山木篇)≫

우의

눈앞의 이익에 빠지면 재앙이 닥쳐오는 것조차 모른다.

송나라의 두 여인

송 첩 이 인
宋妾二人

양자(陽子)가 송나라에 가서 여관에 묵었다.

여관 주인에게는 첩이 둘이 있었다.

하나는 예쁘고 하나는 못생겼다.

그런데 못생긴 첩은 귀여움을 받는 반면에 예쁜 첩은 천대를 받고 있었다.

양자가 그 이유를 물었다.

여관의 하인이 대답하였다.

"그 예쁜 첩은 스스로 예쁜 체를 하니 나는 그가 예쁜지를 모르겠고, 그 못생긴 첩은 스스로 못생겼다고 생각하니 나는 그가 못생겼는지를 모르겠소이다."

양자가 말하였다.

"너희들은 기억해라! 선량한 일을 하고 자신이 선량하다는 마음을 버리면 어디 가든지 사랑받지 않겠는가?"

≪장자(莊子)·산목편(山木篇)≫

우의

수양에서 중요한 것이 자만에 빠지지 않는 것이다.

노나라에는 유학자가 적다

노 국 소 유
魯國少儒

장자(莊子)가 노나라 애공(哀公)을 뵈었다.

애공이 말했다.

"노(魯)나라에는 유학자가 많지만 선생의 학문을 공부하려는 사람은 적습니다."

장자가 말했다.

"노나라에는 유학자가 적습니다."

애공이 말했다.

"노나라 사람 모두가 유학자 복장을 하고 있는데 어째서 적다고 하십니까?"

장자가 말하였다.

"제가 듣기로 유학자가 둥근 갓을 쓰는 것은 하늘의 움직임을 알기 위함이요, 모난 신을 신는 것은 땅의 형세를 알기 위함이며, 패옥을 차는 것은 일이 발생했을 때 결단을 내리기 위함이라고 합니다. 군자가 이런 의미를 안다고 해서 반드시 이런 옷을 입는 것은 아니며, 이러한 옷을 입었다고 반드시 의미를 아는 것은 아닙니다. 공께서 그렇지 않다고 여기시면서, 어째서 백성들에게 '의미를 모르면서 이런 옷을 입은 자는 사형에 처한다!' 라는 명령을 내리지 않습니까?"

애공은 이 말을 듣고 명령을 내렸다.

명령을 내린 지 닷새 후에, 노나라에는 감히 유학자 복장을 입는 사람이 없었다.

오직 한 사람만이 유학자 복장을 하고 궁궐 앞에 서 있었다.

애공이 그를 불러 국사(國事)에 대하여 물어 보니, 다양하고 막힘이 없었다.

장자가 말했다.

"노나라에는 유학자가 한 사람뿐인데 어째서 많다고 하셨습니까?"

≪장자(莊子)·전자방편(田子方篇)≫

우의

세상에는 겉모습이 비슷한 사이비가 많다.

진정한 화공

해 의 반 박
解衣般礡

송원군(宋元君)이 그림 대회를 열려고 하였다.

그러자 여러 화공들이 몰려들었다.

인사를 하고 서 있는 사람, 붓을 풀고 먹을 가는 사람, 그리고 밖에도 반이나 있었다.

이때 어떤 화공이 늦게 도착하여 태연하게 뚜벅뚜벅 걸어 들어왔다.

그는 지시를 받고 인사를 나눈 뒤, 서 있지 않고 곧장 자기 집으로 돌아갔다.

송원군이 사람을 보내 지켜보게 하니, 옷을 훌렁 벗고 가부좌를 틀고 앉아 있었다.

송원군은 말하였다.

"옳다! 그가 진정한 화공이로다."

《장자(莊子)·전자방편(田子方篇)》

우의

진정한 예술적 경지는 형식에 얽매이지 않을 때 가능하다.

열자의 활쏘기 공부

열 자 학 사
列 子 學 射

열자가 백혼무인(伯昏无人)에게 활쏘기 시범을 보였다.

활시위를 마음껏 당겼다.

왼쪽 팔 위에 물 잔을 올려놓고 발사하였다.

하나의 화살이 발사되자마자 또 다른 화살이 날아갔다.

두 번째 화살이 막 날아갈 때, 세 번째 화살은 이미 시위에 끼어있었다.

이때 그는 마치 목각 인형 같았다.

그러나 백혼무인이 말하였다.

"이것은 쏘기 위한 활쏘기이지, 쏘지 않기 위한 활쏘기가 아니다. 나와 함께 험준한 산에 올라가 절벽을 밟고 수백 길의 연못으로 활을 쏠 수 있겠는가?"

그리고 백혼무인은 마침내 험준한 산에 올라가 벼랑에 서서 수백 길의 연못으로 다가갔다.

등을 지고 뒷걸음질을 하여 다리의 삼 분의 이가 공중에 뜨게 되었다.

그는 열자에게 앞으로 나가라고 했다.

열자는 땅에 엎드렸고, 땀이 발목까지 흘렀다.

백혼무인이 말했다.

"최고 경지에 오른 사람은 위로 푸른 하늘을 엿보고, 아래로 황천으로 잠입하며, 팔방을 날아다녀도 표정이 변하지 않는다. 지금 자네는 공포에 떨고 눈이 휘둥그레졌군. 그런 의지를 가지고 명중시킬 수 있겠는가!"

≪장자(莊子)・전자방편(田子方篇)≫

우의

목적이 있는 기교로는 높은 예술적 경지에 도달할 수 없다.

가죽띠 기술자

대 마 추 구
大 馬 捶 鉤

대사마(大司馬) 집안에 가죽띠 제조 기술자가 있었다.

나이 여든이 되었지만 조금도 빈틈이 없었다.

대사마가 물었다.

"그대는 기교를 가지고 있소? 아니면 도(道)를 가진 것이요?"

대사마가 대답하였다.

"제가 지켜온 것이 있습니다. 저는 스무 살 때부터 가죽띠 만들기를 좋아하였습니다. 다른 물건은 쳐다보지 않았고, 가죽띠가 아니면 관심이 없었습니다. 제가 가죽띠 제작을 터득할 수 있었던 것은 다른 것에 마음을 두지 않고 저의 재능을 발휘할 수 있었기 때문입니다.

≪장자(莊子)·지북유편(知北遊篇)≫

우의

잡념을 버리고 한 가지에만 집중하는 것이 최고의 경지에 도달하는 길이다.

장자가 혜자의 무덤을 지나다

장 석 운 근
匠石運斤

장자가 장례를 치루고, 혜자의 무덤을 지났다.

그는 고개를 돌려 시종에게 말했다.

"영(郢) 지방의 어떤 사람은 코끝에 매미날개만한 흰 칠이 묻자, 장석(匠石)에게 떼어 달라고 부탁하였다는군. 장석이 도끼를 휘둘렀지. 바람이 일어났고 그 바람소리가 칠을 벗겨냈다는군. 칠이 깎여 나갔는데도 코에 상처가 나지 않았다지. 영 지방 사람은 선 채로 얼굴색조차 변하지 않았다네.

송원군이 이 소문을 듣고 장석을 불러 '나에게 시범을 보일 수 있는가?'라고 물으니, '신이 일찍이 흰 칠을 벗겨냈지만, 이제는 저의 상대가 죽은 지 오래되어서요'라고 대답하였다네."

저 친구(혜자)가 죽고 나니, 내 상대가 없어져 더불어 이야기를 나눌 만한 사람이 없구나!"

≪장자(莊子)·서무귀편(徐無鬼篇)≫

우의

오묘한 기예는 이를 알아보는 사람이 있을 때 생명력을 가질 수 있다.

　'운근성풍(運斤成風)'·'대장운근(大匠運斤)'·'성풍묘근(成風妙斤)' 등의 성어가 모두 여기서 나온 것이다. 모두 기예의 최고 경지를 묘사하였다. 그리고 "부정(斧正)" "부삭(斧削)" "영정(郢政)" '영정(郢正)' 등도 이 우언과 관계가 있는데, 모두 다른 사람의 가르침이나 의견을 바란다는 의미로 쓰이고 있다.

달팽이 뿔의 전쟁

와 각 지 전
蝸 角 之 戰

달팽이 뿔 위에 두 나라가 있었다.

왼쪽 뿔에 있는 것을 촉씨국(觸氏國)이라고 하고, 오른쪽 뿔에 있는 것을 만씨국(蠻氏國)이라고 부른다.

이들은 서로 땅을 빼앗으려고 종종 전쟁을 하였고, 쓰러진 시체가 수만 구에 이르렀다.

그러고도 패잔병을 추격하였고 보름 만에 돌아왔다.

≪장자(莊子)·칙양편(則陽篇)≫

우의

인간은 달팽이 뿔같이 좁은 땅을 차지하기 위해 수많은 피를 흘린다.

해제

이 우언에 등장하는 두 나라는 위(魏)와 제(齊)나라이다. 장자는 이 우언을 통하여 당시의 제후들이 벌였던 끊임없는 전쟁을 비판하였다.

수레바퀴 자국 속의 붕어

轍中鮒魚

장자는 집이 가난하여 감하후(監河侯)에게 쌀을 빌리러 갔다.

그러자 감하후가 말하였다.

"그러지. 내가 앞으로 이 마을에서 세금을 거두어 당신에게 삼백 금을 빌려주면 되겠지?"

장자는 버럭 화를 내며 말하였다.

"내가 어제 오는데 길 가운데에서 나를 부르는 자가 있었습니다. 돌아보니 수레바퀴 자국 속의 붕어였습니다.

'붕어가 왔구나! 그대는 무엇 하는 자인가?'라고 물었더니, '나는 동해의 수관(水官)인데, 당신이 물 한 말만 내게 뿌리면 살아날 수 있을 텐데요.'라고 하더군요.

그래서 내가 말했습니다.

'좋아. 내가 장차 오(吳)나라와 월(越)나라 땅을 돌아다니다 서강(西江)의 물을 끌어다가 당신을 구해주겠네'

그러자 붕어가 버럭 화를 내며 말했습니다.

'나는 항상 놀던 물을 잃어버려서 갈 곳이 없소이다. 물 한 말만 얻으면 곧 바로 살아날 수 있는데, 당신이 그런 말을 할 바에야 차라리 일찌감치 건어물 가게에 가서 나를 찾는 것이 좋겠소!'"

≪장자(莊子)·외물편(外物篇)≫

우의

원대한 대책으로는 눈앞에서 닥친 문제를 해결하기 어려울 때가
많다.

임공자(任公子)의 낚시

임 씨 조 어
任 氏 釣 魚

임공자가 굵고 검은 동아줄에 큰 낚싯바늘을 끼고, 오십 마리 소를 미끼로 삼았다.

그는 회계산(會稽山)에 앉아서 동해로 낚싯대를 드리웠다.

매일매일 낚시를 하였지만 일 년 동안 고기를 잡지 못하다가 어느 날 큰 고기를 낚았다.

그 고기가 거대한 낚시 바늘을 끌고 아래로 가라앉았다가 꼬리와 머리를 쳐들고 튀어 오르며 수염과 비늘을 흔들었다.

흰 물결이 산처럼 용솟음쳤다.

바닷물이 진동하면서 출렁였다.

그 소리가 귀신 같았고, 놀란 파도가 천리까지 퍼져나갔다.

임공자는 낚아 올린 고기의 배를 갈라 고기포를 만들었다.

절강성(浙江省) 동쪽과 강서성(江西省) 창오현(蒼梧縣) 이북 사람이 모두 이 고기를 배불리 먹을 수 있었다.

후세의 얄팍한 호사가들은 모두 놀라 서로 이 이야기를 옮겼다.

가느다란 낚싯대와 낚싯줄을 도랑에 드리우고 피라미를 기다리는 사람은 큰 고기를 잡기 어렵다.

얄팍한 이야기를 꾸며서 높은 벼슬을 얻으려는 것은 원대한 뜻과 거리가 멀다.

그러므로 임씨의 풍격을 들어 본 적이 없는 사람은 세상을 경영하는 경륜가와 거리가 멀다.

≪장자(莊子)·외물편(外物篇)≫

우의

국가를 경영하려는 사람은 뜻이 크고 견문이 넓어야 한다.

시(詩)와 예(禮)를 이용하여 무덤을 도굴하다

시 례 발 총
詩禮發冢

유학자들은 시와 예를 이용하여 무덤을 도굴한다.

대유학자가 아래에 대고 소리쳤다.

"동방이 밝았도다! 일은 어찌되었느냐?"

그러자 어린 유생이 대답했다.

"치마와 속바지를 아직 벗기지 못했지만, 입 안에 구슬을 물고 있사옵니다."

대유학자가 말했다.

"옛 시에 이런 구절이 있단다.

'파릇파릇한 햇보리 싹,
언덕 밭에서 자라고 있네.
살아서 은덕을 베풀지 않고,
죽어서 입에 어인 구슬인가?'

시신의 구레나룻을 잡아당기고, 턱수염을 누르며, 쇠망치로 턱을 치고 서서히 그의 두 아가리를 벌리게.

입 속의 구슬이 상하지 않도록!"

≪장자(莊子)·외물편(外物篇)≫

우의

위선자는 입으로는 도덕을 외치면서, 손으로는 추잡한 행동을 저지른다!

그물을 두려워하지 않는 물고기

어 불 외 망
魚 不 畏 網

송원군의 한밤중 꿈에 어떤 사람이 머리를 풀고 나타났다.

그 사람은 옆문을 통해 엿보며 말했다.

"나는 재로(宰路)의 연못에서 온 사람입니다. 장강의 사신인데 하백(河伯)에게 가다가 어부 여저(余且)에게 잡혔습니다."

잠에서 깨어난 송원군은 점을 치게 하였다.

"이것은 신령한 거북이입니다."

송원군이 말하였다.

"어부 중에 여저가 있느냐?"

신하들이 대답하였다.

"있습니다."

송원군이 말하였다.

"여저를 조정으로 데려오너라"

다음 날 여저가 조정에 나타나자 송원군이 물었다.

"너는 무엇을 잡았느냐?"

"그물로 흰 거북이를 잡았는데 둘레가 다섯 자가 되었사옵니다."

"네 그 거북이를 나에게 바치거라."

거북이가 당도하자, 송원군은 거북이를 다시 죽일지 살릴지 의심스러워 점을 치게 하였다.

"거북이를 죽여 점치면 길합니다."

그러자 귀갑(龜甲)을 떼어 내 점을 쳤다.

일흔 두 번 구멍을 파서 점을 치자 정확하게 맞았다.

공자가 말했다.

"신령한 거북이는 송원군의 꿈에 나타날 수는 있었지만 여저의 그물은 피하지 못했구나. 일흔 두 번 구멍을 파서 점을 쳐도 실수가 없을 만큼의 정확한 재주를 가졌지만 창자가 찢기는 재앙을 피하지 못했구나. 이처럼 재주도 막힐 때가 있고, 신비한 능력도 미치지 못하는 곳이 있구나. 아무리 뛰어난 재주도 여러 사람의 도움이 필요한 것이다. 물고기는 그물을 경계하지 않고 사다새 걱정만 하였구나. 사람은 작은 지혜를 버려야 큰 지혜가 밝아지고, 위선을 버려야 선이 저절로 드러난다. 갓난애가 태어나 큰 스승 없이도 말을 할 수 있는 것은 말할 줄 아는 사람과 함께 살기 때문이다."

≪장자(莊子)·외물편(外物篇)≫

우의
작은 재주를 버려야 큰 지혜가 생긴다.

도척(盜跖)이 공자(孔子)를 꾸짖다

도 척 매 공 자
盜跖罵孔子

공자와 유하계(柳下季)는 친구 사이였다.

유하계에게는 도척이라는 동생이 있었다.

그는 부하 구천 명을 거느리고 천하를 주름잡고 다녔다.

제후들을 침략하고 폭력을 휘둘렀다.

남의 문을 부수고 들어가 말과 소를 끌어갔으며, 남의 부녀자를 강탈해갔다.

탐욕스럽기가 친척도 아랑곳하지 않고 부모 형제를 돌보지 않으며 조상에게 제사도 지내지 않았다.

그들이 마을을 지나면, 큰 나라는 성(城)을 방비하고 작은 나라는 방호 속으로 숨어버렸다.

그래서 수많은 사람들이 괴로워하였다.

공자가 유하계에게 말했다.

"무릇 아비라면 반드시 그 자식을 타이를 수 있어야 하고, 형은 반드시 아우를 가르칠 수 있어야 하네. 만약에 아비가 아들을 타이르지 못하고, 형이 아우를 가르치지 못한다면 부자 형제의 관계가 소중할 게 없을 것이네. 지금 선생께서는 천하의 이름 있는 재사(才士)

이면서 아우 도척이 세상에 해악을 끼치고 있는데도 가르치지 못하고 있네. 나는 속으로 그대를 부끄럽게 생각하네. 내가 그대를 대신하여 그를 찾아가 설득하려고 하네."

유하계가 말하였다.

"지금 선생께서는 아비 된 자는 반드시 그 자식을 타이를 수 있어야 하고, 형이 된 자는 반드시 그 아우를 가르쳐야 한다고 말하였소. 그러나 만약 아들이 아버지의 훈계를 듣지 않고, 아우가 형의 가르침을 받아들이지 않는다면, 선생의 말재주로도 어찌할 수 있겠나! 도척이란 위인은 심장이 샘물처럼 솟아오르고, 정념은 태풍처럼 몰아칩니다. 그는 강력한 힘으로 상대방을 제압하고, 언변으로 비행을 미화시킬 수 있습니다. 자신의 뜻에 따르면 좋아하고, 거스르면 분노하며, 말을 가지고도 쉽게 남을 능멸할 수 있습니다. 선생! 가셔서는 안 됩니다."

공자는 이 말을 듣지 않고 도척에게 갔다.

안회(顔回)가 말을 몰고 자공(子貢)이 보좌하였다.

도척은 태산 남쪽에서 졸개들을 쉬게 하고, 자기는 사람의 간을 회쳐서 먹고 있었다.

공자는 마차에서 내려 연락관에게 나아가 말했다.

"노나라의 공구(孔丘)라는 사람입니다. 장군의 고상한 인격에 대하여 듣고 삼가 만나 뵙기를 간청합니다."

연락관이 들어가 전달하자 도척이 버럭 화를 냈다.

눈빛은 명성(明星)처럼 번쩍였고, 머리카락이 솟구쳐 갓이 들썩거렸다.

도척이 말했다.

"그 자는 교활하고 위선적인 노나라의 공구(孔丘)가 아니더냐? 내 말을 전해라! '너는 말을 꾸며 문왕과 무왕[文武]을 사칭하였도다. 나무 가지 갓을 쓰고 죽은 소가띠를 두르고서, 수다스럽게 요망한 말을 늘어놓았다. 농사를 짓지 않으면서도 밥을 먹고, 옷감을 짜지 않고 옷을 입었다. 입술과 혓바닥을 놀려 제멋대로 옳고 그름을 만들어 천하의 임금을 혼란에 빠트렸다. 세상의 학자들이 근본을 터득하지 못하도록 하였고, 요망스럽게 효도와 겸손을 만들고 벼슬과 부귀의 요행을 바라게 하였다. 너의 죄는 매우 무겁다. 빨리 돌아가지 않으면, 너의 간을 회쳐서 점심밥 반찬을 풍족하게 할 것이다!'"

《장자(莊子)·도척편(盜跖篇)》

[우의]

성인군자의 주장이 강할수록 도척의 저항도 강해진다.

[해제]

도척은 실존 인물이었을까?

도척의 이름은 《장자(莊子)》, 《맹자(孟子)》, 《순자(荀子)》, 《한비자(韓非子)》, 《여씨춘추(呂氏春秋)》, 《전국책(戰國策)》, 《사기(史記)》, 《논형(論衡)》 등의 책에 두루 등장한다. 《사기집해(史記集解)》와 《사기정의(史記正義)》 등은 도척이 하동대양(河東大陽) 땅에 묻혀있다고 말하였다. 그러나 한대(漢代) 이후, 도척에 대해 더 이상의 기록은 없다.

앞에서 언급한 책들은 도척이 세상을 헤집고 다니면서 온갖 악행을 저질렀다고 하였다. 또한 도척을 성군(聖君)의 상징인 요순(堯舜), 군자의 표상인 공자(孔子)·백이(伯夷)와 대비적으로 서술하곤 하였다. 장자는 도척이 단순히 힘에만 의존하지 않고 자기를 정당화하기 위한 교묘한 논리를 가졌다고 평가하였다.

사마천은 《사기》 <노장신한열전(老莊申韓列傳)>에서 장자가 <도척>편 등을 지어 공자를 비판하였고, 노자(老子)의 도(道)를 밝혔다고 하였다.

그럼 도척이 공자를 비판한 근거는 무엇인가? 도척은 공자가 인간의 '근본'을 터득하려 하지 않고, 마음대로 '옳고 그름'을 만들어 세상을 혼탁하게 만들었다고 지적하였다. 원래 인간은 제 본성을 지키며 자유스럽게 살았는데, 세칭 성인(聖人)이라는 자가 나타나 인위적인 기준을 만들었다는 주장이다. 그래서 결국에는 '다수가 소수를 짓밟는(以衆暴寡)' 난신적자(亂臣賊子)가 생겨났다는 것이다. 특히 공자가 성인으로 추앙하고, 사람들로 하여금 성인을 본받도록 위선적인 말과 행동을 꾸몄다고 비판하였다. 때문에 오히려 공자를 '도구(盜丘)'라고 불러야 한다는 것이다.

이것이 바로 도척이 공자를 공박할 수 있는 중요한 근거였다. 그래서 '성인(聖人)이 죽지 않으면 큰 도적이 그치지 않는다(聖人不死, 大盜不止)<거협편>'고도 말했다. 성인이 만든 예법의 본래 취지는 도척 같은 난신적자를 막자는 것이었으나, 이 예법이 도리어 도적질의 근거가 된다는 비판이다.

어떤 바보의 이야기

외 영 오 적
畏 影 惡 迹

그림자를 무서워하고 발자국을 싫어하던 사람이 있었다.

그는 그것을 없애려고 달음질쳤다.

그러나 뛰면 뛸수록 발자국은 많아졌고, 빨리 뛰면 뛸수록 그림자는 몸에서 떨어지지 않았다.

그는 자신이 아직도 달리는 것이 느려서 그렇다고 생각하고는 쉬지 않고 질주하였다.

그러나 그는 기력이 떨어져 죽었다.

그늘 밑에 들어가면 그림자가 없어지고, 가만히 있으면 발자국이 사라지는 것을 몰랐던 것이다.

어리석기 그지없도다!

≪장자(莊子)·어부편(漁父篇)≫

우의

인위적인 가치관을 따르지 않으면 자유를 얻을 수 있다.

용 잡는 기술

學屠龍術

주평만(朱泙漫)이 지리익(支離益)에게 용 잡는 기술을 배웠다.
많은 재산을 탕진하면서 삼 년 동안 기술을 다 배웠다.
그러나 그 기교는 아무 소용이 없었다.

《장자(莊子)·열어구편(列御寇篇)》

우의

아무리 탁월한 이념이라도 시대에 맞지 않으면 소용이 없다.

임금님의 치질과 수레

지 치 득 거
舐痔得車

송나라에 조상(曹商)이라는 사람이 있었다.

그는 송나라 왕의 사신이 되어 진(秦)나라로 갔다.

떠날 때는 마차 몇 대밖에 없었는데, 진나라 임금의 환심을 사서 마차 백 대를 더 받아 송나라로 돌아왔다.

그는 장자를 보고 말했다.

"좁은 빈민굴에서 궁색하게 짚신이나 삼고, 목이 말라 가늘어지고 얼굴이 노랗게 떠서 살다니! 나는 그렇게 할 자신이 없다네. 사신이 되어 큰 나라 임금을 설득하여 마차 백 대를 받아내는 것이 내 특기란 말이야."

그러자 장자가 말하였다.

"진나라 임금이 한 번은 병에 걸려 의사를 불렀다는군. 종기를 터트리고 짜내는 사람에게 마차 한 대를 주고, 치질을 핥는 자에게 수레 다섯 대를 주었다고 하지. 치료하는 곳이 추잡할수록 마차 수가 늘어났겠지. 자네 혹시 임금의 치질을 핥았던 것 아닌가, 어찌 마차를 그렇게 많이 얻을 수 있었을까?"

≪장자(莊子)·열어구편(列御寇篇)≫

우의

출세하고자 애쓰는 방법치고 추잡하지 않은 것이 없다.

제5장

≪열자(列子)≫ 우언

≪열자(列子)≫는 전국시대 초기 열어구(列御寇, 기원전 약 450-기원전 약 375)와 그의 제자들이 지은 책으로 알려져 있다.

≪열자≫를 ≪충허경(冲虛經)≫이라고 부르는 것으로 보아, 이 책은 '자연의 세계'를 추구하였음을 알 수 있다. ≪장자≫사상과 가까우며, 당대(唐代) 이후 현학 및 도교로부터 추앙을 받았다.

≪열자≫에는 많은 우언이 수록되어 있는데, <탕문편(湯問篇)>과 <설부편(說符篇)>에 집중되어 있다. 그 중에서 <기우(杞憂)>·<조삼모사(朝三暮四)>·<우공이산(愚公移山)>·<기로망양(岐路亡羊)>·<지음지교(知音之交)> 등 우리에게 익숙한 우언이 있다.

여기서는 31편의 우언을 수록하였다.

기우

기   우
杞 憂

기(杞)나라의 어떤 사람이 하늘이 무너지고 땅이 꺼져 살 곳이 없어질까 걱정하여 잠을 못 이루고 밥도 먹지 않았다.

그가 걱정하는 것을 안타까워하던 어떤 사람이 그를 찾아가 이렇게 이해시켰다

"하늘은 공기가 쌓여 된 것일 뿐입니다. 공기가 없는 곳이 없습니다. 그대가 몸을 움직이고 호흡하면서 온종일 하늘 밑에서 움직이고 몸담고 있는데, 어째서 무너지고 꺼질까 걱정합니까?"

"하늘이 정말로 공기가 쌓여 된 것이라면, 해와 달과 별이 당연히 땅으로 떨어지겠지?"

"해와 달과 별 역시 공기가 쌓여서 된 것이며 다만 빛이 반짝거리는 것일 뿐입니다. 그것이 설사 떨어진다고 해도 다치지는 않을 겁니다."

그러자 그 사람이 말하였다.

"만약에 땅이 꺼지면 어쩌지?"

"땅은 흙덩이가 쌓여서 된 것입니다. 사방에 꽉 차 있고, 흙이 없는 곳이 없습니다. 당신이 땅 위에서 하루 종일 이리 저리 걷고 밟고 뛰어

다니며 움직이는데, 어째서 그것이 무너질까 걱정하는 겁니까?"

그 사람은 조바심이 풀린 듯 크게 기뻐하였다.

그를 이해시키던 사람도 마음이 놓여 매우 기뻐하였다.

≪열자(列子)·천서편(天瑞篇)≫

우의

자연에 순응하며 살면 쓸데없는 걱정거리가 사라진다.

도둑질하는 이치

위 도 지 도
爲 盜 之 道

제(齊)나라에 국(國)씨라는 큰 부자가 있었고, 송(宋)나라에는 향(向)씨라는 아주 가난뱅이가 있었다.

향씨는 송나라에서 제나라로 가서 국씨에게 부자가 되는 법을 물었다.

그러자 국씨가 이렇게 대답하였다.

"나는 도둑질을 잘 합니다. 나는 도둑질을 시작한 지 일 년 만에 자급자족할 수 있었고, 이 년 만에 저축할 수 있었으며, 삼 년 만에 크게 풍족해졌습니다. 그 후로 고을의 이웃사람들을 도울 수 있었습니다."

향씨는 크게 기뻐하였다.

그러나 국씨의 '도둑질했다'는 말만 들었지 도둑질의 본뜻을 깨닫지는 못하였다.

마침내 그는 남의 담을 뛰어넘거나 구멍을 뚫고 들어가 손에 잡히는 대로 눈에 보이는 대로 마구 도둑질하였다.

그러나 그는 얼마 안되어 도둑질한 죄로 체포되어 조상이 남겨준 재물까지 빼앗겼다.

향씨는 국씨가 자기에게 사기를 쳤다고 여기고 그를 찾아가 원망하였다.

국씨가 물었다.

"어떻게 도둑질하였기에"

향씨가 도둑질한 상황을 그대로 설명하자, 국씨가 말하였다.

"아! 당신은 도둑질의 이치를 그토록 몰랐단 말입니까? 당신에게 설명하리다. 나는 하늘에는 시운이 있고, 땅에는 지세가 있다고 들었습니다. 나는 하늘의 시운과 땅의 지세를 도둑질하였던 것입니다. 구름과 비가 내려주는 수분, 산과 연못이 키운 자원을 가지고 벼를 키우고 곡식을 번식시켰으며, 담을 쌓아 집을 지었습니다. 육지에서 새와 짐승을 훔쳤고, 물에서 물고기와 자라를 훔쳤으니 도둑질하지 않은 것이 없습니다. 벼·곡식·나무·새·짐승·고기·자라는 모두가 하늘이 키운 것이니 어찌 나의 소유라고 할 수 있겠소. 그러나 나는 하늘의 것을 도적질했지만 재앙을 당하지 않았습니다. 금·옥·진주·보배·곡식·비단·재물들은 사람들이 모은 것이니 어찌 하늘의 것이라 할 수 있겠소. 당신이 그것을 도둑질하여 죄를 지었으니 누구를 원망할 수 있겠소?"

≪열자(列子)·천서편(天瑞篇)≫

우의

자연을 내 것으로 만들면 부자가 되지만 남의 것을 내 것으로 만들면 도둑이 된다.

바닷가 갈매기

해 상 구 조
海上漚鳥

어느 바닷가에 갈매기를 좋아하는 사람이 살고 있었다.

그는 매일 아침 바닷가로 나가 갈매기를 따라다니며 놀았다.

수많은 갈매기들이 끝없이 날아와 앉았다.

그의 아버지가 그에게 말했다.

"내가 듣기에, 갈매기들이 모두 너를 따라 논다고 하던데, 한번 잡아와 보렴. 내가 가지고 놀자꾸나."

다음 날 그가 바닷가로 나갔다.

그러나 갈매기들은 빙빙 돌기만 하고 내려앉지 않았다.

≪열자(列子)·황제편(黃帝篇)≫

우의

마음은 보이지 않지만 밖으로 드러나는 법이다.

조삼모사

조 삼 모 사
朝 三 暮 四

송(宋)나라에 저공(狙公)이란 사람이 살았다.

그는 원숭이를 좋아하여 원숭이를 무리로 길렀다.

그는 원숭이의 속마음을 이해할 수 있었고, 원숭이들 역시 저공의 속마음을 읽을 수 있었다.

그는 식구들의 양식을 절약하여 원숭이들의 식욕을 채워 주었다.

얼마 있다가 양식이 떨어져 원숭이 먹이를 제한하려고 하였다.

그러나 원숭이 무리들이 자기에게 고분고분하지 않을까 걱정이었다.

먼저 그들을 속여 말하였다.

"너희들에게 도토리를 아침에 세 개, 저녁에 네 개를 주려고 하는데 만족하니?"

원숭이 무리들이 모두 일어서며 화를 내었다.

그러자 그는 잠시 있다가 말하였다.

"너희들에게 아침에 도토리를 네 개, 저녁에 세 개를 준다면 만족하겠니?"

원숭이 무리들은 모두 엎드려 좋아하였다.

≪열자(列子)·황제편(黃帝篇)≫

우매한 자는 명분과 실제를 혼동한다.

이 우언은 ≪장자·제물론편≫에도 수록되어 있다. 장자는 이 우언을 통하여, 사물을 인위적인 잣대로 평가하지 말 것을 주장하였다. 이 우언은 ≪장자≫보다 이야기 줄거리가 짜임새가 있고, 우의(寓意) 역시 풍부하다.

이 우언은 후대로 내려오면서 의미가 변하였다. 근거나 원칙이 없이 즉흥적으로 일을 처리하는 사람을 풍자하였다. ≪한서(漢書)·식화지상(食貨志上)≫을 예로 들 수 있다. "때도 없이 세금을 수탈하고, 아침에 명령하였다가 저녁에 바꾼다(賦斂不時, 朝令而暮改)"라고 했는데, 여기의 '조령모개'는 정부의 원칙 없는 세금징수를 비판하였는데 사용되고 있다.

윤씨의 낮과 밤

윤 씨 치 산
尹氏治産

주(周)나라의 윤씨는 큰 재산을 관리하고 있었다.

그 아래서 일하는 사람들은 아침부터 저녁까지 쉬지 못하였다.

윤씨는 기력이 쇠약해진 늙은 일꾼까지도 부지런히 일하도록 독촉하였다.

일꾼은 낮에는 끙끙대며 일을 했고, 밤에는 정신이 멍할 정도로 피곤해져 깊은 잠에 빠졌다.

그는 정신이 피폐해지고 흩어져 밤마다 꿈을 꾸었다.

나라의 임금이 되어 백성들 위에 군림하며 국사를 총괄하는 꿈이었다.

고대광실에서 연회를 베풀면서 하고 싶은 것을 마음대로 하였으니 그 즐거움은 비길 데가 없었다.

꿈에서 깨어나면 다시 일을 하였다.

어떤 사람이 그의 고충을 위로하자 그 일꾼이 말했다.

"인생 백 년은 낮과 밤으로 나뉘어 있네. 나는 낮엔 하인으로 고생도 하지만, 밤에는 임금이 된다네. 더할 나위 없이 즐거운데 무엇을 원망하겠나?"

그러나 윤씨도 세상일과 집안일을 처리하느라 온통 신경을 쓴 나머지 몸과 마음이 모두 피곤하였다.

그 역시 몽롱하여 잠이 들곤 하였다.

그는 밤마다 하인이 되는 꿈을 꾸었다.

분주하게 뛰어다니며 하지 않는 일이 없었다.

욕을 얻어먹고 매를 맞았다.

당해보지 않는 것이 없을 지경이었다.

그는 잠꼬대와 신음에 시달리다 아침에서야 깨어나곤 하였다.

그는 이것이 고통스러워 친구를 찾아갔다.

그러자 그 친구가 말했다.

"그대는 일신의 영화를 마음껏 누릴 수 있는 지위를 가지고 있고, 남들보다 훨씬 많은 재산을 가지고 있네! 그러나 밤마다 꿈속에서 하인이 되어 고통과 안락함을 반복하고 있네. 이것이 운명의 법칙이라네. 그대는 현실과 꿈이 똑같길 바라고 있지만, 어찌 가능하겠는가?"

윤씨는 친구의 말을 듣고 그 일꾼의 일을 덜어 주었다.

자신이 신경 쓰던 일을 줄이니, 마음의 병이 조금씩 좋아졌다.

≪열자(列子)·주목왕편(周穆王篇)≫

우의

욕심을 버려야 정신이 평온해지고 육체가 편안해지는 법이다.

연(燕)나라 사람의 귀국길

연 인 환 국
燕 人 還 國

어떤 연(燕)나라 사람이 연나라에서 태어났지만 초(楚)나라에서 성장하였다.

늙어서 자기 나라로 돌아가면서 진(晉)나라를 지나게 되었다.

동행자가 거짓으로 성을 가리키며 "이것이 연나라 성이오."라고 말하였다.

그 사람의 얼굴색이 처참하게 일그러졌다.

사당을 가리키며 "이것이 당신 마을의 사당이오."라고 말하자, 그는 곧 한숨을 쉬며 탄식하였다.

집을 가리키며 "이것이 당신 조상의 초가요."라고 말하자, 그는 훌쩍 훌쩍 눈물을 흘렸다.

흙 둔덕을 가리키며 "이것이 당신 선조의 무덤이요."라고 말하자 그는 하염없이 울었다.

동행자는 하하하고 크게 웃으며 말했다.

"내가 모두 자네를 속인 거야. 여기는 진나라야!"

그 사람은 매우 부끄러워하였다.

그 사람이 연나라에 당도하였다.

그리고 연나라의 진짜 성과 사당, 선조들의 초가와 무덤을 보았다. 그러자 슬픈 마음이 한결 누그러졌다.

≪열자(列子)·주목왕편(周穆王篇)≫

우의

인간의 기쁘고 슬픈 감정은 한 번 지나고 나면 쉽게 사라져버린다.

우공이산

우 공 이 산
愚公移山

태형산(太形山)과 왕옥산(王屋山), 두 산의 길이는 칠백 리이고 높이
는 칠만 자였다.

본래 기주(冀州)의 남쪽과 하양(河陽)의 북쪽 사이에 있었다.

북산(北山)에 사는 우공(愚公)은 막 아흔 살이 되려고 하였다.

그는 산을 마주 보며 살고 있는데, 산의 북쪽이 막혀 돌아서 출입
하는 것이 불편하였다.

그는 가족들을 불러 궁리하였다.

"내가 너희와 함께 힘을 다하여 험난한 곳을 평평하게 만들고, 예
남(豫南) 땅과 직접 관통시켜 한음(漢陰) 땅에 닿게 하려는데 가능하겠
느냐?"

모두가 찬성하였지만, 그의 아내가 의심스러운 듯 물었다.

"당신의 힘을 갖고는 괴보산(魁父山)의 언덕조차도 없앨 수 없는데,
태항이나 왕옥 같은 산을 어찌할 수 있겠으며, 또한 그 흙과 돌을 어
디다 버리려고 합니까?"

그러자 모두가 대답하였다.

"발해(渤海)의 끝머리 쪽 은토(隱土)의 북쪽에 버릴 겁니다."

그는 마침내 아들과 손자 그리고 짐꾼 셋을 데리고 갔다.

돌을 깨고 땅을 파서 삼태기에 담아 발해의 끝머리 쪽으로 날랐다.

이웃에 사는 경성씨(京城氏)의 과부가 어린 유복자를 데리고 달려
와 도왔다.

한 번 떠나면 추위와 더위의 계절이 바뀌어야 돌아왔다.

하곡(河曲)에 사는 지수(智叟)가 그들을 비웃으며 말렸다

"당신은 너무 어리석군요. 남은 나이와 힘으로 산의 풀 한 포기조
차 뽑을 수 없거늘 흙과 돌을 어떻게 하겠다는 겁니까?"

그러자 북산의 우공이 길게 탄식하며 말했다.

"자네는 생각이 꽉 막힌 고집불통이로군. 과부의 어린 아들만도
못하네. 비록 내가 죽는다고 해도 아들이 남아 있고, 아들은 또한 손
자를 낳을 것이며, 손자는 또 자식을 낳을 것이고, 그 자식은 또 자식
을 낳을 것이며, 그 자식은 또 손자를 낳아서 자자손손이 끊임없이
이어질 것이오. 그렇지만 산은 더 이상 보태지지 않으니, 어찌 평평
해지지 않을까 걱정하십니까?"

하곡의 지수는 대답을 하지 못하였다.

조사신(操蛇神)이 이 얘기를 듣고, 우공이 그만두지 않으면 어쩌나
걱정이 되어 하느님[上帝]에게 보고하였다.

하느님은 그의 정성에 감복하여 과아씨(夸蛾氏)의 두 아들에게 명
하여, 두 산을 업어다가 하나는 삭동(朔東)에 놓고, 또 하나는 옹남(雍
南)에 놓게 하였다.

이때부터 기주의 남쪽과 한수의 남쪽에 놓여 있던 장애물이 없어
졌다

≪열자(列子)·탕문편(湯問篇)≫

묵묵히 일을 하면 자신도 모르게 공이 쌓이는 법이다. 하루아침에 성과가 나길 바라지 말라.

이 우언은 결말 부분에 초월적인 신이 등장한다. 신은 그 권능(權能)으로 인간의 문제를 일시에 해결하였다. 신은 높은 산과 우공 사이, 즉 자연과 인간의 대립갈등을 일시에 해소시켰다.

그러나 이 이야기는 신화가 아니라 우언이다. 이미 아흔에 가까운 우공, 그를 돕겠다고 나선 어린 경성씨의 과부 아들은 사람의 출입을 막는 칠백 리 길, 칠만 자의 높은 산을 옮기겠다는 의지를 보였다. 인간의 의지를 부정했던 아내와 지수의 비난을 이겨냈다.

비록 신의 권능이 작용하였지만, 자연 앞에서 굴복하지 않으려는 인간의 도전이 승리했기 때문이다. 그리고 하루아침에 큰 성과를 기대하는 지수와 같은 사람들을 비판함으로써 교훈이 발생했기 때문이다.

이 우언은 ≪태평어람(太平御覽)≫, ≪한시외전(韓詩外傳)≫에도 수록되어 있다.

해를 잡으려다 죽은 과보

과 보 추 일
夸父追日

　과보(夸父)는 힘이 없으면서도 해의 그림자를 잡으려고 우곡(隅谷)의 끝까지 따라갔다.

　목이 타서 물을 마시고 싶었다.

　과보는 황하(黃河)와 위수(渭水)에 당도하여 물을 마셨다.

　황하와 위수의 물을 다 마시고도 부족하여 북쪽 큰 연못으로 가려고 하였다.

　그러나 그곳에 다다르지 못하고 목이 타서 죽었다.

　그가 버린 지팡이에 시체의 기름과 살이 스며들어 등나무 숲이 생겨났다.

　그 등나무 숲은 수천 리를 뻗어나갔다.

≪열자(列子)·탕문(湯問)≫

우의

　목표를 향해 가다가 실패해도 포기하지 않으면 새로운 희망이 생긴다.

<과보추일(夸父追日)>은 ≪산해경(山海經)·대황북경(大荒北經)≫과 ≪산해경(山海經)·해외북경(海外北經)≫에 수록되어 있는 중국의 대표적인 신화이다. 그 내용은 다음과 같다.

"과보는 힘이 없으면서 해 그림자를 잡으려고 쫓아갔다. 우곡(禺谷) 땅에 이르러 갈증이 나서 황하의 물을 마셨으나 부족하였다. 큰 연못으로 가려고 하다가 다다르지 못하고 여기서 죽었다."
(夸父不力量, 欲追日景, 逮之于禺谷, 將飮河而不足也, 將走大澤, 未至, 死於此)　　　　　　　　　　≪산해경·대황북경≫

"과보가 해를 쫓아 달려가다가 해 속으로 들어갔다. 갈증이 나서 물을 마시고 싶어 위수(渭水)와 하수(河水)를 마셨다. 위수와 하수가 부족하여 북쪽 큰 연못으로 가서 마시려고 하였다. 그곳에 다다르지 못하고 중도에 갈증이 나서 죽었다. 그가 버린 지팡이가 변하여 등나무가 되었다."
(夸父與日逐走, 入日. 渴欲得飮, 飮于河渭, 河渭不足, 北飮大澤, 未至, 道渴而死. 棄其杖, 化爲鄧林)　　　　≪산해경·해외북경≫

≪열자≫에 수록된 <과보축일(夸父逐日)>은 ≪산해경≫과 이야기가 유사하지만, 결말 부분이 교훈을 담고 있다는 점이 다르다.

열자는 이 우언을 통하여 만물이 크고 작음과 시간의 길고 짧은 것은 인위적으로 판단할 수 없다는 것을 강조하였다.

그러나 본래 열자의 의도와 달리 사람들은 이 우언을 다르게 해석하기도 한다. 해를 잡으려는 과보의 무모한 욕망을 비판하기도 하고, 또한 과보의 무모한 행동이 비록 실패로 끝났지만 자신은 숲으로 재탄생했다는 점에서 희망으로 해석하기도 한다.

이 우언 이야기는 ≪초당시전보유(草堂詩箋補遺)·10≫, ≪기찬연해(記纂淵海)·9≫, ≪사문유취(事文類聚)·전집이(前集二)≫에도 인용되어 있다.

두 아이가 태양의 거리를 따지다

양 아 변 일
兩 兒 辯 日

공자(孔子)가 동쪽으로 유람을 가고 있었다.

두 아이가 말다툼하는 것을 보고 그 까닭을 물었다.

한 아이가 말했다.

"저는 해가 막 떠오를 때 사람과 거리가 가깝고, 중천에 있을 때 멀다고 생각해요.

다른 아이가 말했다.

"저는 해가 처음 떠오를 때가 멀고, 해가 중천에 떠 있을 때 가깝다고 생각해요"

한 아이가 말했다.

"해가 처음 떠오를 때는 수레 덮개처럼 크고, 해가 중천에 있을 때는 쟁반만 합니다. 먼 것은 작게 보이고, 가까운 것은 크게 보이는 것이 아니겠어요?"

그러자 다른 아이가 말했다.

"해가 처음 떠오를 때는 쌀쌀하고, 해가 중천에 있을 때는 뜨거운 물에 손을 담근 것 같습니다. 해가 가까이 있으면 덥고, 멀리 있으면 시원하지 않겠습니까?"

공자는 결정을 내리지 못하였다.

두 아이가 웃으며 말했다

"누가 당신 보고 많이 아는 사람이라고 생각하겠습니까?"

≪열자(列子)·탕문편(湯問篇)≫

우의

　자신의 임의적인 기준에 맞추어 사물을 단정하면 오류에 빠지기 쉽다.

낚시질과 집중력

詹何釣魚

첨하(詹何)는 홑 명주실로 만든 낚싯줄에 뾰족한 침으로 만든 낚싯바늘을 끼고, 초(楚) 지방 대나무 낚싯대와 쪼갠 낟알 미끼를 사용하였다.

급류가 흐르는 백 길 연못 속에서 수레에 꽉 찰만한 큰 고기를 낚아 올렸다.

그런데 낚싯줄이 끊어지지 않고, 낚싯바늘이 펴지지 않았으며, 낚싯대도 휘어지지 않았다.

초나라 임금이 이 소문을 듣고 기이하게 여겨 그를 불러 그 까닭을 물었다.

그러자 첨하가 말했다.

"저의 돌아가신 아버지께서 이런 이야기를 하셨습니다. 포차자(蒲且子)라는 사람은 약한 활에 가는 생사(生絲)를 매고 바람에 실어 주살을 쏘았답니다. 그리고 푸른 구름이 드리워진 하늘을 날고 있던 누런 꾀꼬리 두 마리를 명중시켰답니다. 이것은 마음을 집중하고 손을 고르게 움직였기 때문이랍니다. 저는 그 사람의 방법을 본받아 낚시를 배웠고, 오 년 만에 비로소 그 방법을 터득하였습니다. 저는 황하에 낚싯대를 드리우면 잡념을 없애고 오직 물고기에게만 집중합니다. 낚싯줄을 던져 낚싯바늘을 가라앉히고, 손은 낚싯대의 무게를 느끼지 않으며, 다른 것에 마음이 흔들리지 않습니다. 고기는 저의 낚싯바늘과 미끼를 발견하고 마치 가라앉은 진흙에 붙은 물방울인 것처럼 의심하지 않고 삼킵니다. 이것이 바로 약한 것을 가지고 강한 것을 제압하고, 사소한 것을 가지고 중요한 것을 얻을 수 있는 방법입니다. 대왕께서도 나라를 다스리는데 정말 이와 같이만 할 수 있다면, 천하를 손아귀 안에서 움직일 수 있습니다. 장차 무엇이 더 필요하겠습니까?"

초왕이 "옳다!"라고 말했다.

≪열자(列子)·탕문편(湯問篇)≫

우의

잡다한 것에 흔들리지 않고, 한 가지에 집중하는 것이 성공의 방법이다.

편작의 심장교환수술

扁 鵲 換 心
편 작 환 심

노(魯)나라 공호(公扈)와 조(趙)나라 제영(齊嬰), 이 두 사람은 함께 병이 나자 편작에게 치료를 부탁하였다.

편작은 그들을 치료해주고는 이렇게 말했다.

"과거에 당신들이 앓은 병은 외부에서 내장으로 침범한 것인지라 본래 약과 침으로도 막을 수 있었던 것입니다. 그러나 지금은 당신들이 태어날 때 생긴 병이 육체와 함께 커가고 있습니다. 지금 당신들을 위하여 그것을 치료하고자 하는데 어떻습니까?"

두 사람이 말하였다.

"먼저 그 효과를 듣고 싶습니다."

편작이 공호에게 말했다.

"그대는 의지가 강한 반면에 혈기가 허약합니다. 그래서 일은 잘 꾸미지만 결단이 부족합니다. 제영은 의지가 나약한 대신 혈기가 왕성합니다. 이것 때문에 사려가 깊지 못한 반면 과감하게 덤벼듭니다. 만약에 당신들의 심장을 서로 바꾼다면 똑같이 좋아질 것입니다"

편작은 마침내 두 사람에게 독주를 먹여 사흘 동안 기절시키고, 가슴을 열어 심장을 꺼내 서로 바꾸어 놓았다.

그리고 그들에게 신약(神藥)을 투여하여 원상대로 회복시켰다.

두 사람은 고별인사를 하고 집으로 돌아갔다.

공호가 제영의 집으로 돌아갔다.

그 집에는 제영의 처자식이 있었지만 그를 알아보지 못했다.

제영 역시 공호네 집으로 돌아갔다.

그 집에는 공호의 처자식이 있었으나, 역시 알아보지 못했다.

두 집은 이것 때문에 서로 소송을 걸었고, 편작에게 판결을 요구하였다.

편작이 그 이유를 말해주자 소송을 바로 멈추었다.

≪열자(列子)·탕문편(湯問篇)≫

우의

의지와 혈기가 균형을 이루어야 일을 성공시킬 수 있다.

설담의 노래 공부

설 담 학 구
薛 譚 學 謳

설담(薛譚)이 진청(秦靑)에게 노래를 배웠다.

그는 진청의 기교를 다 배우지도 못했는데도 스스로 다 배웠다고 말하고, 마침내 진청에게 고별인사를 하였다.

진청은 그를 붙잡지 않고 교외 밖 큰길에서 전별하면서 장단에 맞추어 슬픈 노래를 불렀다.

노래 소리가 숲 속의 나무를 진동하였고, 그 메아리는 지나가는 구름을 멈추게 하였다.

그러자 설담은 곧 바로 사죄하고 자기를 데려가 달라고 간청하였다.

설담은 평생 동안 집에 간다는 말을 감히 꺼내지 못했다.

≪열자(列子)·탕문편(湯問篇)≫

[우의]

최고 경지에 오른 예술은 천지를 감동시킬 수 있다.

[해제]

이 우언에 나오는 '향알행운(響遏行雲)'이란 말은 소리의 울림이 가

는 구름을 멈추게 한다는 뜻이다. 이 성어는 바로 이 우언에서 비롯
되었다.

이 말은 오늘날에는 최고의 예술적 경지를 형용할 때 쓰이고 있다.

명창 한아

한 아 선 가
韓娥善歌

옛날에 한아(韓娥)가 동쪽 제(齊)나라에 갔다가 양식이 떨어졌다.

그는 옹문(雍門)을 지나면서 노래를 팔아 밥을 빌어먹었다.

그가 떠나간 뒤에도 노래의 여운이 남아 기둥과 대들보를 맴돌면서 사흘 동안 사라지지 않았다.

옆에 있던 사람들은 그가 아직도 떠나지 않은 것 같이 느꼈다.

한아가 여관을 지나다가 여행객에게 모욕을 당했다.

한아가 소리를 길게 뽑으며 슬피 울었다.

그 소리에 십 리 안에 있던 남녀노소 모두가 서로 바라보며 슬픔의 눈물을 흘리면서 사흘 동안 음식을 먹지 못했다.

급히 한아를 뒤쫓아 가니, 다시 소리를 길게 뽑으며 노래를 불렀다.

십 리 안에 있던 남녀노소 모두가 기뻐 펄쩍펄쩍 뛰며 손뼉치고 춤을 추었다.

그들은 기뻐 어찌 할 바를 몰라 방금 전의 슬픔을 모두 잊었다.

그들은 곧 그에게 많은 선물을 주고 떠나보냈다.

옹문 사람들이 지금까지 노래와 곡을 잘 하는 것은 한아가 남긴 소리를 따라했기 때문이라고 한다.

≪열자(列子)·탕문편(湯問篇)≫

사람을 울고 웃게 만드는 것이 진정한 예술이다.

이 우언에 나오는 '여음요량(餘音繞樑)'이란 말은 여운이 대들보를 맴돈다는 의미이다. 이 성어는 최고의 예술적 경지를 형용할 때 사용된다.

지음지교

지 음 지 교
知 音 之 交

백아(伯牙)는 가야금을 잘 탔고 종자기(鍾子期)는 감상에 능통하였다.

백아가 높은 산에 뜻을 두고 가야금을 타면, 종자기는 "훌륭하도다! 태산처럼 높이 솟아올랐구나!"라고 읊었다.

백아가 흐르는 물에 뜻을 두고 가야금을 타면 종자기는 "훌륭하도다! 장강과 황하처럼 호호탕탕 흐르는구나!"라고 읊었다.

이렇듯 종자기는 백아의 생각을 반드시 알아챘다.

백아가 태산의 북쪽으로 놀러 갔다가 갑자기 소나기를 만나 바위 아래에 머물게 되었다.

마음이 울적하자 가야금을 탔다.

처음에는 <장맛비> 곡조를 탔고 다시 <산사태> 가락을 탔다.

매번 곡조를 연주할 때마다 종자기는 금방 그의 의미를 알아냈다.

백아는 가야금을 놓고 탄식하며 말했다.

"훌륭하고 훌륭하다! 그대의 감상이여! 꼭 내 마음을 들여다본 것처럼 헤아려 맞히는구려. 어찌 나의 소리를 숨길 수 있겠는가?"

≪열자(列子)·탕문편(湯問篇)≫

상대방의 마음과 능력을 아는 것이 진정한 우정이다.

백아와 종자기의 이야기는 ≪열자≫ 이외에도 ≪한씨외전(韓氏外傳)≫卷9·≪순자(荀子)·권학(勸學)≫·≪여씨춘추(呂氏春秋)·본미(本味)≫·≪설원(說苑)·존현(尊賢)≫ 등의 책에 널리 수록되어 있다.

'고산유수(高山流水)'와 '지음(知音)' 등의 성어가 모두 이 우언에서 나온 것이다.

신묘한 기교

신 공 조 화
神工造化

주(周)나라 목왕(穆王)이 서쪽 지방으로 순찰을 떠났다.

곤륜산(崑崙山)을 넘어 엄산(弇山)에 올랐다.

돌아오는 길에 도성에 못 미처 언사(偃師)가 나타나 기예를 시험 보이겠다고 하였다.

목왕이 그를 만나보고 물었다

"그대는 어떤 능력을 가지고 있는가?"

그러자 언사가 대답하였다.

"명령만 내리시면 시범을 보입니다만, 제가 이미 만든 것이 있으니 왕께서 먼저 그것을 보아주십시오."

목왕이 말하였다.

"다음 날 가져오게. 내가 그대와 함께 그것을 구경하리라."

다음 날 언사가 왕을 뵈었다.

목왕이 그를 만나 물었다.

"그대와 함께 온 자는 무엇을 하는 사람인가?"

그가 대답하였다.

"제가 만든 꼭두각시입니다."

목왕이 놀라서 바라보았다.

총총걸음과 몸놀림이 진짜 사람 같았다. 꼭두각시가 턱을 흔들면 노래 선율에 맞았고, 팔을 들면 춤사위에 어울렸다. 변화무쌍하게 마음먹은 대로 움직였다.

목왕은 진짜 사람으로 생각하고는 성희(盛姬)와 시첩(侍妾)을 거느리고 구경하였다.

연기가 막 끝날 즈음에 그 꼭두각시가 눈을 찡긋하며 목왕 옆에 있던 시첩을 불렀다.

목왕은 버럭 화를 내며 당장 언사의 목을 베려고 하였다.

언사는 두려운 나머지 즉석에서 꼭두각시를 해체하여 목왕에게 보여 주었다. 그것은 모두 가죽·나무·아교·옻칠로 합성하고, 흰색·검은색·붉은색·파란색을 발라 만든 것이었다.

목왕이 그것을 자세히 살펴보니, 속에는 간·쓸개·신장·폐·콩팥·내장·위가 있고, 밖에는 근육·뼈·팔다리·관절·피부·털·이빨·머리카락이 있었다.

모두가 가짜였지만 없는 것이 없었다.

다시 조립하니 처음 봤을 때와 같아졌다.

목왕이 심장을 떼어내자 입으로 말을 하지 못했고, 간을 떼어 내자 눈으로 보지 못했으며, 콩팥을 떼어내자 다리로 걷지 못했다.

목왕은 기뻐 탄식하며 말하였다.

"인간의 기교가 조물주의 권능과 같아지려 하다니!"

≪열자(列子)·탕문편(湯問篇)≫

우의

인간의 기교도 신의 경지에 도달할 수 있다.

활쏘기 공부

기 창 학 사
紀昌學射

감승(甘蠅)은 옛날의 명사수였다.

활시위만 당겨도 짐승들이 쓰러지고 새가 떨어졌다.

비위(飛衛)라는 제자가 감승에게 활쏘기를 배웠다.

그의 기교가 스승을 능가하였다.

기창(紀昌)이란 사람이 다시 비위에게 활쏘기를 배웠다.

비위가 기창에게 말하였다

"먼저 눈을 깜박거리지 않는 것을 배워야 활쏘기를 얘기할 수 있을 걸세"

그러자 기창은 집으로 돌아가 그의 아내 베틀 밑에 드러누워 베틀 채 끝을 응시하였다.

2년 뒤에는 송곳 끝이 눈동자로 떨어져도 눈을 깜박이지 않았다.

기창이 이것을 비위에게 보고하였다.

비위가 말하였다.

"미흡하네. 반드시 응시하는 법을 배워야 하네. 작은 것이 크게 보이고, 희미한 것이 또렷하게 보이거든 내게 말하게나."

기창은 소털에 이[蝨]를 묶어 창가에 매달아 놓고 남쪽을 향해 바라보았다.

열흘이 지나자 점점 커지더니, 삼 년 뒤에는 수레바퀴만하게 보였다.

그런 다음 다른 물건을 보니, 모두가 언덕이나 산처럼 보였다.

그는 연(燕)나라의 각궁(角弓)에 삭봉(朔蓬)의 화살을 끼고 이를 향해 쏘았다.

화살이 이의 심장을 관통하였는데 줄은 끊어지지 않았다.

이것을 비위에게 보고하였다.

비위는 펄쩍 뛰고 가슴을 치며 말하였다.

"네가 터득하였구나!"

≪열자(列子)·탕문편(湯問篇)≫

[우의]

학문의 최고 경지에 오르기 위해서는 반드시 단계별 과정의 배움이 필요하다.

말몰이 공부

조 보 습 어
造父習御

조보(造父)의 스승은 태두씨(泰豆氏)였다.

조보가 그에게 말몰이를 배우기 시작하였다.

조보는 자신을 바짝 낮추고 그를 공경하였다.

그러나 태두는 삼 년 동안 대꾸도 하지 않았다.

조보는 더욱 예의를 갖추며 그를 공경하였다.

태두가 말했다.

"옛 시에 이르길, '뛰어난 궁장(弓匠)의 자식은 먼저 키[箕] 짜는 법을 배워야만 하고, 뛰어난 대장장이의 자식은 먼저 갑옷 깁는 것부터 배워야 한다.'고 하였다. 자네는 먼저 나의 잽싼 걸음걸이를 관찰하게. 나처럼 잽싸게 걸을 수 있어야 여섯 줄의 말고삐를 잡을 수 있고 육두 마차를 몰 수 있다."

그러자 조보가 대답하였다

"분부대로 따르겠사옵니다."

태두는 즉각 나무 말뚝을 세워 길을 만들었다.

겨우 발을 디딜 만한 넓이의 나무를 걸음 폭에 따라 세워 놓고 그 것을 밟고 뛰었다.

제5장 ≪열자(列子)≫ 우언 **191**

빠르게 달려갔다가 되돌아왔지만 헛디뎌 넘어지지 않았다.

조보는 그 걸음걸이 기교를 사흘 만에 모두 터득하였다.

태두가 탄복하며 말하였다.

"자네는 어찌 그리 빨리 터득하는가! 수레를 모는 것도 이와 같네. 방금 자네의 걸음은 발로 터득하여 마음으로 느낀 것이네.

그것을 수레몰이에 적용해보세. 고삐와 재갈 사이에 수레를 가지런하게 맞추게. 말이 내뿜는 입김의 리듬에 맞추어 속도의 완급을 조절하게. 마음속으로 정확한 거리감을 가지고, 손바닥에서 리듬을 타도록 하게. 마음속으로 터득한 것을 밖으로 말의 의도에 맞추게. 그러면 먹줄을 밟듯이 전진과 후퇴를 할 수 있고, 컴퍼스와 곡척으로 그은 것처럼 회전과 방향전환을 할 수 있으며, 멀리 달려도 기력이 남네. 이렇게 되어야 진짜 그 기교를 터득하게 된 것이네. 재갈에서 터득하여 고삐로 감응하고, 고삐에서 터득하여 손으로 감응하며, 손에서 터득하여 마음으로 느끼면, 눈으로 감시하거나 채찍질을 하지 않아도 된다네. 마음을 느긋하게 가지면 몸이 반듯해지고, 고삐 여섯 줄이 엉키지 않으며, 24개의 말발굽이 오차 없이 똑같이 움직이고, 회전과 전진 후퇴를 절도있게 할 수 있다네. 그래야 수레바퀴 밖으로 자국이 남지 않고, 말발굽이 간신히 디딜 틈밖에 없는 길을 달릴 수 있네. 그리고 험난한 골짜기를 평탄한 평원과 똑같이 느낄 수 있네. 나의 기술은 이것이 다일세. 그대는 잘 알아두게."

≪열자(列子)·탕문편(湯問篇)≫

우의

수많은 실습을 통해 터득한 기교가 마음속으로 반응을 일으켜야만 최고의 예술적 경지에 도달할 수 있다. 예술의 경지는 영감보다 수많은 실습에 의해 결정된다.

햇볕을 바치려던 농부

전 부 헌 폭
田 夫 獻 曝

옛날에 송나라에 한 농사꾼이 살았다.

그는 항상 헤진 무명 삼베옷을 입고 간신히 겨울을 났다.

봄이 되어 농사가 시작되면 스스로 햇볕을 쬐었다.

그는 고대광실, 두터운 솜옷, 여우와 담비 모피가 세상에 있다는
사실을 몰랐다.

그는 아내를 돌아다보며 이렇게 말했다.

"햇볕을 쬐면 따뜻하다는 것을 다른 사람들이 모르고 있소. 이것
을 우리 군주께 바친다면 장차 큰 상을 내려 주실 거요"

마을의 부자가 그에게 말하였다.

"옛날에 어떤 사람이 들 콩·들나물·들 미나리·개구리밥이 맛이
있다고 동네 부자에게 떠벌였다는 군요. 동네 부자가 그것을 가져다
가 맛을 보았다나. 입안이 헐고 배가 찢어지도록 아팠대요. 여러 사
람들이 그를 비웃고 원망하자 그는 매우 부끄러워했답니다. 당신이
바로 그와 같소이다."

≪열자(列子)·양주편(楊朱篇)≫

우의
식견이 좁은 사람은 항상 보잘것없는 것을 대단한 것으로 여긴다.

시(施)씨와 맹(孟)씨의 두 아들

득 시 실 시
得 時 失 時

노(魯)나라의 시씨(施氏)에게 두 아들이 있었다.

한 아들은 학문을 좋아하였고, 다른 아들은 무술을 좋아하였다.

학문을 좋아하는 아들은 학술을 가지고 제(齊)나라 군주의 관심을 끌었다.

제나라 군주가 그를 받아들여 공자(公子)들의 스승으로 삼았다.

무술을 좋아하는 아들은 초(楚)나라로 가서 병법을 가지고 초왕의 관심을 끌었다.

초왕이 기뻐하며 그를 군정(軍正)으로 삼았다.

그들의 봉급으로 집안이 부유해졌다.

그 아버지는 그들의 벼슬을 영광스럽게 생각하였다.

시씨의 이웃에 맹씨가 살았다.

똑같이 두 아들이 있었고, 하는 일 역시 같았다.

그러나 그는 가난하였으며, 부유한 시씨가 부러웠다.

그래서 서둘러 시씨를 찾아가 출세하는 방법을 물었다.

두 아들은 맹씨에게 사실대로 말했다.

그러자 맹씨의 한 아들은 진(秦)나라로 가서 학술을 가지고 군주의 관심을 끌었다.

그러나 진나라 군주가 이렇게 말했다

"지금은 제후들이 무력으로 싸우고 있는 때이므로 군사와 양식에만 힘을 써야 한다. 만약에 인의 도덕을 가지고 우리 나라를 통치한다면 멸망의 지름길을 걷게 될 것이다."

그리고 그를 궁형(宮刑)에 처하여 추방하였다.

다른 아들은 위(衛)나라로 가서 병법을 가지고 위나라 군주의 관심을 끌었다.

그러나 위나라 군주가 이렇게 말했다.

"우리 나라는 큰 나라 틈에 끼어 있는 약소국이다. 큰 나라를 섬기고, 약한 나라를 위로하는 것이 우리의 안정을 도모하는 길이다. 만약에 군사력에 의존한다면 우리는 멸망할 것이다. 저 자를 온전하게 살려 보내면 다른 나라로 갈 것이고, 그렇게 되면 우리들에게 큰 골칫거리가 될 것이다."

그리고는 마침내 그의 다리를 잘라 노나라로 돌려보냈다.

이렇게 두 아들이 돌아왔다.

맹씨의 두 아들은 가슴을 두드리며 시씨를 욕하였다.

그러자 시씨가 이렇게 말했다.

"때를 아는 자는 번창하지만 때를 놓치는 자는 망하는 법이다. 그대들의 능력은 우리와 같지만, 결과가 우리와 다른 것은 때를 놓쳤기 때문이다. 행위가 잘못된 것은 아니다."

≪열자(列子)·설부편(說符篇)≫

우의

일에서 가장 중요한 것은 때이다.

뽕도 따고 임도 보려다가

道　見　桑　婦
道 見 桑 婦

진 문공(晉 文公)이 동맹을 결성하여 위(衛)나라를 공격하려고 하였다.
그러자 공자서(公子鋤)가 하늘을 바라보며 웃었다.

문공이 그 까닭을 물으니 이렇게 대답하였다.

"저희 이웃 사람 때문에 웃었습니다. 그 사람은 자기 아내가 친정
에 가는데 전송을 나갔다가 도중에 뽕 따는 아낙을 만났답니다. 그
녀와 즐겁게 이야기를 나누다가 자기 아내를 돌아다보니, 자기 아내
를 손짓하며 부르는 사람이 있더랍니다. 저는 그 사람이 생각이 나
서 웃었습니다."

문공은 그 말뜻을 알아듣고, 공격을 멈추었다.

그리고 군대를 철수하여 되돌아오는데, 자기 나라에 도착하기 전
에 북쪽 국경을 공격하는 자가 있었다.

≪열자(列子)·설부편(說符篇)≫

우의
남을 모욕하면 반드시 자신도 모욕을 당한다.

도둑의 근본적인 퇴치법

擧 賢 任 用
거 현 임 용

진(晉)나라가 도둑 때문에 골치를 앓고 있었다.

극옹(郤雍)이란 사람이 있었는데, 그는 도둑의 외모를 잘 간파하였다. 도둑의 눈언저리를 살피고도 범행 사실을 알아냈다.

진나라 왕이 그에게 도둑을 가려내도록 하였다.

그러자 수많은 도둑이 전혀 빠져나가지 못했다.

진나라 임금은 매우 기뻐 조문자(趙文子)에게 말했다

"나는 한 사람을 가지고 온 나라의 도둑을 다 잡았네. 사람이 많은 것이 무슨 소용이 있겠소?"

그러자 문자가 말하였다.

"왕께서는 사찰에 의존하여 도둑을 잡고 있습니다. 그러면 도둑을 완전히 소탕하지 못할 것이며, 극옹 역시 제명에 죽지 못할 것이 분명합니다."

얼마 있다가 도둑떼들이 상의하였다.

"우리들이 궁지에 몰린 것은 극옹이란 놈 때문이야."

그들은 작당을 하여 마침내 극옹을 죽였다.

진나라 왕이 이 소식을 듣고 크게 놀라 당장 조문자를 불러 말했다.

"과연 그대의 말대로 극옹이 죽었소! 그렇다면 도둑을 무슨 방법으로 잡아야 합니까?"

그러자 조문자가 대답하였다.

"주(周)나라 속담에 '연못 속의 고기를 또렷이 볼 수 있는 사람은 불길해지고, 남의 비밀을 아는 사람은 재앙이 따른다.'고 했사옵니다. 군주께서 장차 도둑이 없길 바라신다면 현명한 사람을 천거하여 등용하는 것보다 좋은 것이 없습니다. 윗사람들을 현명하게 지도하여 아랫사람들을 올바로 가르치면, 백성들은 부끄러움을 알 것입니다. 어찌 도둑질을 하겠사옵니까?"

≪열자(列子)·설부편(說符篇)≫

우의

어떤 일을 할 때는 근본적인 문제부터 해결해야 한다.

재주도 때를 잘 만나야

난 자 진 기
蘭 子 進 技

송(宋)나라의 어떤 떠돌이[蘭者]가 잡기를 가지고 송원군(宋元君)에게 접근하였다.

송원군이 그를 불러 시범을 보이게 하였다.

그는 자기 몸의 두 배나 되는 나무 막대기를 양쪽 장딴지에 묶고서 달리기도 하고 뛰기도 하면서 일곱 개의 칼을 번갈아 가며 던지는데 칼 다섯 개는 항상 공중에 떠 있었다.

송원군은 매우 놀라 그 자리에서 금과 비단을 하사하였다.

이 소문을 듣고 '연희(燕戲)'에 능한 어떤 사람이 다시 그 잡기를 가지고 송원군에게 접근하였다.

그러자 송원군은 크게 화를 내며 말하였다.

"예전에 특이한 재주를 가지고 나에게 시범을 보인 자가 있었느니라. 그 재주는 별 소용이 없었지만, 내 환심을 살 만하여 금과 비단을 내렸던 것이다. 너는 틀림없이 그 소문을 듣고 들어와 다시 내 상금을 노리고 있는 거야."

그리고는 그를 구속하여 죽이려 하다가 한 달 만에 석방하였다.

≪열자(列子)·설부편(說符篇)≫

우의

훌륭한 재능도 때를 잘 만나야만 제 값을 받는다.

참고

이 우언은 ≪태평어람≫344, 483과 ≪예문유취≫60에도 인용되어
있다.

구방고의 말 고르기

相 馬 之 道

진목공(秦 穆公)이 백락(伯樂)에게 물었다.

"그대는 나이를 많이 먹었소. 그대 자식 중에서 말 고르는 일을 시킬 만한 사람이 있습니까?"

그러자 백락이 대답하였다.

"양마(良馬)는 겉모습과 골격을 보고도 고를 수 있으나, 천하의 명마는 겉모습과 골격이 있는 것 같기도 하고 없는 것 같기도 하여 알아보기 어렵습니다. 이런 말은 달릴 때 먼지가 날리지 않고, 발자국도 남지 않습니다.

제 자식들은 모두 재주가 보잘 것 없이 말을 고를 수는 있으나, 천하의 명마를 알아보지는 못합니다. 저에게 땔감과 야채를 공급해 주는 구방고(九方皐)라는 사람이 있습니다. 그 사람은 말에 있어서는 저에 못지 않습니다. 그를 만나보시지요."

목공이 그를 만나보고는 말을 찾아보라고 보냈다.

그는 세 달 만에 돌아와 보고하였다.

"이미 찾아냈습니다. 그 말은 사구(沙丘) 땅에 있습니다."

그러자 목공이 물었다.

"어떤 말이냐?"

"암놈이며 누런 말입니다."

사람을 시켜 끌어오게 하였는데, 그 말은 수놈인데다가 검은 말이었다.

목공은 기분이 나빠져 백락을 불러 말했다.

"틀렸소! 당신이 말을 구하러 보낸 놈은 말의 색깔과 암수조차 구별하지 못하는데, 어찌 말의 좋고 나쁜 것을 알 수 있겠소?"

백락이 휴! 하고 크게 탄식하며 말하였다.

"경지에 이르렀구나! 이것이 바로 그 사람이 저보다 천만 배 혹은 헤아릴 수 없이 월등한 점입니다. 구방고가 본 것은 하늘이 부여한 천성[天機]이었습니다. 그는 그 핵심만을 관찰하고 그 밖의 너절한 것은 생략했으며, 그 알맹이를 보고는 그 껍데기는 잊어버렸던 것입니다. 그는 보아야 할 것만을 보고, 그가 보지 않아도 될 것은 보지 않았으며, 눈여겨보아야 할 것만 보고, 눈여겨보지 않아도 될 것은 버렸던 것입니다. 구방고의 말 고르기는 말보다 귀중합니다."

말이 도착하고 보니, 과연 천하의 명마였다.

≪열자(列子)·설부편(說符篇)≫

우의

인재는 외모나 조건보다는 능력과 인격을 보고 골라야 한다.

갈림길에서 양을 잃어버리다

기 로 망 양
岐 路 亡 羊

양주(楊朱)의 이웃 사람이 양을 잃어버렸다.

그는 자기 식구와 양주네 집 머슴까지 동원하여 양을 찾아 나섰다.

양주가 말하였다.

"햐! 놓친 것은 양 한 마리인데 찾는 사람은 어찌 그리 많은가?"

이웃 사람이 말했다.

"갈림길이 많아서요."

그들이 돌아오자, 양주가 물었다.

"양을 잡았니?"

"놓쳤습니다."

"어찌 놓쳤니?"

"갈림길 안에 또 갈림길이 있어, 어디로 가야 할지 몰라서 돌아왔습니다."

양주의 얼굴이 일그러지고 표정이 변하였다.

그는 몇 시간이 흐르도록 말을 하지 않고, 하루 종일 웃지 않았다.

제자가 이상하게 여기며 까닭을 물었다.

"양은 하찮은 짐승이고, 게다가 선생님의 소유도 아닌데, 말도 하지 않고 웃지도 않으시니 어인 일입니까?"

양주는 대답하지 않았다.

제자들은 그의 속마음을 알지 못하였다.

≪열자(列子)·설부편(說符篇)≫

우의

진리를 찾는 방법은 본래 하나이다. 종종 여러 갈래의 방법을 동원하다 보면 미로에 빠지는 경우가 생긴다.

참고

이 우언은 ≪태평어람≫195에도 수록되어 있다.

은혜의 본뜻

헌 구 방 생
獻 鳩 放 生

정월 초하루, 한단(邯鄲) 사람이 간자(簡子)에게 비둘기를 바쳤다.

간자는 매우 기뻐하며 큰 상을 내렸다.

손님이 그 까닭을 물으니 간자가 말했다.

"정월 초하루의 방생은 내가 은혜를 베푼다는 것을 보여주는 것이요."

그러자 손님이 이렇게 말했다.

"백성들은 군주께서 방생하려는 것을 알면, 앞을 다투어 잡으려고 할 것이고, 그러면 죽는 비둘기가 많아질 것입니다. 군주께서 만약에 그것을 살려주려고 하신다면, 백성들에게 잡지 못하게 하는 것이 좋을 것입니다. 잡아서 방생한다고 죄악이 은혜를 대신할 수 없습니다."

그러자 간자가 말했다.

"옳도다!"

≪열자(列子)·설부편(說符篇)≫

작은 은혜는 대자대비(大慈大悲)의 적이다!

세상 사람들은 작은 것을 보면서 큰 것을 보지 못한다.

세상에는 귀천의 구분이 없다

유 무 귀 천
類 無 貴 賤

제(齊)나라 전씨(田氏) 집안이 노제(路祭)를 거행하였다.

식객이 천 명이나 되었다.

그 속에 어떤 사람이 앉아 있다가 물고기와 기러기를 바쳤다.

전씨가 이것을 보고 감탄하며 말했다.

"하늘이 인간을 풍요롭게 하였구나! 오곡을 번식시키고 물고기와 새를 길러 민간인들이 잡아먹도록 하였구나."

그러자 여러 손님들이 메아리처럼 화답하였다.

포씨(鮑氏)의 열두 살 먹은 아들이 자리에서 순서를 기다리고 있다가 말하였다.

"어르신의 말씀에 동의할 수 없습니다. 천지만물은 나와 더불어 사는 부류입니다. 같은 부류끼리는 귀천이 없습니다. 단지 형체의 크고 작음과 지력 때문에 서로 구속하고 서로 잡아먹지만, 상대방을 위하여 살아있는 것은 아닙니다. 인간은 먹을 수 있는 것을 잡아먹고 있지만, 어찌 하늘이 본래부터 인간만을 위해 낳은 것이겠습니까? 쇠파리가 살갗을 물고 호랑이와 이리가 고기를 먹지만, 어찌 하늘이 쇠파리를 위하여 사람을 낳고 호랑이와 이리를 위하여 고기를 마련했겠습니까?"

≪열자(列子)·설부편(說符篇)≫

우의

자연에 차등이 없듯이 인간도 귀천이 따로 없다.

어느 가난한 자의 항변

豈辱馬醫
기 욕 마 의

제(齊)나라의 한 가난뱅이는 항상 시장으로 가서 밥을 빌어먹었다.

그가 여러 번 구걸하니 시장 사람들이 귀찮아 했다.

그에게 먹을 것을 주는 사람이 없었다.

그는 마침내 전씨(田氏)의 마구간으로 갔다.

그는 말 수의사를 따라다니며 일을 하여 밥을 얻어먹었다.

그러자 성 밖 사람들이 그를 놀려댔다.

"말 수의사를 따라다니며 밥을 얻어먹는 것이 부끄럽지도 않니?"

빌어먹던 아이가 말했다.

"천하에서 밥 빌어먹는 것보다 치욕은 없다.

밥 빌어먹을 때는 오히려 모욕을 주지 않더니, 어째서 말 수의사를 모욕하지?"

≪열자(列子)·설부편(說符篇)≫

우의

　세상 사람들은 가난을 부끄럽게 여기지 않고, 오히려 천한 직업을 부끄럽게 생각한다.

명분과 실질

득 유 계 자
得 遺 契 者

송(宋)나라 사람이 길에서 놀다가 버려진 계약서를 주웠다.
집으로 가지고 와서 감춰 두고 몰래 그 치수를 세었다.
그리고는 이웃 사람에게 이렇게 말했다.
"내가 부자가 되는 것은 시간 문제야"

≪열자(列子)·설부편(說符篇)≫

우의

세상 사람들은 빈껍데기를 알맹이로 착각하곤 한다.

바른말이 오해를 부르다

고 오 불 상
枯梧不祥

어떤 사람의 집에 말라 죽은 오동나무가 있었다.

그 이웃 영감이 '말라 죽은 오동나무는 불길하다'고 말하였다.

그 사람은 서둘러 그 나무를 베어 버렸다.

그 이웃 영감이 그것을 땔감으로 쓰게 달라고 하였다.

그 사람은 기분이 상하여 말하였다.

"이웃 영감은 땔감으로 쓸 욕심에 날보고 나무를 베라고 하였어!
이웃사람이 이렇게 음흉하다니. 말도 안 돼?"

《열자(列子)·설부편(說符篇)》

[우의]

아무리 정당한 이치라도 이해관계가 얽혀 있으면 엉뚱한 오해가
생긴다.

도끼를 잃어버리고 이웃을 의심하다

亡 鈇 疑 隣
망 부 의 린

어떤 사람이 도끼를 잃어버렸다.

그는 이웃집 아이를 의심하였다.

그의 걸음걸이를 보아도 도끼를 훔친 것 같고, 얼굴빛도 도끼를 훔친 것 같았으며, 말하는 것도 도끼를 훔친 것 같았고, 동작과 태도마다 도끼를 훔치지 않은 것이 없어 보였다.

그는 얼마 안 되어 계곡을 파다가 그 도끼를 찾았다.

다음 날 다시 그 이웃집 아이를 만났다.

동작과 태도가 도끼를 훔친 사람 같지 않았다.

≪열자(列子)·설부편(說符篇)≫

우의

선입견을 가지고 사물을 보면 착각의 오류에 빠진다.

제나라 사람의 변명

제 인 확 금
齊人攫金

옛날 제(齊)나라의 어떤 사람이 금을 갖고 싶어 하였다.

그는 이른 아침에 의관을 갖추고 시장으로 갔다.

그는 금방으로 가서 주인의 금을 훔쳐 달아났다.

포졸이 그를 체포하고서 물었다.

"사람들이 모두 보고 있었는데, 자네는 어떻게 남의 금을 훔쳤는가?"

그러자 그가 대답하였다.

"금을 훔칠 때 사람은 보지 않고 금만 보았죠."

≪열자(列子)·설부편(說符篇)≫

[우의]

사물에 욕심이 생기면 눈에 보이는 것이 없어진다.

중국우언(中國寓言)

춘추전국시대(春秋戰國時代) 편
— 백가쟁명의 창과 방패 —

제6장

≪한비자(韓非子)≫ 우언

≪한비자(韓非子)≫는 법가(法家)의 대표적인 책으로, 국가 통치 철학을 담고 있다. ≪한비자≫ 우언은 이러한 그의 사상을 전달하는 역할을 담당하였다.

여기에 수록된 우언 이야기는 자신이 직접 만든 것, 다른 사람의 책에 수록되어 있는 것, 민간에서 떠도는 것 등 다양하다. 과거 역사 이야기 뿐 아니라 당시 사람들의 세태를 반영한 것도 있다.

≪한비자≫의 우언은 주로 <세난(說難)>·<유로(喩老)>·<설림(說林)>·<저설(儲說)>편에 집중적으로 수록되어 있다.

한비자는 뛰어난 능력을 가지고 있음에도 불구하고 당시 제후에게 멸시와 비난을 받는 것에 대하여 비통한 심정을 가지고 있었다. <세난(說難)>편을 지어 자신의 뜻을 다른 사람에게 쉽게 이해시키기 위한 방법을 모색하였다. 이를 위해 우언을 적극적으로 이용하였다.

<설림(說林)>편에서 '說'은 민간전설과 역사고사를 말하고, '林'은 숲처럼 모여 있다는 의미이다. 한비자는 이런 우언 이야기를 통하여 자신의 주장을 펼쳤다.

<유로>편에서는 ≪노자≫에 대한 해석을 통해 자신의 사상을 펼쳤다. 예를 들면 노자의 "대기만성(大器晩成)"을 해석하였는데, 이것은 노자의 본의에 초점을 둔 것이 아니라 자신의 사상을 쉽게 펼치기 위한 것이었다.

<저설(儲說)>편에는 우언이 가장 많이 수록되어 있다. 이것은 군주를 위해 계책을 모아놓았다는 뜻이다. 천하대통을 꿈꾸는 군주들에게 정치철학을 쉽게 해설하기 위해 우언을 이용하였다.

≪한비자≫의 유명한 우언으로는 <모순(矛盾)>·<수주대토(守株待兎)>·<사당의 쥐>·<화씨의 구슬>·<순망치한(脣亡齒寒)> 등을 들 수 있다.

여기에서는 75편을 수록하였다.

정무공(鄭武公)의 계략

武 公 伐 胡
무 공 벌 호

옛날 정(鄭)나라 무공이 오랑캐를 공격하려고 하였다.

먼저 자기 딸을 오랑캐 임금에게 시집을 보내 환심을 샀다.

그리고는 신하들에게 물었다.

"내가 군사를 일으키려고 하는데, 누구를 치면 되겠는가?"

대부 관기사(關其思)가 말했다.

"오랑캐를 치시지요."

이 말을 들은 무공은 노발대발하며 관기사를 죽이며 말했다.

"오랑캐는 형제의 나라니라. 그런 나라를 공격하라고 하다니. 그게 말이 되느냐?"

오랑캐 임금은 이 소식을 듣고 정나라를 자기의 친구로 생각하고 방비하지 않았다.

그러자 정나라는 오랑캐를 기습하여 점령해버렸다.

《한비자(韓非子)·세난편(說難篇)》

[우의]

아는 것이 어려운 것이 아니라, 아는 것을 일에 적용시키는 것이 어렵다.

자기 자식 말만 믿다

지 자 의 린
智子疑隣

송(宋)나라에 어떤 부자가 살고 있었다.

한번은 비가 내려 담장이 무너지자 그의 아들이 말하였다.

"담장을 고치지 않으면 앞으로 도둑을 맞을 거예요."

그의 이웃집 노인도 똑같은 말을 해주었다.

날이 저물자 과연 재물이 많이 없어졌다.

집안 식구들은 자기 자식이 무척 총명하다고 하면서, 이웃집 노인을 의심하였다.

≪한비자(韓非子)·세난편(說難篇)≫

우의

아는 것이 상황에 따라 다르게 적용될 수 있다.

미자하(彌子瑕)가 총애를 잃다

미 자 하
彌 子 瑕

옛날에 미자하는 위(衛)나라 군주의 총애를 받던 미소년이었다.

위나라 국법에 군주의 수레를 몰래 타는 사람은 다리가 잘렸다.

마침 미자하의 어머니가 병이 들었다.

어떤 사람이 미자하에게 밤이 되거든 몰래 군주의 수레를 타고 나가라고 일러주었다.

미자하는 군주의 명령이라고 속이고 군주의 수레를 타고 나갔다.

군주는 이 소식을 듣고서 칭찬하였다.

"효자로다! 어머니 때문에 다리 잘리는 죄를 저질렀구나!"

얼마 있다가, 그는 군주와 함께 과수원에 놀러갔다.

복숭아를 먹다가 맛이 있자 다 먹지 않고 나머지 반을 군주에게 바쳤다.

그러자 군주가 말했다.

"나를 사랑하고 있구나! 자기가 맛있어하던 것도 잊고 나에게 바쳤구나!"

미자하의 얼굴이 시들어 군주의 애정이 멀어졌을 즈음에 그가 군주에게 죄를 지었다.

그러자 군주가 말했다.

"저놈은 일찍이 군주의 명령을 속여 내 수레를 탄 일이 있었을 뿐만 아니라 자기가 먹나 님은 복숭아를 내게 먹인 적이 있었다."

≪한비자(韓非子)·세난편(說難篇)≫

우의

남에게 유세하려면 자신에 대한 상대방의 감정을 먼저 살펴야 한다.

화씨의 구슬

화 씨 지 벽
和氏之璧

초(楚)나라의 화씨(和氏)가 초산에서 옥을 주워 여왕(厲王)에게 바쳤다.

여왕이 옥공(玉工)을 시켜 감정하도록 하였다.

옥공이 말하였다.

"이것은 돌입니다."

왕은 화씨가 자기를 속였다고 생각하고 화씨의 왼쪽 다리를 잘랐다.

여왕이 죽고, 무왕(武王)이 즉위하자 화씨는 다시 그 옥을 무왕에게 바쳤다.

무왕도 옥공에게 감정하도록 시켰다.

또 다시 옥공이 말했다.

"돌입니다."

무왕 역시 화씨가 자기를 속였다고 여기고 그의 오른쪽 다리를 잘랐다.

무왕이 죽고, 문왕(文王)이 즉위하자 화씨는 곧바로 옥을 안고 초산 아래로 가서 울부짖었다.

사흘 밤낮 동안 울어 눈물이 말라 피가 나왔다.

왕이 이 얘기를 듣고 사람을 보내 그 까닭을 물었다.

"세상에는 다리 잘린 사람이 많은데, 그대는 왜 그렇게 슬피 우는 겐가?"

그 말을 들은 화씨가 말했다.

"저는 다리 잘린 것이 슬픈 것이 아닙니다. 저 귀중한 옥을 돌이라 하고, 정직한 사람을 사기꾼이라고 말하는 것이 슬프답니다. 이것이 제가 사흘 밤낮 동안 슬퍼한 까닭입니다."

왕이 곧바로 옥공을 시켜 그 옥을 다듬게 하자 마침내 보배가 나왔다.

그리하여 이를 '화씨의 구슬'이라 부르게 되었다.

《한비자(韓非子)·화씨편(和氏篇)》

우의

뛰어난 계책이 세상에 드러나지 않는 것은, 받아들이는 사람이 너무 조급하기 때문이다.

해제

이 우언에서 '화씨벽(和氏璧)'·'화씨옥(和氏玉)'·'화보(和寶)'·'화옥(和玉)'·'화박(和璞)'·'변옥박(卞玉璞)'(옥공의 이름이 卞和임)·'초박(楚璞)'·'형박(荊璞)' 등의 말이 생겼다. 이것은 뛰어난 계책이나 법술 외에 훌륭한 시문을 높여서 부르기도 한다.

한비자는 위의 이야기를 통하여 자신의 학술이 뛰어났음에도 불구하고 당시의 제후와 당권자에게 멸시와 비난을 당한 것에 대하여 비통한 심정을 표현하였다.

명의 편작(扁鵲)의 선견지명

편 작 지 견
扁 鵲 之 見

편작이 채(蔡)나라 환공(桓公)을 진찰하고 말했다.

"군주께서는 피하질에 병이 있사옵니다. 서둘러 고치지 않으시면 병이 깊어질 것 같사옵니다."

"과인은 병이 없소."

편작이 나가자 환공이 말하였다.

"의사란 것들은 병도 없는 사람을 고쳐놓고 공치사하길 좋아한단 말이야."

열흘 뒤에 다시 편작이 환공을 진찰하고 말했다.

"군주의 병은 피부 속으로 들어갔습니다. 고치지 않으면 앞으로 더욱 깊이 들어갈 것 같사옵니다."

환공은 대꾸도 하지 않았지만, 편작이 나가자 기분이 좋지 않았다.

다시 열흘이 지나고 나서 편작이 환공을 찾아와 말했다.

"군주의 병은 위장에 스며들었습니다. 고치지 않으시면 앞으로 더욱 깊어질 것 같습니다."

환공은 또 그 자리에서 무시하였지만, 편작이 나가자 역시 기분이 좋질 않았다.

또 열흘이 지나, 편작은 환공을 보자마자 돌아서서 도망쳤다.

환공이 사람을 시켜 그 이유를 물으니, 편작이 대답하였다.

"병이 피하질에 있을 때는 찜질로도 고치고, 피부 속에 있을 때는 침으로 고치며, 위장에 있을 때는 탕약으로 고칠 수 있사옵니다. 그러나 골수에 스며들면 염라대왕이 알아서 할 일로서 어찌 해 볼 도리가 없습니다. 그래서 제가 군주께 말씀을 드리지 않은 것입니다."

닷새가 지나자 몸에 통증이 왔다.

사람을 시켜 편작을 찾도록 하였으나, 그는 이미 진(秦)나라로 도망갔다.

환공은 마침내 죽었다.

그러므로 뛰어난 의사는 병을 치료할 때 피하질을 다스린다. 이것은 모두 작은 것과의 싸움이다. 대개 일의 행복과 불행도 피하질과 같이 작은 것에 달려있다. 그러므로 노자(老子)가 "성인은 앞서서 일을 처리한다."고 말했다.

≪한비자(韓非子)·유로편(喩老篇)≫

우의

큰 재난은 사소한 것에서 발생하니 이것을 미리 방비하는 것이 중요하다.

해제

이 우언은 "어려운 일을 도모할 때는 쉬운 것부터 시작하고, 큰일은 그 사소한 것에서 시작한다. 천하의 어려운 일은 반드시 쉬운 일에 달려 있고, 천하의 큰일은 반드시 사소란 것에 달려있다.(圖難于其易, 爲大于其細. 天下難事必作于易, 天下大事必作于細)"는 ≪老子≫63장을 이야기로 설명한 것이다.

순망치한

순 망 치 한
脣亡齒寒

진헌공(晉獻公)이 수극(垂棘)에서 나는 구슬을 가지고 우(虞)나라에게 길을 빌어 괵(虢)나라를 치려고 하였다.

우나라 대부 궁지기(宮之奇)가 군주에게 간언하였다.

"안됩니다. 입술이 없으면 이가 시린 법입니다. 우나라와 괵나라가 서로 돕고 있는 것은 서로의 은덕 때문이 아닙니다. 진나라가 지금 괵나라를 멸망시키면, 그 다음 우나라도 따라서 망할 것입니다."

우나라 군주는 이 말을 듣지 않았고 구슬을 받고 길을 빌려 주었다.

진나라는 괵나라를 빼앗고 나서 돌아오면서 우나라를 멸망시켰다.

≪한비자(韓非子)·유로편(喩老篇)≫

우의

사건은 가장 근본적인 것에서 발생한다. 이를 항상 소홀히 해서는 안 된다.

이 우언 이야기는 본래 《춘추좌씨전(春秋左氏傳)·희공5년(僖公五年)》 에서 처음 나온 것이다. 신나라가 우나라에게 길을 빌어 괵나라를 치려고 할 때, 우나라 대부 궁지기가 "아귀 뼈와 치아 틀은 서로 의지 하고, 입술이 없어지면 이가 시리다(輔車相依, 脣亡齒寒)"라는 속담을 인용하여 그 부당함을 건의하였다.

이 이야기에는 '힘이 약한 나라는 서로 힘을 합쳐야 큰 나라의 위 협을 막을 수 있다.'는 역사적 교훈이 담겨져 있다.

《장자·거엽편》에서도 이 속담을 인용하였다.

> "이것으로 보면, 선인(善人)은 성인(聖人)의 도를 터득하지 못하면 존
> 재할 수 없고, 도척도 성인의 방법을 터득하지 못하면 행세할 수 없다
> 는 것을 알 수 있다. 그러나 천하에는 선한 사람이 적은 반면에 선하지
> 못한 사람이 많으니, 결과적으로 성인은 천하를 이롭게 하는 것이 적
> 고 천하를 해롭게 하는 것이 많은 것이다. 그래서 "입술이 들리면 이가
> 시리며, 노(魯)나라의 술이 맛이 없어 한단(邯鄲)이 포위되었다."는 말
> 이 생긴 것이다. 성인이 생겨나면 큰 도둑[大盜]이 헤집고 다닌다."

이처럼 "입술이 들리면 이가 시리며, 노(魯)나라의 술이 맛이 없어 한단(邯鄲)이 포위되었다(脣竭則齒寒, 魯酒薄而邯鄲圍)"라는 전고를 인용하 여 원인과 결과의 관계를 설명하였다.

이 이야기의 배경은 다음과 같다.

초선왕(楚宣王)이 여러 제후를 소집하였는데 노공공(魯恭公)이 늦게 도착하였고, 조공으로 바친 술마저 맛이 없었다. 그러자 초선왕은 화가 나서 노나라를 공격하였다. 이때 양혜왕(梁惠王)은 평소에 조(趙) 나라를 공격하고 싶어도 초나라가 조나라를 구원할까 걱정하고 있

던 차였다. 마침 초나라가 노나라를 공격하자 그 틈을 타서 조나라의 수도 한단을 포위하였다.

장자는 이 이야기를 가지고, 성인이 나타나면 도적이 따라 생기는 이치를 설명하였다. 성인의 등장이 곧 도적의 등장이라는 설명이다. ≪여씨춘추(呂氏春秋)·권훈편(權勳篇)≫에도 이 역사 이야기를 인용하였다.

예전에 진헌공이 순식(荀息)을 시켜 우나라에게 길을 빌어 괵나라를 치도록 하였다.

순식이 말하였다.

"수극(垂棘)에서 나는 구슬과 굴산(屈産)에서 나는 말을 가지고 우공(虞公)에게 뇌물을 써서 길을 빌리겠습니다. 반드시 동의를 얻어내겠습니다."

헌공이 말했다.

"수극의 구슬은 선군의 보배이고, 굴산의 말은 나의 준마란다. 만약에 저것들이 우리의 뇌물을 받고 길을 내주지 않으면 어쩌겠느냐?"

그러자 순식이 말했다.

"그렇지 않습니다. 저들이 만약에 길을 빌려주지 않을 것 같으면, 반드시 우리의 뇌물을 받지 않을 것입니다. 만약에 우리의 뇌물을 받고 길을 내준다면, 내부 창고에서 보물을 가져다가 외부 창고에 보관하는 것과 같고, 내부 마구간에서 말을 끌어다가 외부 마구간에 매어두는 것과 같습니다. 공께서는 무엇을 근심하십니까?"

헌공은 허락을 하고 순식에게 굴산의 말을 예물로 하고 수극의 구슬을 보태 우나라로부터 길을 빌어 괵나라를 치도록 하였다.

우공은 보물과 말에 눈이 멀어 이것을 허락하려고 하였다.

그러자 궁지기가 간언하였다.

"허락해서는 안 됩니다. 우나라가 괵나라 편을 드는 것은 아귀와 잇몸의 관계와 같기 때문입니다. 아귀는 잇몸에 의지하고, 잇몸 연결대 역시 아귀에 의지하는 것인데, 우나라와 괵나라의 형세가 이와 같습니다. 그러므로 옛 사람들이 '입술을 들면 이가 시리다.'라고 말씀하셨던 것입니다. 지금 괵나라가 망하지 않으려면 우나라에 기대야 하고, 우나라가 망하지 않으려면 역시 괵나라에게 의지해야 합니다. 만약에 길을 내주면 괵나라는 아침에 망하고 우나라는 저녁에 망할 것입니다. 그런데도 어찌 길을 내주려고 하십니까?"

우공은 이 말을 듣지 않고 길을 내주었다.

순식은 괵나라를 쳐서 무찌르고 나서, 돌아오면서 우나라를 또 무찔렀다.

순식은 구슬을 들고 말을 끌고 와서 보고하였다.

헌공이 말했다.

"구슬은 원래대로 돌아왔는데, 말은 나이를 좀 먹었구나."

그러므로 다음과 같이 말한다.

"작은 이익이 큰 이익을 해친다."

이처럼 ≪여씨춘추≫는 위의 고사를 가지고 작은 이익 때문에 큰 이익을 잃어서는 안되는 이치를 설명하였다.

이 외에도 이 이야기는 ≪전국책(戰國策)·한책(韓策)≫과 ≪춘추번로(春秋繁露)·왕도편(王道篇)≫·≪구당서(舊唐書)·이밀열전(李密列傳)≫에도 수록되어 있다.

여기서 '보거상의(輔車相依)'는 두 가지 해석이 가능하다. 하나는 '아귀와 잇몸이 서로 의지하다'라고 해석하기도 하고, 또 하나는 '수레바퀴와 수레 연결대가 서로 의지하다'라고 해석한다.

주왕(紂王)의 상아 젓가락

주 위 상 저
紂 爲 象 箸

옛날에 주왕이 상아 젓가락을 만들었다.

그러자 기자(箕子)가 떨었다.

상아 젓가락을 만들면 토기 주발과는 걸맞지 않으니 반드시 외뿔소의 뿔로 만든 구슬 잔이 있어야 한다고 생각할 것이다.

또 상아 젓가락과 구슬 잔으로 콩잎 국을 먹지 않을 것이고, 반드시 물소와 코끼리 그리고 표범의 태 요리를 먹으려 할 것이다.

물소와 코끼리 그리고 표범의 태반 요리를 먹으면 반드시 허름한 베옷을 입지 않으려 할 것이고 또 초가지붕에서 살지 않으려 할 것이며, 비단 옷을 입고 구중궁궐 고대광실에서 살려고 할 것이다.

기자는 그 끝이 두려웠기에 그 시작을 보고 떨었던 것이다.

5년이 지나자, 주왕은 고기 숲을 만들었고, 숯 화로에 사람을 구워 죽였으며, 술지게미 쌓인 언덕에 올라가 술이 담긴 연못을 바라보았다.

그래서 주왕은 마침내 망하였다.

이와 같이 기자는 상아 젓가락을 보고 천하의 재앙을 미리 알았던 것이다.

그러므로 노자는 말했다.

"작은 것을 보는 것을 눈이 밝다고 말한다."

≪한비자(韓非子)·유로편(喩老篇)≫

우의

일은 작은 것에서 시작된다. 작은 것을 잘 보는 사람이 현명한 자
이다.

참고

이 우언은 "작은 것을 보는 것을 눈이 밝다고 말한다.(見小曰明)"는
≪노자(老子)≫52장을 비유적으로 설명하였다.

자한(子罕)의 보배

자 한 지 보
子罕之寶

송나라의 천민이 구슬[璞玉]을 얻어 자한(子罕)에게 바쳤다.

그러나 자한이 받지 않았다.

그 천민이 말했다.

"이것은 귀중한 보배입니다. 고위층의 도구로 어울리지 천민에게
는 어울리지 않사옵니다."

그러자 자한이 말했다.

"자네가 구슬을 보배로 여기고 있다면, 나는 자네의 구슬을 받지
않는 것을 보배로 여기네."

천민은 구슬에 마음이 있었으나, 자한은 구슬에 욕심이 없었던 것
이다.

그래서 노자는 "욕심이 없는 것을 욕심으로 삼고, 얻기 어려운 재
물을 귀중하게 생각하지 않는다."라고 말했다.

≪한비자(韓非子)·유로편(喩老篇)≫

우의

인격자는 귀중한 재물에 마음을 두지 않아야 한다.

이 이야기는 원래 ≪좌전·양공(襄公)15≫에서 처음 나온 것이다.

송나라 사람이 어쩌다가 구슬을 얻어 자한에게 바쳤다.

그러나 자한이 받지 않았다.

구슬을 바친 사람이 말했다.

"이것을 옥공에게 보인 적이 있었습니다. 옥공이 이것을 보배라고 하였기에 삼가 바칩니다."

그러자 자한이 말했다.

"나는 탐욕을 부리지 않는 것을 보배로 여기고, 자네는 구슬을 보배로 여기고 있네. 만약에 자네가 이것을 내게 준다면, 우리 둘은 보배를 잃는 것이 되네. 각자가 그 보배를 지니고 있는 것만 못하다."

그 사람이 고개를 조아리며 말했다.

"소인은 이 구슬을 안고 마을을 넘어갈 수 없사옵니다. 이것을 받아 두시어 제가 죽는 것을 면하게 해주십시오."

자한이 이것을 자기 마을에 보관해 두고 옥공에게 가공하도록 하였다. 그것을 팔아 많은 돈이 생기자 이를 원래 사람에게 돌려주었다.

≪회남자(淮南子)·정신훈(精神訓)≫·≪신서(新序)·절사(節士)≫·≪여씨춘추(呂氏春秋)·이보(異寶)≫에도 이 이야기가 수록되어 있다.

이 우언은 "성인은 욕심이 없는 것을 욕심으로 삼고, 얻기 어려운 재물을 귀중하게 생각하지 않는다.(聖人欲不欲, 不貴難得之貨)라는 ≪노자≫64장의 교훈을 담고 있다.

상아로 만든 나뭇잎

삼 년 성 일 엽
三年成一葉

송나라 사람이 그 왕을 위해 상아로 닥나무 잎을 만들었다.

3년 만에 완성하였다.

그 잎자루의 두툼함, 잎가의 톱니, 잎의 솜털, 잎의 광택이 닥나무 잎 속에 섞어 놓아도 구별할 수 없었다.

이 사람은 마침내 이 공로로 송나라에서 봉록을 받았다.

열자가 이 이야기를 듣고 말했다.

"만약에 하늘과 땅이 잎 하나를 3년 만에 완성한다면, 잎이 달린 나무를 보기 힘들 것이다."

그러므로 천지의 풍부한 자질을 따르지 않고 한 사람의 몸에 맡기거나, 자연의 법칙을 따르지 않고 한 사람의 지혜만을 배우는 것은, 모두 잎 하나를 완성하는 행위이다.

≪한비자(韓非子)·유로편(喩老篇)≫

우의

자연의 풍성한 자원을 두루 이용하지 않으면 한 가지 지식에 빠지고 만다.

제6장 ≪한비자(韓非子)≫ 우언 **233**

이 이야기는 ≪열자·설부편≫에도 나와 있다.

송나라 사람이 그 임금을 위하여 옥을 가지고 닥나무 잎을 만들어 삼 년만에 완성하였다. 그 잎자루의 두툼함, 잎가의 톱니, 잎의 솜털, 잎의 광택이 실제 닥나무 잎 속에 섞어 놓아도 분간할 수 없을 정도였다. 이 사람은 마침내 교묘한 기술을 가지고 송나라에서 밥을 얻어먹을 수 있었다.

열자가 이 얘기를 듣고 말했다.

"천지간의 생물들이 삼 년에 잎 하나를 만든다면 생물 중에 잎이 달린 것을 보기 어려울 것이다. 그러므로 성인은 도에 따라 변화하지, 기교를 따르지 않는다."

왕자기(王子期)의 말 모는 법

필불재마
必不在馬

조양자(趙襄子)가 왕자기에게 말몰기 기술을 배웠다.

얼마 지나서 그는 왕자기와 말 경주를 하였다.

그는 말을 세 번 바꾸고도 세 번 모두 졌다.

조양자가 왕자기에게 말했다.

"당신이 말몰기를 덜 가르친 것이 아니요?"

왕자기가 대답했다.

"기술은 다 가르쳐드렸지만 잘못 썼기 때문입니다.

말몰기에서 가장 중요한 것은, 말의 몸체가 수레에 알맞아야 하고, 사람의 마음과 말이 조화를 이루어야 합니다. 그런 다음에야 빠르고 멀리 달릴 수 있습니다. 지금 군주께서는 저에게 뒤떨어지면 앞지르려고 하고, 저보다 앞서고 있으면 추월당할까 전전긍긍하셨습니다. 대개 장거리 경주에 나설 때는 앞이 아니라 뒤에서 달려야 합니다. 앞서건 뒤처지건 간에 온통 나에게 마음을 쓰고 있으니, 어떻게 말과 조화를 이룰 수 있겠습니까? 이것이 바로 저에게 지는 이유입니다."

≪한비자(韓非子)·유로편(喩老篇)≫

목적에 집착하면 정신이 분산되어 일을 그르친다.

이 이야기에 해당하는 ≪노자≫원문은 없다. 아마도 ≪노자≫ 64장
(성인은 아무것도 하지 않기 때문에 실패가 없고, 집착하지 않기 때
문에 실수가 없다.(聖人無爲故無敗, 無執故無失))을 이야기를 통하여 설명
한 것 같다.

삼 년 동안 울지 않다

삼 년 부 명

三 年 不 鳴

초장왕(楚莊王)이 왕위에 오른 지 삼 년이 되었지만 명령을 내리지 않을 뿐 만 아니라 정사를 돌보지 않았다.

우사마(右司馬)가 시중을 들면서 왕에게 말했다.

"어떤 새가 남쪽 언덕에 내려앉았습니다. 삼 년 동안 날개 짓은 물론 날지도 울지도 않고, 묵묵히 아무 소리도 내지 않고 있습니다. 어인 일일까요?"

왕이 말했다.

"삼 년 동안 날개 짓을 하지 않은 것은, 장차 크게 날기 위함이요, 날지도 울지도 않는 것은, 백성들의 동향을 관찰하기 위함이다. 비록 날지 않고 있지만 날기만 하면 반드시 하늘을 뚫을 것이요, 비록 울지 않고 있지만 울기만 하면 반드시 사람을 놀라게 할 것이다. 과인은 그대의 뜻을 알고 있도다!"

반년이 지나자, 장왕은 곧바로 직접 정사를 살폈다. 열 개의 제도를 폐지하고 아홉 개를 새로 제정하였으며, 대신 다섯 명을 숙청하고 사대부 여섯 명을 등용하여 나라를 대대적으로 다스렸다. 또 군사를 일으켜 제(齊)나라를 공격하여 서주(徐州)를 무찌르고, 하옹(河雍)

제6장 《한비자(韓非子)》 우언 237

제6장 ≪한비자(韓非子)≫ 우언 237

땅에서 진(晉)나라를 무찔렀으며, 송(宋)나라에서 제후들을 규합하여 마침내 천하의 패권자가 되었다.

장왕은 자질구레한 재주를 쓰지 않았기 때문에 큰 명예를 얻을 수 있었다. 미리 의도를 드러내지 않았기 때문에 큰 공적을 세울 수 있었다. 그러므로 노자는, "큰 그릇은 더디게 만들어지고, 위대한 음악은 소리가 작다."라고 말했던 것이다.

≪한비자(韓非子)·유로편(喩老篇)≫

우의

의도를 미리 드러내지 않고 묵묵히 정진해야 큰 성과를 이룩할 수 있다.

해제

이것은 "큰 그릇은 더디게 만들어지고, 위대한 음악은 소리가 작다.(大器晩成, 大音希聲)"는 ≪노자≫41장을 이야기로 설명한 것이다.

≪여씨춘추·중언(重言)≫·≪신서(新序)·잡사(雜事)≫·≪사기(史記)·초세가(楚世家)≫·≪사기·골계열전(滑稽列傳)≫에서도 이 우언을 인용하였다. ≪여씨춘추≫는 이 우언을 통해 형장왕(荊莊王)의 무능을 비판하였다.

≪한비자집석(韓非子集釋)≫에 이런 설명이 있다.

"한비자가 ≪노자≫를 해석한 것은, ≪노자≫에 대한 해석이 목적이 아니다. ≪노자≫의 의미를 빌어 자신의 사상을 펼친 것이다. 예를 들어 "큰 그릇은 더디게 만들어지고, 위대한 음악은 소리가 작다.(大器晩成, 大音希聲)"에 대한 해석을 들 수 있다. 이에 대하여 한비자는 "의도를 미리 드러내지 않았기 때문에 큰 성과를 올릴 수 있었다(不蚤見示, 故有大功)"라고 말했다. 바로 <남면(南面)>편에 '군주 중에는 일을 할 때, 일의 시작과 끝을 꿰뚫어 보지 않고 그 목적을 밝히는 사람이 있는데, 이는 결과적으로 이익을 얻지 못하고 오히려 해를 입는다.'라고 말하였다. 또한 <왕도(王道)>편에 '군주는 희망을 나타내서는 안 되고, 그 의도를 드러내서도 안 된다.'라고 하였다. 이는 노자의 "대기만성, 대음희성"의 본래 뜻과 다르다. 그러므로 한비자는 자신의 사상을 쉽게 펼치기 위하여 ≪노자≫의 문장을 인용하였던 것이다."

   이상을 보면, ≪한비자≫의 ≪노자≫에 대한 해석은 결국 ≪노자≫를 빌어 자신의 정치철학을 표현한 것이었음을 알 수 있다.

눈으로 눈썹을 보지 못하다

목 불 견 첩
目 不 見 睫

초장왕이 월(越)나라를 치려고 하였다.

그러자 두자(杜子)가 간언하였다.

"왕께서 월나라를 공격하려는 까닭이 무엇입니까?"

"월나라의 정국이 어지럽고 병력이 약하기 때문이다."

"저는 우매하지만 그것이 걱정입니다. 지혜는 눈과 같아서, 백 보 밖은 볼 수 있어도 눈썹을 보지 못합니다. 왕의 군대는 진(秦)과 진(晉)나라에 패하여 수백 리의 땅을 잃어 약해졌습니다. 장교(莊蹻)가 국경 안에서 반란을 일으켰어도 관군은 이를 막지 못하여 정국이 어지러워졌습니다. 월나라보다 훨씬 약하고 어지러운데도, 월나라를 치려고 하는 것이 바로 지혜가 눈과 같다는 뜻입니다."

왕은 곧 공격을 중지하였다.

그러므로 지혜가 어려운 것은 남을 보는 데 있지 않고 자신을 보는 데 있다. 그러므로 노자는 "자신을 발견하는 것을 눈이 밝다고 한다."라고 말했다.

≪한비자(韓非子)·유로편(喩老篇)≫

우의

남을 보지 말고 자기 자신을 보아라.

자신을 이기는 것이 강한 것

子夏自勝
자 하 자 승

자하(子夏)가 증자(曾子)를 만났다.

증자가 물었다.

"왜 이리 살이 쪘소?"

자하가 대답하였다.

"싸움에서 이겼기 때문에 살이 쪘습니다."

증자가 "무슨 뜻입니까?"라고 물으니, 자하가 말했다.

"나는 집에 들어가 선왕의 뜻을 이해하면 영광스럽고, 밖에 나가 부귀한 자의 즐거움을 발견하면 또 영광스럽습니다. 두 마음이 속에서 싸워 승부가 나지 않으면 살이 빠집니다. 지금은 선왕의 뜻이 승리했기 때문에 살이 찐 겁니다."

그래서 의지를 실현하기 어려운 것은, 남을 이기는 데 달린 것이 아니라, 스스로 이기는 데 있다.

그러므로 노자는 "자신을 이기는 것을 강한 사람이라고 한다."라고 말했다.

≪한비자(韓非子)·유로편(喩老篇)≫

자신을 이기는 것이 강한 것이다.

얻고 싶거든 잠시 주어라

欲取姑予
욕 취 고 여

지백(智伯)이 위선자(魏宣子)에게 땅을 요구하였다.

위선자가 주지 않았다.

임장(任章)이 물었다.

"왜 주지 않았습니까?"

선자가 대답하였다.

"이유 없이 땅을 요구하기 때문에 주지 않았다."

임장이 말하였다.

"그가 이유도 없이 땅을 요구하면 이웃 나라는 반드시 두려워할 것입니다. 그가 과도하게 욕심을 부리면 세상 사람들은 반드시 근심할 것입니다. 군주께서 그에게 땅을 주면 지백은 반드시 교만해지고 적을 우습게 알 것이며, 이웃 나라들은 두려운 나머지 반드시 서로 가까워질 것입니다. 서로 가까워진 병력을 가지고 적을 우습게 여기는 나라와 대적한다면 지백의 명운은 길지 않을 것입니다. ≪주서(周書)≫에 "상대방을 이기고 싶거든 반드시 잠시 그를 도와주고, 얻고 싶거든 반드시 잠시 주어라."라고 했습니다. 군주께서 그에게 땅을 주어 지백을 교만하게 만드는 것만 한 것이 없습니다. 또한 군주께서는 어찌 천하의 여러 나라를 이용하여 지백에 대응하는 방법을 쓰지 않고, 우리 나라를 지백의 표적으로 만들려고 하십니까?"

선자가 말하였다.

"옳도다!"

그리고는 지백에게 만 가구의 읍을 주었다. 지백이 대단히 기뻐했다. 지백은 이를 기회로 조(趙)나라에게 땅을 요구했다. 조나라가 주지 않자 조나라의 진양(晉陽)을 포위하였다.

그러자 한(韓)과 위(魏)나라가 바깥에서 그를 공격하고 조나라는 안에서 대응을 하였다.

이것 때문에 지백은 멸망하였다.

≪한비자(韓非子)·설림상(說林上)≫

[우의]

얻고자 하거든 먼저 주라.

[참고]

'설림(說林)'편에서 '설(說)'은 민간전설과 역사고사를 말하고, '림(林)'은 숲처럼 모여있다는 의미이다. 한비자는 숲처럼 많은 이야기를 모아 자신의 정치적 주장을 펼치는 데 이용하였다.

물이 마른 연못 속의 뱀

학 택 지 사
涸澤之蛇

치이자피(鴟夷子皮)가 전성자(田成子)를 섬기고 있었다.

전성자가 제(齊)나라를 떠나 연(燕)나라로 갔다.

그러자 치이자피가 부절을 지고 따라갔다.

망읍(望邑) 땅에 이르자 자피가 말했다.

"선생님께서는 물이 마른 연못의 뱀 이야기를 들어보셨는지요? 연못이 마르자 뱀들이 이동하려고 했답니다. 어떤 작은 뱀이 큰 뱀에게 말했습니다. '그대가 앞에 가고 내가 뒤따라가면, 그냥 뱀이 지나간다고 생각하고 반드시 사람들이 우리를 죽이려고 할 것입니다. 서로 물고 등에 업고 가면, 사람들은 우리를 신령으로 생각할 것입니다.' 그리고는 서로 물고 등에 업고 큰 길을 건너가자 사람들이 모두 피하면서 '신령이다!'라고 했답니다. 지금 선생님은 풍채가 훌륭하고 저는 못생겼습니다. 만약에 선생님이 저의 주인처럼 보이면 저를 작은 나라의 대부로 대접할 것이지만, 선생님이 제 심부름꾼으로 보이면 큰 나라의 재상으로 대접할 것입니다. 선생님께서 저의 하인 노릇을 하는 것이 제일 좋겠습니다."

그러자 전성자가 부절을 등에 지고 그를 따라 여관에 도착하였다.

여관 주인이 그들을 매우 공경하여 술과 고기를 올려 대접하였다.

≪한비자(韓非子)・설림상(說林上)≫

우의

남의 장점을 이용하면 나의 단점을 보완할 수 있다.

늙은 말이 길을 알아본다

노 마 식 도
老 馬 識 途

관중(管仲)과 습붕(隰朋)이 제환공(齊桓公)을 따라 고죽국(孤竹國)을 정벌하였다.

봄에 떠나 겨울에 돌아오는데 헤매다가 길을 잃어버렸다.

관중이 말했다.

"늙은 말의 지혜를 이용하면 됩니다."

그리고는 늙은 말을 풀어 놓고 뒤를 따라가서 마침내 길을 찾았다.

이제는 산속을 행군하다 물이 떨어졌다.

습붕이 말했다.

"개미는 겨울에 산의 북쪽에서 살고, 여름에는 산의 남쪽에서 삽니다. 개미집 아래 일곱 자 밑에 물이 있을 겁니다."

그래서 땅을 파니 물이 나왔다.

관중과 같이 똑똑하고 습붕과 같이 지혜로워도 자신이 모르는 것이 있으면 늙은 말이나 개미에게 배우기를 주저하지 않는다. 오늘날 사람들은 어리석은 마음을 가지고 있어 성인의 지혜를 배우려고 하지 않으니, 한심하지 않은가?

≪한비자(韓非子)·설림상(說林上)≫

자만하는 자의 특징은 남에게 배우려고 하지 않는다는 점이다.

불사약

어떤 사람이 형왕(荊王)에게 불사약을 바쳤다.

연락관이 이 약을 궁 안으로 들고 들어가자 호위병이 물었다.

"먹을 수 있는 것이오?"

"먹을 수 있소."

그러자 호위병이 그것을 빼앗아 먹어 치웠다.

왕이 노발대발하며 호위병을 죽이라고 하였다.

그 호위병이 사람을 보내 왕에게 해명하였다.

"신이 연락관에게 물으니, 먹을 수 있다고 대답하기에 제가 먹었을 뿐입니다. 저는 죄가 없고 연락관에게 있습니다. 또한 객이 불사약을 바쳤는데, 제가 그것을 먹었다고 저를 죽인다면, 그것은 사람을 죽이는 약이 되고, 객이 왕을 속인 것이 됩니다. 죄가 없는 저를 죽이면, 왕이 다른 사람에게 속았다는 사실만 밝혀지게 됩니다. 저를 살려주는 것이 좋을 겁니다."

왕은 그를 죽이지 못했다.

≪한비자(韓非子)·설림상(說林上)≫

거짓 전제는 거짓 결론을 낳는다.

이 우언은 ≪전국책(戰國策)·초책(楚策)≫ <형왕에게 불사약을 바치
다(有獻不死之藥于荊王者章)>편의 내용과 같다.

호위병은 생명의 위험을 무릅쓰고 불사약의 허위를 증명하였다.
형왕은 허망한 욕망 때문에 바보스런 사람이 되어버렸다.

한비자는 이 우언을 통하여 군주의 우매함을 예리하게 풍자하였다.

교묘한 속임수와 서투른 진실

악 양 식 자
樂羊食子

악양(樂羊)이 위(魏)나라 장수가 되어 중산국(中山國)을 공격했다.

이 때 그의 아들이 마침 중산국에 있었다.

중산국 군주가 그의 아들을 삶아 죽이고 그 국물을 보냈다.

악양은 군막 아래 앉아 한 그릇을 다 들이켜 마셨다.

위나라 문후(文侯)가 도사찬(堵師贊) 앞에서 그를 칭찬하였다.

"악양이 나 때문에 억지로 자기 자식의 고기를 먹었구나!"

도사찬이 군주에게 말했다.

"자기 자식인줄 알면서도 먹었으니, 그가 누군들 먹지 않겠습니까?"

악양이 중산국을 무찌르자 문후는 그의 공적을 칭찬하면서도 그의 속마음을 의심하였다.

맹손(孟孫)이 사냥을 나갔다가 새끼사슴을 잡았다.

그것을 진서파(秦西巴)에게 가지고 돌아가게 하였는데, 어미사슴이 따라오며 울고 있었다.

진서파는 차마 어찌할 수 없어 놓아주었다.

맹손이 돌아와 새끼사슴을 달라고 하였다.

진서파가 말했다.

"제가 차마 어찌할 수 없어서 그 어미에게 주어버렸습니다."

맹손은 크게 화를 내며 그를 내쫓아버렸다.

석 달이 지나 다시 그를 불러 아들의 스승으로 삼았다.

그러자 맹손의 마부가 물었다.

"전에는 그에게 벌을 주더니 지금은 불러 아들의 스승으로 삼다니, 어찌된 일입니까?"

"저 사람은 새끼사슴도 차마 어찌하지 못했는데, 하물며 내 아들을 어찌하겠느냐?"

그러므로 '교묘한 속임수는 서투른 진실보다 못하다'는 말이 있다.

악양은 공적을 세우고도 의심을 받았고, 진서파는 잘못을 저질렀는데도 더욱 신임을 받았다.

≪한비자(韓非子)·설림상(說林上)≫

우의

교묘한 속임수는 언제나 서툰 진실보다 못하다.

해제

이 이야기는 ≪전국책·중산책(中山策)≫의 <악양이 위나라 장군이 되다(樂羊爲魏將章)>편, ≪전국책·위책(魏策)≫의 <악양이 위나라 장군이 되어 중산국을 공격하다(樂羊爲魏將而攻中山章)>편의 역사고사와 흡사하다.

≪전국책≫에 수록된 두 개의 역사 사건에 대한 해석은 분분하다. <위책>에서는 이 이야기를 통해 비방꾼은 종종 정당한 행위를 왜곡한다고 지적하였다. 반면 <중산책>에서는 이 이야기를 통해 대의명분을 위하여 사사로운 정을 버려야 한다는 교훈을 담았다.

다음은 <중산책>의 전문이다.

"악양이 위나라 장군이 되어 중산국을 공격하였다. 이때 마침 그의 아들이 중산국에 있었다. 중산국의 군주는 그를 삶아 국물을 만들어 악양에게 보내 마시게 하였다. 예로부터 악양은 그의 아들을 마심으로써 신뢰를 보였고, 아버지의 정을 해치면서 군법을 지켰다는 칭송을 받아왔다." <중산책>

≪회남자(淮南子)·인간훈(人間訓)≫에도 이 이야기가 나온다. 그러나 내용은 ≪한비자≫와 다르다.

아들을 매달아 악양에게 보였다.
악양이 말했다.
"자식 때문에 군신 간의 의리를 사사롭게 할 수 없다."
공격이 더욱 급박해지자, 중산국은 그의 자식을 삶아 국솥과 머리를 보냈다.
악양은 자식을 어루만지고 울면서 '내 자식아!' 라고 외쳤다.
그리고는 시신 앞에서 무릎을 꿇고 세 잔을 마셨다.
사신은 중산국으로 돌아가 (이 사실을) 보고하였다.
"저 놈은 복종하느니 차라리 죽음으로 절개를 지킬 놈입니다. 어떻게 할 수가 없습니다."
그리고는 마침내 항복하였다.

맹손과 진서파의 이야기는 한비자가 추가한 것이다.
갈홍(葛洪)은 ≪포박자(抱朴子)·양규(良規)≫편에서 "악양은 잔인한 것 때문에 소외를 당했고, 진서는 정이 많았기 때문에 사랑을 받았다."

라고 말하였다.

황산곡(黃山谷)은 <반산노인 왕안석을 추억하며(有懷半山老人)>라는 시에서 다음과 같이 읊었다.

啜羹不如放麑,　국물을 마시는 것이 사슴을 풀어주는 것만 못해
樂羊終愧巴西　악양은 결국 서파에게 뒤졌구나.
欲問老翁歸處,　노인에게 돌아갈 곳을 물으려고 하니
帝鄕無路雲迷.　신선 세계로 가는 길이 구름에 묻혀 사라졌다.

이상과 같이, 악양과 서파의 이야기는 오랫동안 사람들의 입에 오르내렸고, 그 의미도 조금씩 변화하였음을 알 수 있다.

세상이 다 취해있을 때 나만 깨어있으면

천 하 실 일
天 下 失 日

　주왕(紂王)이 매일 밤낮으로 술을 마셔 너무 광분한 나머지 날짜를 잊어 버렸다.

　좌우의 대신에게 물어 보니 그들도 모두 모르고 있었다.

　사람을 시켜 기자(箕子)에게 물어보도록 하였다.

　기자가 그의 제자에게 말했다.

　"천하의 주인과 온 나라가 날짜를 잊고 있으니 천하가 위험하다. 온 나라가 모두 모르고 있는데 나만 알고 있으면 나 역시 위험해진다."

　그리고는 물러나서 자기도 취해 알지 못하는 척 하였다.

《한비자(韓非子)·설림상(說林上)》

우의

세상이 혼탁해지면 지식인이 숨어버린다.

노나라 사람이 월나라에 가다

노 인 거 월
魯人去越

　노나라 사람 중에 짚신을 잘 삼는 사람과 명주실을 잘 뽑는 아내
가 살고 있었다.

　그들은 월나라로 이사 가서 살려고 하였다.

　그러자 어떤 사람이 말했다.

　"자네들은 틀림없이 가난하게 살게 될거야."

　"왜?"

　"짚신은 발에 신는 것인데, 월나라 사람들은 맨발로 다니지. 명주
실은 갓을 만드는 재료인데, 월나라 사람은 머리를 풀고 다닌다네.
자네들의 재주가 소용없는 나라에서 살면서, 부자로 산다는 것이 가
능하단 말인가?"

≪한비자(韓非子)·설림상(說林上)≫

우의

　시대에 적합하지 않은 문화는 가치를 잃고 만다.

이 이야기는 ≪장자·소요유≫편에 수록된 <송나라의 갓 장수>와 비슷하다. 다만 이 이야기의 주인공이 송나라의 사람에서 노나라 사람으로 바뀐 것이 다를 뿐이다.

심기는 어려워도 뽑아버리기는 쉽다

수 난 거 이
樹難去易

진수(陳軫)가 위왕(魏王)의 총애를 받고 있었다.

혜자가 말했다.

"당신은 왕에게 좋은 인상을 심었겠지만 당신을 제거하려는 사람이 많습니다. 버드나무는 옆으로 심어도 바로 살아나고, 거꾸로 심어도 바로 살아나며, 꺾어 심어도 또 살아납니다. 그러나 열 사람이 심고 한 사람이 계속 뽑아버리면, 살아남는 버드나무는 없을 것입니다.

열 명의 무리가 쉽게 사는 나무를 심어도 한 사람을 감당할 수 없습니다. 왜일까요? 심기는 어렵지만 뽑기는 쉽기 때문입니다.

그대는 비록 왕에게 자신을 심는 데 뛰어났지만, 그대를 뽑아버리려는 자가 많으면 반드시 위태로워질 것이요."

≪한비자(韓非子)·설림상(說林上)≫

우의

인재를 양성하긴 어려워도 제거하기는 쉽다.

딸에게 시집가서 딴 주머니를 차라고 한다

인 사 적 취
因私積聚

위(衛)나라 사람이 자기 딸을 시집보내면서 이렇게 교육시켰다.

"꼭 딴 주머니를 차고 재산을 모아라. 남의 며느리가 되어 소박당하는 일은 흔히 있는 일이야. 백년해로 한다면 다행이지만,"

그러자 그 딸은 딴 주머니를 차고 재산을 모았다.

그 시어머니는 며느리가 딴 주머니를 많이 찬 것을 알아채고 쫓아냈다.

그 딸은 시집갈 때보다 배가 넘게 재산을 가져왔다.

그 아버지는 딸을 잘못 가르친 것은 반성하지 않고 오히려 큰 부자가 된 것만 알고 있다.

오늘날의 관리들도 모두 이와 같다.

《한비자(韓非子)·설림상(說林上)》

우의

자기가 잘못하고도 무엇을 잘못했는지조차 모르는 통치자가 있다.

이 우언은 ≪여씨춘추(呂氏春秋)·우합편(遇合篇)≫과 ≪회남자(淮南子)·
범론편(氾論篇)≫에도 수록되어 있다. ≪회남자≫에 수록된 이야기의
주인공은 송나라 사람(宋人)이다.

그 중에서 ≪여씨춘추≫를 잠시 보자.

남의 집으로 시집 가려는 사람이 있었다.

어떤 사람이 그의 부모에게 말했다.

"시집간다고 반드시 아이를 낳을 수 있는 것은 아닙니다. 살림살이를
몰래 빼내 아이 못 낳을 때를 대비하도록 하십시오."

그 부모는 옳다고 생각하고 딸에게 살림살이를 밖으로 빼내도록 시켰다.

시어머니가 이것을 알고 말했다.

"우리 집 며느리가 되어 딴 마음을 품다니. 내 집에 있게 할 수 없어!"

그래서 그녀는 쫓겨났다.

그녀의 부모는 꾀를 알려 준 사람이 진실하다고 여기고 줄곧 그를 환
대하였다.

그러나 그들은 딸이 쫓겨난 까닭을 몰랐다.

이 이야기는 다른 사람의 말을 들을 때는 그 타당성을 분명하게
파악해야 한다는 점을 강조하였다. 만약 통치자가 남의 말을 제대로
파악하지 않으면 나라를 잃게 된다고 하였다. 통치자는 관료들이 제
기하는 문제를 제대로 이해해야만 국가의 불행을 미연에 막을 수 있
다는 것이다.

노단(魯丹)의 세 번 유세

魯丹三說

노단이 중산국의 군주에게 세 번 유세를 하였으나 받아들여지지 않았다.

그러자 금 오십 냥을 풀어 군주의 측근들을 접대하였다.

다시 그가 군주를 뵈니 말을 꺼내기도 전에 군주가 그에게 식사를 대접했다.

노단은 궁궐에서 나와 숙소로 돌아가지 않고 마침내 중산국을 떠났다.

그러자 그의 마부가 그에게 말했다.

"군주를 뵙고 환대를 받기 시작했는데, 왜 떠나십니까?"

"남의 말을 듣고 나를 환대한 사람은, 반드시 남의 말을 듣고 다시 나를 벌줄 것이다."

노단이 국경선을 채 넘지 않았을 때, 중산국의 공자가 그를 비방하였다.

"저 자는 조(趙)나라를 위하여 중산국으로 온 간첩입니다."

군주는 그를 체포하여 벌을 주었다.

《한비자(韓非子)·설림상(說林上)》

우의

남의 말을 맹목적으로 따르면 옳고 그름을 올바로 판단하지 못
한다.

참고

이 이야기는 ≪태평어람(太平御覽)≫810에도 수록되어 있다.

백락(伯樂)의 말 고르는 법

백 락 상 마
伯樂相馬

백락(伯樂)이 발길질하는 말 고르기는 법을 두 사람에게 가르쳤다. 그는 두 사람과 함께 조간자(趙簡子) 마구간으로 가서 말을 관찰하였다.

그중 한 사람이 발길질 하는 말을 골라냈다.

그러나 다른 한 사람이 말 뒤로 돌면서 궁둥이를 세 번 툭툭 쳤지만 말이 발길질을 하지 않았다.

그는 스스로 말을 잘못 골랐다고 생각하였다.

그러자 다른 한 사람이 말했다.

"그대가 잘못 고른 것이 아닙니다. 이 말은 어깨를 다쳤고 무릎에 종기가 났구먼. 말이 발길질하느라 뒷발을 들면 앞발에 무게가 쏠리게 되지. 무릎에 종기가 생겨 앞으로 쏠릴 수 없기에 뒷발질을 못하는 것이지. 자네는 발길질하는 말을 잘 골랐지만, 무릎에 종기가 생기면 부담이 생긴다는 점을 놓친 거야."

대개 일이란 반드시 결론이 있다. 무릎에 종기가 있으면 앞으로 쏠릴 수 없다는 사실은 지혜로운 사람만이 알 수 있다.

혜자(惠子)는 이런 말을 하였다.

"원숭이도 우리 속에 갇히면 돼지처럼 된다."

그러므로 형세가 불리하면 능력을 발휘할 수 없는 것이다.

≪한비자(韓非子)·설림하(說林下)≫

우의

아무리 뛰어난 능력을 가졌어도 형세가 불리하면 재능을 발휘할
수 없는 법.

코와 눈을 조각하는 방법

각 삭 지 도
刻 削 之 道

환혁(桓赫)이 말했다.

"코는 크게 깎고 눈은 작게 깎는 것이 가장 좋은 조각 방법이다. 코는 크면 작게 할 수 있지만, 작으면 크게 할 수 없다. 눈은 작으면 크게 할 수 있지만, 크면 작게 할 수 없기 때문이다."

일을 하는 것도 이와 같다.

나중에 돌이킬 수 없다는 것을 염두에 두면 일의 실패를 줄일 수 있다.

≪한비자(韓非子)·설림하(說林下)≫

우의

돌이킬 수 없는 일은 신중하게 처리해야 한다.

양포(楊布)의 집 개

양 포 격 구
楊布擊狗

양주(楊朱)의 아우 양포(楊布)가 흰 옷을 입고 외출했다.

비가 내리자 흰 옷을 벗고 검은 옷을 입고 돌아왔다.

자기 집 개가 그를 몰라보고 짖었다.

양포가 화가 나서 때리려고 하였다.

그러자 양주가 말했다.

"때리지 마라! 너도 역시 이럴 것이다. 지금 너희 개가 하얗게 나갔다가 시커멓게 돼서 돌아온다면, 너는 이상하다고 여기지 않을 수 있겠느냐!"

≪한비자(韓非子)·설림하(說林下)≫

우의

변화는 언제나 낯설게 느껴진다.

월나라 사람이 과녁이 되려고 한다

월 인 지 적
越人持的

예(羿)가 각지(角指)를 끼고 가죽대를 찬 뒤 활시위를 당겼다.

그러자 월(越)나라 사람들이 다투어 과녁을 잡으려고 하였다.

그러나 어린 아이가 활을 들면 자상한 엄마까지도 방으로 들어가 창문을 닫는다.

그래서 말하였다.

"월나라 사람은 명중을 확신하므로 예(羿)를 의심하지 않는다. 확신이 없으면 자상한 엄마마저도 자기 자식을 피해버린다.

≪한비자(韓非子)·설림하(說林下)≫

우의

확신이 바로 성공이다.

송나라의 큰 장사꾼

송 지 부 고
宋之富賈

송나라에 감지자(監止子)라는 큰 장사꾼이 있었다.

그는 백금 구슬의 구입을 놓고 다른 사람과 다투었다.

그는 실수한 척 구슬을 깨트리고는 백금을 배상해주었다.

그리고 나서 그 깨진 틈을 수리하여 엄청난 돈을 받고 팔았다.

(사람들은) 일을 하다가 실패하면 하지 않은 것만 못하다고 여긴다.

그러나 이것은 실패했을 때만을 본 것이다.

≪한비자(韓非子)·설림하(說林下)≫

우의

실패 속에서 승리를 찾아내라.

말몰이로 왕을 만나다

이 어 현 왕
以 御 見 王

　어떤 사람이 말몰이를 가지고 형왕을 뵈려고 하자 말 관리사들이 그를 질투하였다.

　그 사람이 "사슴 쫓기에 자신이 있습니다."라고 말하며 왕을 뵈었다.

　왕이 말을 몰아 달렸지만 사슴을 따라잡지 못했다.

　그러나 그 사람이 직접 말을 몰아 사슴을 따라잡았다.

　왕이 그의 말몰이를 칭찬하자마자 말 관리사들은 그를 질투했노라고 실토하였다.

《한비자(韓非子)·설림하(說林下)》

[우의]

상황이 유리할 때 자신의 속마음을 꺼내야 한다.

허유와 갓

허 유 지 관
許由之冠

요(堯)임금이 허유(許由)에게 천하를 물려주려고 하였다.

그러자 허유가 도망가서 노비의 집에 묵었다.

그러자 노비는 자기의 가죽 갓을 감추었다.

허유는 천하를 버렸는데, 노비는 자기의 가죽 갓을 감추었던 것이다.

허유라는 사람을 몰라봤기 때문이다.

≪한비자(韓非子)·설림하(說林下)≫

[우의]

가치기준의 차이가 세상을 살아가는 태도를 결정한다.

이 세 마리와 돼지의 피

삼 슬 쟁 송
三蝨爭訟

세 마리 이가 다투고 있었다.

한 이가 지나가다가 물었다.

"너희들 무엇을 가지고 싸우고 있는 거니?"

세 마리 이가 말했다.

"기름지고 맛있는 곳을 차지하려고 싸우고 있는 중이야."

"너희들은 동지 제사가 되면 이 돼지가 집 불에 타 죽는데, 걱정되지 않니? 너희들은 무엇을 걱정하고 있니?"

그러자 이들은 곧 서로 모여서 자기들이 붙어사는 돼지의 피를 빨아 먹었다.

돼지가 마르자, 사람들은 이 돼지를 잡지 않았다.

≪한비자(韓非子)·설림하(說林下)≫

우의

눈앞의 이익을 두고 다투면 큰 이익을 놓치게 된다.

입이 둘 달린 독사

일 신 양 구
一 身 兩 口

파충류 중에 입이 둘 달린 독사가 있다.
먹이를 가지고 싸우다가 서로 물어뜯는다.
서로 물어뜯다가 결국은 자신을 죽이고 만다.

신하 중에 일을 다투다가 나라를 망치는 자는 모두 입이 둘 달린
독사와 같다.

≪한비자(韓非子)·설림하(說林下)≫

우의
공동의 먹이를 다투면 결국 스스로를 죽게 만든다.

아부는 멈추지 않는다

문 자 출 망
文 子 出 亡

진(晉)나라 중행문자(中行文子)가 망명 중에 어떤 마을을 지나갔다.

그의 추종자가 말했다.

"이 마을 관리는 선생의 친구입니다. 선생께서는 어찌 그 집에 묵으면서 뒤에 올 역마를 기다리지 않으십니까?"

그러자 문자가 말했다

"이 사람은 내가 일찍이 음악을 좋아하자 가야금을 선사했고, 내가 패물을 좋아하자 구슬 반지를 선물했지. 이 사람은 내가 잘못하도록 부추긴 사람이야. 뇌물을 가지고 나에게 아부했던 사람이니, 나를 팔아 다른 사람에게 아부할까 두렵구나."

그리고는 지체하지 않고 떠났다.

과연 그는 문자 뒤에 온 역마 두 수레를 빼앗아 자기 군주에게 바쳤다.

≪한비자(韓非子)·설림하(說林下)≫

[우의]

한 번 아부한 사람은 반드시 또다시 아부를 한다.

아궁이 꿈을 꾸다

주 유 견 조
侏儒見竈

위(衛)나라 영공(靈公) 때의 일이다.

위나라의 총애를 받던 미자하(彌子瑕)가 전횡을 저지르고 있었다.

어느 난쟁이가 영공을 뵙고 말하였다.

"제 꿈은 신통하게 들어맞습니다."

영공이 물었다.

"무슨 꿈을 꾸었느냐?"

"꿈에 아궁이를 보았사옵니다. 이는 제가 군주를 뵈었다는 뜻입니다."

영공이 화를 내며 말했다.

"내가 듣기에 군주를 뵈려면, 꿈에 태양을 보아야 한다던데. 너는 어찌 나를 뵙는 꿈에 아궁이를 보았단 말이더냐?"

"저 태양이 온 세상을 두루 비추면, 어떤 사물도 그 빛을 가릴 수 없습니다. 군주께서 온 세상을 비추시면 어떤 사람도 그 빛을 가릴 수 없기에, 군주를 뵈려면 꿈에 태양이 나타난다고 했습니다. 만약에 아궁이 앞에 한 사람이 불을 쬐고 있으면 뒷사람은 그 빛을 볼 수 없사옵니다. 지금 혹시 한 사람이 군주의 아궁이 앞에서 불을 쬐고 있는 것은 아닌지요? 그렇다면 제가 꿈에서 아궁이를 본 것도 일리가 있지 않겠는지요?”

≪한비자(韓非子)·내저설상(內儲說上)≫

[우의]

한 사람이 권력을 농단하면 국가의 정의가 바로서지 않는다.

[참고]

≪태평어람≫457과 ≪전국책·위책(衛策)≫도 이 이야기를 인용하였다.

'저설(儲說)'은 이야기 모음이라는 뜻이다. ≪한비자≫의 '저설'에 담긴 우언은 군주의 계책을 위해 수집한 것임을 알 수 있다. 이 우언은 내외(內外) 6편으로 연결되어 있다. 어떤 사람은 이런 형식을 후대 연주체(連珠體)의 시작이라고 주장하였다.

제왕이 하백을 만나다

하 백 대 신
河伯大神

제(齊)나라의 어떤 사람이 제나라 왕에게 말했다.

"하백(河伯)은 큰 신입니다. 왕께서는 어찌 그와 만나지 않으십니까? 저는 대왕께서 그를 만나시길 간청하옵니다."

그리고는 황하 가에 제단을 쌓고 왕과 함께 하백을 기다렸다.

한참 있다가 큰 물고기가 움직였다.

그러자 소리쳤다.

"이것이 하백입니다!"

≪한비자(韓非子)·내저설상(內儲說上)≫

우의

한 사람 말만 믿으면 독단에 빠지게 된다.

반대하는 사람을 잃어서는 안된다

왕 망 기 반

王亡其半

　장의(張儀)가 진(秦)·한(韓)·위(魏)나라 세력을 이용하여 제(齊)나라와
형(荊)나라를 치려고 하였다.

　그러자 혜자(惠子)가 제나라와 형나라의 전쟁을 막으려고 하였다.

　두 사람은 논쟁을 벌였다.

　군신들은 장의의 의견대로 제·형 두 나라를 치는 것이 이득이라
고 생각하고 혜자의 말을 따르지 않았다.

　왕도 장의의 말만을 듣고 혜자의 의견이 틀렸다고 생각하였다.

　결국 제·형 두 나라를 치기로 결정하였다.

　혜자가 왕을 뵈려고 들어갔다.

　왕이 말했다.

　"선생은 말을 하지 마시오. 제·형 두 나라를 치는 것이 확실히 이
롭고, 온 나라 사람들도 그렇게 생각하고 있소."

　혜자가 말했다.

　"그 말은 살펴보지 않을 수 없습니다. 제·형 두 나라에 대한 전쟁
이 확실히 이롭고, 온 나라 사람들이 모두 이롭다고 여긴다니, 지혜
로운 사람이 어찌 이리 많은지요? 제·형 두 나라에 대한 전쟁이 확실

히 해로운데도, 온 나라 사람들이 모두 이롭다고 한다니, 바보가 왜 이리 많은지요? 이런 의견을 드리는 것은 의심이 들기 때문입니다. 의문을 제기하는 것은 정말 의혹이 있는 것입니다. 옳다고 생각하는 사람이 반이면, 옳지 않다고 생각하는 사람도 반이 되어야 합니다. 지금 온 나라 사람들이 옳다고 생각하면, 이는 왕께서 그 반을 잃는 것입니다. 왕을 겁박하는 자들은 본래 왕께서 그 반을 버리길 바랐을 겁니다.

≪한비자(韓非子)·내저설상(內儲說上)≫

우의

다양한 여론을 수렴해야 독단에 빠지지 않는다.

모든 사람이 옳다고 하거나, 모든 사람이 틀렸다고 하는 것은 문제가 있다.

숙손(叔孫)과 그 부자의 죽음

불 참 지 환
不 參 之 患

   숙손이 노나라 재상이 되어 지위가 높아지자 독단적으로 일을 처리하였다.

   그의 애첩 수우(竪牛) 역시 숙손의 명령을 제맘대로 행사하였다.

   수우는 숙손의 아들 임(壬)을 질투하여 죽이려고 하면서,

   임을 데리고 노나라 군주의 처소에 놀러갔다.

   노나라 군주가 임에게 옥 반지를 하사하였다.

   임은 절을 하고 반지를 받았지만 감히 끼지 않았다.

   수우는 임에게 먼저 숙손에게 반지를 보이라고 하였다.

   수우는 그를 속이며 말하였다.

   "내가 이미 너 대신 청했지. 반지를 끼어도 된다고 하더구나."

   임은 이 말을 믿고 반지를 끼었다.

   수우는 숙손에게 가서 이렇게 말하였다.

   "어찌 임을 군주에게 추천하지 않으십니까?"

   "아직 어린데 어찌 추천하겠소?"

   "임은 벌써 여러 번 군주를 뵈었는걸요. 군주가 이미 그에게 옥 반지를 선물로 하사하여 임이 이미 끼고 있는걸요."

숙손이 임을 불러 확인해 보니 과연 반지를 끼고 있었다.

숙손은 화가 나서 임을 죽였다.

임에게 병(丙)이라는 형이 있었다.

수우는 그 역시 미워하여 죽이려고 하였다.

숙손이 그에게 종(鍾)을 만들게 하였다.

종이 완성되었지만, 병은 감히 먼저 치지 않았다.

먼저 숙손에게 보이자고 수우에게 청하였다.

수우는 청하지 않고 또 그를 속여 이렇게 말했다.

"내가 이미 너 대신 청하였더니, 쳐도 된다고 하시더구나."

병은 이 말을 듣고 종을 쳤다.

숙손이 이 이야기를 듣고 말했다.

"병이 감히 내게 보이지도 않고 종을 치다니!"

그리고 화가 나서 그를 추방하였다.

병이 제나라로 쫓겨난 지 일년이 되었다.

수우가 숙손에게 병에 대해 해명하였다.

숙손이 그녀에게 병을 불러들이라고 명령하였지만, 또 부르지 않고 말하였다.

"내가 일찍이 그를 불렀지만, 병은 화를 내며 돌아오지 않으려고 합니다."

숙손은 화가 나서 사람을 시켜 그를 죽이라고 하였다.

두 아들이 죽고 나서, 숙손은 병이 생겼다.

수우는 자기 혼자 그를 병간호한다는 구실로 주위 사람들을 멀리 보내고 방에 들어오지 못하게 하였다.

그녀가 말했다.

"숙손은 남의 소리를 들으려고 하지 않는다."

숙손은 밥을 먹지 못해 굶어죽었다.

숙손이 죽자 수우는 장례를 치르지 않고 숙손의 창고 안에 있는 귀중한 보물을 몽땅 꺼내 제나라로 도망갔다.

믿어야 할 말만 들었기 때문에 부자는 모두 죽음을 당했던 것이다.

이는 참고하지 않아서 당한 화이다.

≪한비자(韓非子)·내저설상(內儲說上)≫

[우의]

남의 말을 참고하지 않으면 반드시 패가망신한다.

[해제]

이 역사사건은 ≪좌전·소공(昭公) 4年≫의 기록에 근거한 것이다. 중임(仲任)이 제(齊)나라로 망명하였고, 맹병(孟丙)은 문밖에서 피살당했다는 기록이다.

한비자는 이 사건을 통해 교육적 메시지를 담은 우언으로 만들었다.

세 사람이 시장에 호랑이가 있다고 말하다

三人言市有虎

위나라 방공(龐恭)이 태자와 함께 조(趙)나라 수도 한단(邯鄲)에 인질로 잡혀가면서 위왕에게 말했다.

"지금 한 사람이 '시장에 호랑이가 있다!'고 말한다면, 왕께서는 믿겠습니까?"

"믿지 않는다."

"그럼 두 사람이 '시장에 호랑이가 있다!'고 말한다면, 왕께서는 믿겠습니까?"

"믿지 않는다."

"그럼 세 사람이 '시장에 호랑이가 있다!'고 말한다면, 왕께서는 믿겠습니까?"

"나는 믿는다."

그러자 방공이 말했다.

"시장에 호랑이가 없는 것이 분명한데도, 세 사람이 말하면 호랑이가 생겨납니다. 지금 한단과 위나라와의 거리는 시장보다 멀고, 모함하는 신하는 세 사람보다 많습니다. 왕께서는 항상 그것을 살펴십시오."

방공은 한단에서 돌아왔지만 끝내 왕을 만나지 못했다.

≪한비자(韓非子)·내저설상(內儲說上)≫

[우의]

종종 유언비어가 진실로 바뀐다. 항상 깨어있어야 그 함정에 빠지지 않는 법.

[참고]

≪전국책·위책≫<방총이 태자와 함께 한단에서 인질이 되다(龐葱與太子質於邯鄲)>편에도 이 이야기가 수록되어 있다. 여기서의 '방총'은 '방공'을 잘못 표기한 것이다.

≪신서≫·≪태평어람≫191.891도 이 이야기를 인용하였다.

깊은 계곡에 들어가면 반드시 죽는다

입 간 필 사
入 澗 必 死

동알우(董閼于)가 조(趙)나라 상지(上地) 땅을 수비하고 있었다.
그가 석읍(石邑)의 산 속을 지나다가 깊은 계곡을 발견하였다.
깎아지른 벼랑에 깊이가 팔 백리가 되는 계곡이었다.
그는 주위에 사는 사람에게 물었다.
"여기 들어갔던 사람 있었소?"
"없었습니다."
"갓난아이·멍청이·귀머거리·미친 사람이 혹시 들어간 적은 있었소?"
"없었습니다."
"소·말·개·돼지가 혹시 들어간 적이 있었소?"
"없었습니다."
동알우는 크게 탄식하여 말했다.
"나는 백성을 다스릴 수 있어! 예외 없이 다스려야지. 계곡에 들어
가면 반드시 죽는 것처럼. 그러면 백성들이 감히 죄를 범하지 못할
것이니, 어찌 통치하지 못하겠는가?"

≪한비자(韓非子)·내저설상(內儲說上)≫

우의

예외 없는 법 집행만이 정의를 바로 세울 수 있다.

참고

《예문유취》9, 54. 《태평어람》69, 638. 《북당서초(北堂書抄)》43
에서도 이 이야기를 인용하였다.

근엄하지 못한 통치

유 길 불 엄
游吉不嚴

정(鄭)나라 재상인 자산(子産)이 죽음에 임박하여 유길(游吉)에게 말했다.

"내가 죽고 나면 정나라가 반드시 그대를 등용할 것이다. 반드시 백성을 엄하게 대하게. 불은 사납게 생겼기 때문에 화상을 입는 사람이 드물지만, 물은 부드럽게 생겨 빠져 죽는 사람이 많은 것이네. 그대는 반드시 태도를 근엄하게 하여 남들이 그대를 나약하게 보지 못하게 하게나."

그리고 자산이 죽었다.

그러나 유길은 근엄한 태도를 취하지 않았다.

정나라 청소년들이 떼를 지어 도둑질을 하고 관택(雚澤)에 거점을 잡았다.

이것은 정나라의 골칫거리가 되었다.

유길이 군사를 거느리고 하루 밤낮을 싸워 겨우 진압하였다.

유길이 깊게 탄식하며 말했다

"일찍이 선생의 가르침을 실천했더라면, 분명 이렇게까지 후회하지는 않았을 거야"

《한비자(韓非子)·내저설상(內儲說上)》

우의

법을 엄하게 집행하면 범죄가 발생하지 않는다.

자애로움은 패망의 길이다

공 지 어 망
功 至 於 亡

위혜왕(魏惠王)이 복피(卜皮)에게 물었다.

"그대가 듣기에 과인에 대한 평판이 어떻더냐?"

"자애롭고 은혜로운 왕이라고 들었습니다."

왕은 흡족하여 말하였다.

"그렇다면 공덕으로 천하통일을 완수할 수 있다더냐?"

"왕의 공덕 때문에 패망에 이를 것이라고 합니다."

"자애롭게 선행으로 공덕을 베푸는데 어찌 멸망한단 말이냐?"

"대개 자애로운 자는 모질지 못하고, 은혜로운 자는 퍼주기를 좋아합니다. 모질지 못하면 잘못한 자를 처벌하지 못하고, 퍼주기를 좋아하면 공로를 기다리지 않고 상을 내립니다. 잘못을 저지르고도 벌을 받지 않고, 공로가 없는데 상을 받는다면, 망하는 것이 당연하지 않습니까!"

《한비자(韓非子)・내저설상(內儲說上)》

> **우의**
>
> 상벌이 분명하지 않으면 국가는 패망한다.

월왕 구천이 개구리에게 절하다

句 踐 式 黽
구 천 식 와

월(越)나라 왕 구천(句踐)이 힘찬 기운을 가진 개구리를 보고 절을 하였다.

그의 마부가 물었다.

"어찌 절을 하십니까?"

"개구리도 이렇게 기운이 힘차면 절할 수 있지 않겠나?"

병사들이 이 이야기를 듣고 말했다.

"개구리조차도 기운이 세면 왕이 절을 허거늘, 하물며 용감한 병사에게 어떻겠느냐?"

이 해에 스스로 머리를 잘라 바친 사람이 생겼다.

≪한비자(韓非子)·내저설상(內儲說上)≫

우의

격려는 목숨마저 내놓게 만든다.

떨어진 바지도 공로가 있어야 하사한다

필대유공
必 待 有 功

한소후(韓昭侯)가 사람을 시켜 떨어진 바지를 소중히 간수하도록 했다. 그러자 시종이 말했다.

"군주께서는 인색하십니다. 떨어진 바지를 신하들에게 하사하시지 왜 간수하라고 하십니까?"

소후가 말하였다.

"그대가 아는 것과 다르다. 현명한 군주는 한 번 찌푸리고 한 번 웃는 것을 아껴야 한다고 들었느니라. 찌푸리는데 이유가 있어야 하고, 웃는 데도 이유가 있어야 한다. 지금 이 바지가 어찌 얼굴을 찌푸리고 웃는 데 쓰이겠느냐? 이 바지는 찌푸리고 웃는 것과 거리가 멀다. 나는 반드시 공로가 있는 자를 기다리고 있기 때문에 이 바지를 간직하고 주지 않는 것이다."

≪한비자(韓非子)·내저설상(內儲說上)≫

우의
상은 항상 공로가 있는 사람에게만 내려야 한다.

합주와 독주의 차이

濫竽充數
남 우 충 수

제선왕(齊宣王)은 반드시 삼백 명이 함께 피리를 불게 하였다.

남곽처사(南郭處士)가 왕을 위해 피리를 불겠다고 간청하였다.

왕은 기뻐하며 다른 수백 명과 같이 대우하였다.

선왕이 죽고 민왕(湣王)이 즉위하였다.

민왕은 혼자 연주하는 피리소리를 즐겨 들었다.

그러자 처사는 달아났다.

≪한비자(韓非子)·내저설상(內儲說上)≫

우의

인재는 각자의 능력에 맞도록 임명해야 한다.

해제

이 이야기는 ≪연감유함(淵鑑類函)≫에서도 인용되었다. 이 이야기는 오늘날 '남우충수(濫竽充數)' 혹은 '남우(濫竽)'라는 성어로 쓰이고 있다. 재주가 없으면서 숫자만 채운다는 의미이다. 혹은 명실상부하지 못한 사람을 비판할 때 사용한다.

한소후(韓昭侯)의 명쾌한 관찰

한소후가 손톱을 들고 있다가 한쪽 손톱을 잃어버려 급히 찾는 시
늉을 하였다.

그러자 곁에 있는 신하들이 자신의 손톱을 깎아 바쳤다.

소후는 이렇게 주위 신하들의 충성 여부를 관찰하였다.

한소후는 말을 모는 기사를 현에 파견하였다.

그 사신이 돌아와 보고하자 한소후가 물었다.

"무엇을 보고 왔느냐?"

"본 것이 없습니다."

"비록 그래도 무엇이라도 보았을 것 아니냐?"

"남문 밖에서 노란 송아지가 길 동쪽에서 벼 새싹을 뜯고 있는 것
을 보았습니다."

소후는 이 사신에게 "내가 너에게 물었던 말을 입 밖에 내지 말렸
다!"라고 말하고는 당장 명령하였다.

"벼 모가 자랄 때는 소와 말이 논에 들어가지 못하도록 하라고 명
령을 내렸거늘, 관리들이 일을 하지 않아 지금 소와 말이 논에 마구
들어가고 있단다. 급히 가서 그 숫자를 조사하라. 그렇지 않으면 앞

으로 무거운 벌을 내릴 것이다.”

그는 동서북 세 문 밖의 숫자만을 조사 보고하였다.

소후가 “미진하다.”라고 하자 다시 가서 조사하였다.

남문 밖에서 누런 송아지를 발견하였다.

관리들은 소후의 관찰이 명쾌하다고 여겼고, 모두 자신들의 행동을 부끄럽게 여기고 감히 잘못을 저지르지 않았다.

≪한비자(韓非子)·내저설상(內儲說上)≫

우의

통치자의 날카로운 지적이 관리들의 잘못을 막을 수 있다.

똥으로 목욕하다

이 계 욕 시
李 季 浴 矢

연(燕)나라의 이계(李季)는 멀리 유람하는 것을 좋아하였다.
그 사이에 그의 아내가 한 사내와 간통하였다.
어느 날 남편이 갑자기 들이닥쳤다.
사내가 방 안에 있자, 아내가 안절부절하고 있었다.
그의 몸종이 말했다.
"저 사내를 발가벗기고 머리를 산발하여 당장 밖으로 내보내세요.
그리고 우리는 못 본 체하면 됩니다."
사내는 이 계략에 따라 밖으로 뛰어나갔다.
"저 놈 누구야."
집식구들이 일제히 대답하였다.
"아무 것도 보지 못했는걸요."
"내가 귀신을 봤나?"
아내가 말했다.
"그런 모양입니다."
"어떻게 하면 좋겠소?"
"빨리 소·양·돼지·닭·개똥을 가져다가 바르십시오."

"그래야겠는걸."

그래서 이계는 똥으로 목욕하였다.

≪한비자(韓非子)·내저설하(內儲說下)≫

[우의]

국가 권력이 분산되면 통치자의 앞길은 막힌다.

[해제]

≪한비자≫는 이 우언의 의미를 이렇게 말하였다.

"권세는 남에게 빌려줄 수 없다. 위에서 하나만 잃어도 아래에서는 백 정도로 나누려고 생각한다. 그러므로 신하가 권세를 빌리면 세력이 커지고, 세력이 커지면 조정의 안과 밖에서 남용한다. 안과 밖에서 권력을 남용하면 군주의 앞길이 막힌다."

≪예문유취≫17, ≪태평어람≫395, 499도 이 이야기를 인용하였다.

부부의 기도

부 처 기 도
夫妻祈禱

위(衛)나라의 어떤 부부가 기도하며 복을 빌었다.

"우리에게 그저 돈 백 꾸러미만 내려 주십시오."

그러자 남편이 말했다.

"왜 그렇게 조금 요구하는 거요?"

"많아지면 당신이 그걸로 첩을 살까 봐!"

≪한비자(韓非子)·내저설하(內儲說下)≫

우의

신하의 이익이 커지면 군주의 이익은 사라진다.

참고

≪예문유취≫85, ≪태평어람≫529, 820도 이 이야기를 인용하였다.

미녀의 코가 잘리다

도 의 미 인
刀 劓 美 人

형왕(荊王)에게 정수(鄭袖)라는 애첩이 있었다.

형왕이 새로 미녀를 맞이하자 정수가 교육시켰다

"왕은 입을 가리는 것을 무척 좋아하니, 가까이 가서는 반드시 입을 가려라."

미녀가 왕을 만나러 들어갔다.

왕 가까이에 가서 그의 말대로 입을 가렸다.

왕이 그 까닭을 물으니 정수가 대답하였다.

"이것은 본래 왕의 냄새를 싫어한다는 표현입니다."

형왕과 정수 그리고 미녀 세 사람이 함께 앉아 있었다.

정수는 미리 내시들에게 주의를 주었었다

"왕께서 분부하시거든 신속하게 이행하라."

왕이 미녀를 앞으로 나오도록 하였다.

미녀는 앞으로 나가면서 여러 번 입을 가렸다.

왕이 발끈하며 화를 내었다

"코를 베라!"

내시들은 이 말에 따라 칼을 가져다 코를 베어버렸다.

≪한비자(韓非子)·내저설하(內儲說下)≫

우의

사이비를 제대로 가리지 못하면 생명마저 위협을 받게 된다.

참고

이 이야기는 ≪전국책·초책(楚策)≫에도 수록되어 있다.

불고기 속의 머리카락

상 자 발 요
上 炙 髮 繞

진문공(晉文公) 때 한 요리사가 불고기를 상에 올렸는데 머리카락이 말려있었다.

문공이 요리사를 불러 문초하였다.

"네가 과인의 목을 막으려고 했지! 어찌하여 머리카락이 불고기를 말고 있느냐?"

요리사는 고개를 조아리고 재배하면서 간청하였다.

"신이 지은 죄는 세 가지입니다. 칼을 숫돌에 갈아 명검 간장(干將)과 같이 날카롭게 하여 고기를 잘랐는데도 머리카락을 자르지 못했으니, 이것이 저의 첫 번째 죄입니다. 나무를 가지고 고기를 꿰면서도 머리카락을 발견하지 못했으니, 이것이 저의 두 번째 죄입니다. 고기를 화롯불에 놓고 구울 때 숯불이 벌겋게 달아올라 고기가 완전히 익었는데도 머리카락을 태우지 못했으니, 이것이 저의 세 번째 죄입니다. 그런데 아랫사람 중에 저를 미워하는 사람이 없는지요?"

문공이 말했다.

"옳다."

문공이 아랫사람들을 불러 문초하였다.

과연 그를 미워하는 사람이 있었고, 왕이 곧 바로 그를 죽여버렸다.

《한비자(韓非子)・내저설하(內儲說下)》

[우의]

일에 이익이 있거든 누리는 자를 살피고, 손해가 있거든 손해를 입은 자를 살펴야 한다.

[참고]

이 우언은 《의림》, 《예문유취》70, 《사문유취》, 《연감유함》 등에 기록되어 있다.

상자만 사고 진주를 되돌려주다

옛날에 진백(秦伯)이 자기 딸을 진공자(晉公子)에게 시집보내려고 하였다.

딸을 단장시키고, 몸종 칠십 명에게 비단옷을 입혀 함께 보냈다.

진나라에 도착하자, 진나라 사람들은 몸종을 좋아하고 그 딸을 천대하였다.

이것은 몸종을 시집 잘 보냈다고 할 수 있어도, 자기 딸을 시집 잘 보냈다고는 할 수 없다.

초나라 사람이 정(鄭)나라 사람에게 진주를 팔려고 하였다.

그는 목란 나무 상자를 만들고, 계피와 후추 냄새가 배이도록 하였으며, 주옥장식을 달고 자수정과 비취로 무늬를 내었다.

정나라 사람은 그 상자만 사고 진주를 돌려주었다.

이것은 상자를 잘 팔았다고 할 수 있으나, 진주를 잘 팔았다고 할 수 없다.

《한비자(韓非子)·외저설좌상(外儲說左上)》

형식이 내용보다 우선되어선 안 된다.

한비자는 이 이야기를 통하여 당시에 유행했던 담론과 묵자의 학설을 비판하였다. 묵자의 학설이 논변적이고 형식적일 뿐 현실적이지 못하기 때문이라고 하였다.

이 이야기는 ≪시자(尸子)≫·≪예문유취≫84 ≪태평어람≫713, 803, 828·≪초학기(初學記)≫27에도 수록되어 있다.

가시 끝에 조각하기

극 자 모 후
棘 刺 母 猴

연(燕)나라 왕은 기이하고 교묘한 것을 좋아하였다.

그러자 위(衛)나라 사람이 연왕에게 말했다.

"가시 끝에 어미 원숭이를 조각할 수 있습니다."

연나라 왕은 기뻐하며 수레 다섯 대를 봉록으로 주며 후원하였다.

왕이 말했다.

"내 시험 삼아 그대가 가시에 원숭이를 새기는 것을 지켜볼 것이다."

그 객이 말했다.

"왕께서 보시려면 반드시 반년 동안 후궁의 방에 들어가지 말아야 하고, 술과 고기를 삼가해야 합니다. 비가 개고 해가 나오려고 할 때 그늘에서 보면 가시 끝에 새겨진 어미 원숭이를 발견할 수 있을 것입니다."

왕은 계속하여 위나라 사람을 후원했지만, 그 어미 원숭이를 발견하지 못했다.

정(鄭)나라 대하(臺下)의 어떤 대장장이가 연나라 왕에게 말했다.

"저는 칼을 깎는 기술자입니다. 아무리 세밀한 것도 새길 수 있는 칼을 깎을 수 있습니다. 새기려는 물건은 반드시 칼보다 넓어야 합니다. 지금 가시 끝에는 칼이 들어갈 수 없기 때문에 가시 끝에는 새 길 수 없습니다. 왕께서 칼을 확인해 보시면 새길 수 있는지 없는지를 알 수 있습니다."

왕이 말하였다.

"옳도다!"

왕이 위나라 사람에게 물었다.

"그대는 무엇을 가지고 새기는가?"

"칼을 가지고 새깁니다."

"내가 그걸 보고 싶은데."

"제가 숙소에 가서 가져오게 해 주십시오."

객은 이렇게 말하고 도망쳐버렸다.

≪한비자(韓非子)·외저설좌상(外儲說左上)≫

우의

예리하게 관찰하지 않으면 허무맹랑한 논리에 넘어간다.

정나라 사람의 나이 따지기

정 인 쟁 년
鄭人爭年

정(鄭)나라의 어떤 사람들이 나이를 가지고 서로 싸웠다.

한 사람이 말했다.

"나는 요(堯) 임금과 동갑이야."

다른 사람이 말했다.

"나는 황제(黃帝)의 형과 동갑인데."

이러한 논쟁은 끝이 없고, 마지막에 그치는 사람이 이길 뿐이다.

≪한비자(韓非子)·외저설좌상(外儲說左上)≫

우의

근거 없는 논쟁은 현실에 적용되기 어렵다.

귀신 그리기가 가장 쉽다

화 견 마 난
畵 犬 馬 難

어느 객이 제왕(齊王)을 위하여 그림을 그렸다.

제왕이 물었다.

"무엇이 그리기가 가장 어려운가?"

"개와 말이 그리기 가장 어렵습니다."

"그렇다면 무엇이 가장 쉬운가?"

"귀신이 가장 쉽습니다. 개와 말은 사람들이 모두 잘 알고 있고,
아침저녁으로 눈앞에 보이고 비슷하기 때문에 그리기 어렵습니다.
귀신은 형체가 없고 눈앞에 보이지 않으니 그리기 쉽습니다."

≪한비자(韓非子)·외저설좌상(外儲說左上)≫

우의

현실에 적용할 수 있는 학문이 가장 어려운 법이다.

쓸모없이 커다란 표주박

굴 곡 거 호
屈 穀 巨 瓠

송(宋)나라의 굴곡(屈穀)이 제(齊)나라의 거사 전중(田仲)을 찾아가서 말했다.

"저는 선생께서 의지가 강인하여 남에게 의지하지 않고 생활한다고 들었습니다. 지금 제가 표주박을 가지고 있는데, 돌처럼 단단하고 두꺼우며 구멍이 없습니다. 이것을 선물로 드리지요."

전중이 말했다.

"대개 표주박이 소중한 까닭은 그것이 물건을 담을 수 있기 때문이네. 지금 이것은 두껍고 구멍이 없으니 깨서 물건을 담을 수 없고, 또한 딱딱한 돌처럼 무거우니 깨서 술을 담을 수도 없으니, 나에게 이 표주박은 아무 소용이 없소."

"그렇다면, 나는 당장 이것을 버릴 것이요."

지금 전중은 남에게 기대지 않고 생활하고 있지만 국가에 도움이 되지 않는다. 마치 딱딱한 표주박과 같다.

≪한비자(韓非子)·외저설좌상(外儲說左上)≫

[우의]

아무리 철저한 정책이라도 현실에 도움이 되지 않으면 소용이
없다.

[해제]

이 우언은 ≪장자·소요유편≫의 <쓸모없는 것이 크게 쓰인다(無用
爲大用)>는 우언과 비슷하다. 소재와 줄거리는 비슷하나 우의(寓意)는
정반대이다.

앞뒤가 꽉 막힌 아내

복 처 봉 고
卜 妻 縫 袴

정현(鄭縣) 사람 복자(卜子)가 그의 아내에게 바지를 만들라고 시켰다.

그의 아내가 물었다.

"바지를 어떻게 만들어 드릴까요?"

"내 헌 바지처럼 만들어 주구려"

그의 아내는 이 말에 새 바지를 찢어 헌 바지처럼 만들었다.

≪한비자(韓非子)·외저설좌상(外儲說左上)≫

[우의]

교조적인 사고에 빠지면 융통성과 창조성을 잃는다.

[해제]

이 이야기는 ≪태평어람≫ 695에 수록되어 있다.

한비자의 우언에는 정(鄭)나라 혹은 정현(鄭縣) 사람이 주인공으로 자주 등장한다. 이들은 대부분 바보이다. 한비자의 조국인 한나라가 정나라를 정복하였기 때문에 정나라를 가볍게 본 것이다. 이것은 은

(殷)나라의 유민들이 건립한 송(宋)나라 사람이 바보 취급 받은 것과 같은 이치이다.

　이 우언은 <수주대토(守株待兔)>나 <각주구검(刻舟求劍)>처럼 복고주의자를 비판하였다.

수레의 멍에를 모르다

불 식 거 액
不 識 車 軶

정현 사람이 수레의 멍에를 주웠다.

그것의 이름을 몰라 다른 사람에게 물었다.

"이것이 무엇이요?"

"이것은 수레의 멍에요."

얼마 있다가 또 다시 멍에를 하나 더 주워 그 사람에게 물었다.

"이것이 무엇이요?"

"이것은 수레의 멍에요."

정현 사람은 벌컥 화를 내었다.

"아까도 멍에라고 하더니 지금도 멍에라고 하네. 멍에가 그렇게 많단 말이요. 당신 지금 나에게 사기치는 거야."

그들은 마침내 서로 치고 받으며 싸웠다.

≪한비자(韓非子)·외저설좌상(外儲說左上)≫

우의

과거에 집착하여 현재를 소홀히 하면 낙오자가 된다.

제6장 ≪한비자(韓非子)≫ 우언 **311**

물 먹이다 자라를 잃어버리다

복 처 음 별
卜 妻 飮 鼈

정현 사람 복자(卜子)의 아내가 시장에서 자라를 샀다.
집으로 돌아오다가 영수(潁水)를 건너게 되었다.
자라가 목말라하는 것 같아 물가에 놓아 물을 마시게 하였다.
결국 자라를 놓쳐버렸다.

≪한비자(韓非子)·외저설좌상(外儲說左上)≫

우의

근거 없는 은덕은 도리어 방종을 불러일으킨다.

참고

이 우언은 ≪태평어람≫63, 932에도 수록되어 있다.

내 멋대로 해석하기

영 서 연 설
郢 書 燕 說

영인(郢人)이 연(燕)나라 재상에게 편지를 보내려고 하였다.

밤에 편지를 쓰는데 불이 밝지 않았다.

등불을 들고 있던 사람에게 말하였다.

"등불을 좀 더 높이 들어라."

그는 이 말을 하면서 편지에 '등불을 좀 높이 들어라.'라고 썼다.

등불을 좀 더 높이 들으라고 한 말은 편지의 내용이 아니었다.

연나라 재상은 편지를 받고 기뻐하며 말하였다.

"등불을 좀 더 높이 든다는 것은 빛을 숭상하기 때문이요, 빛을 숭상하는 것은 바로 현명한 사람을 추천하여 쓰라는 뜻이리라."

연나라 재상이 왕에게 보고하였다.

왕이 매우 기뻐하여 그의 뜻대로 나라를 다스렸다.

나라가 잘 다스려지긴 했지만 이것은 편지의 뜻이 아니었다.

오늘날의 모든 학자들이 대부분 이와 같다.

≪한비자(韓非子)·외저설좌상(外儲說左上)≫

옛 법을 고집하고 오늘날에 그대로 적용하려는 사람이 있다.

이 이야기는 ≪예문유취≫80, ≪태평어람≫595, 870에도 수록되어 있다. 간혹 영인(郢人)이 정인(鄭人)으로 바뀐 것도 있다.

정나라 사람의 신발사기

정 인 매 이
鄭 人 買 履

정나라의 어떤 사람이 신발을 사려고 하였다.

먼저 자기 발의 치수를 쟀지만, 그 치수를 자리에 두고 시장으로 갔다.

그는 신발 장수를 보자마자 말했다.

"내가 치수 가져오는 것을 잊어버렸구나!"

그는 다시 치수 잰 것을 가지러 집으로 돌아갔다.

시장에 다시 와 보니 장이 파하여 결국은 신발을 사지 못했다.

사람들이 수군거렸다.

"네 발을 재면 될 것을 가지고."

"치수를 믿을망정 내 발을 어떻게 믿어"

≪한비자(韓非子)·외저설좌상(外儲說左上)≫

우의

어떤 기준에 얽매이지 말자. 그러면 일을 그르치게 된다.

실천이 믿음이다

불 궁 불 친
不 躬 不 親

제환공(齊桓公)이 자주색 옷을 좋아하니 온 나라 사람이 모두 자주색 옷을 입었다.

당시에는 흰색 옷감 다섯 필을 가지고도 자주색 한 필을 살 수 없을 지경이었다.

환공이 관중(管仲)에게 말했다.

"과인이 자주색 옷을 즐겨 입으니 자주색 옷감이 매우 비싸졌고, 온 나라 백성이 자주색 옷 입기를 그치지 않네. 과인이 어떻게 하면 좋겠소?"

관중이 말했다.

"그것을 고치려면서 어찌 자주색 옷을 입지 않으려는 시도를 하지 않는지요? 좌우 대신들에게 '자주색 옷이 싫어졌다.'라고 말하세요."

"알았도다."

이때 마침 좌우 대신 중에 자주색 옷을 입고 들어오는 사람이 있었다.

"좀 물러서거라. 나는 자주색 옷이 싫다!"

이날 당장 낭중(郎中)이 자주색 옷을 입지 않았다.

그 다음날 장안에 자주색 옷을 입은 사람을 볼 수 없었다.

사흘째 되는 날 온 나라 사람이 자주색 옷을 입지 않았다.

≪한비자(韓非子)·외저설좌상(外儲說左上)≫

우의

지도자의 실천이 곧 백성의 실천이 된다.

송양공의 인자함

송 양 지 인
宋襄之仁

송양공이 탁곡(涿谷)가에서 초나라와 전쟁을 하려고 했다.

송나라 군사는 이미 전열을 갖추고 있었으나, 초나라 사람은 아직도 물을 건너지 못하고 있었다.

송나라 우사마(右司馬) 구강(購强)이 급히 나아가 간언하였다.

"초나라 군사는 수가 많고 우리는 적습니다. 초나라 군사가 물을 반밖에 건너지 못하였고 아직 전열을 정비하지 못했으니, 지금 공격하면 반드시 무찌를 수 있습니다."

양공이 말했다.

"과인은 군자께서 '중상자는 죽이지 않고, 머리가 하얀 사람은 체포하지 않는다. 다른 사람을 벼랑으로 밀지 않고, 다른 사람을 궁지로 몰아넣지 않는다. 전열을 갖추지 못한 적을 공격하지 않는다.'라고 한 말을 들었다. 지금 초나라가 아직 물을 건너지 못하고 있다. 이를 공격하는 것은 의로움을 해치는 행위로다. 초나라가 물을 다 건너고 전열을 갖춘 뒤에 군사를 동원하여 공격하도록 하자."

그러자 우사마가 말했다.

"군주께서는 송나라 백성들을 사랑하지 않는군요. 충성스런 군사들이 안전하지 않은데, 의로움만을 생각하고 계십니다."

양공이 말했다.

"대열 속으로 돌아가지 않으면, 군법으로 다스리겠다!"

우사마는 대열 속으로 돌아갔다.

초나라 군사가 대열을 정비하고 진지를 구축하였다.

양공이 곧바로 진격하였다.

송나라 군사는 대패했고 양공은 팔에 부상을 당해 삼 일 만에 죽고 말았다.

이것은 스스로 인의를 좋아하다 생긴 재앙이다.

≪한비자(韓非子)·외저설좌상(外儲說左上)≫

우의

생명은 인의도덕의 명분보다 우선되어야 한다.

해제

이 우언은 본래 ≪좌전≫<희공(僖公)>20년에 나오는 역사 이야기에 근거한 것이다.

'송양지인(宋襄之仁)', '불고불성렬(不鼓不成列)'(전열을 갖추지 못한 적을 공격하지 않는다)은 성어로 사용되고 있다. 인의 도덕적 명분에 빠져 현실성을 저버린 사람을 비판하고 있다.

말에서 내려 달려간 제경공

불 여 하 주
不 如 下 走

　제경공(齊景公)이 소해(少海) 땅을 유람하고 있었다.

　궁궐로부터 기마 연락병이 달려와 보고하였다.

　"안자(晏子)가 위독하여 죽기 직전입니다. 공께서 늦게 당도할까 걱정입니다."

　경공이 급히 일어나려 할 때, 기마 연락병이 또 당도하였다.

　경공이 명하였다.

　"급히 천리마와 번차(煩且) 수레를 대고, 기수 한추(韓樞)에게 말을 몰도록 하라!"

　몇백보 쯤 갔을 때, 경공은 기수가 말을 빨리 몰지 못한다고 여기고는 말고삐를 빼앗아 자신이 몰았다.

　말을 몰아 수백 보를 갔을 때, 경공은 말이 잘 달리지 못한다고 여기고는 수레를 버리고 달려갔다.

　경공은 번차의 성능이 뛰어나고 기수 한추의 기교에도 불구하고 내려서 달려가는 것만 못하다고 여겼던 것이다.

　　　　　　　　　　　≪한비자(韓非子)·외저설좌상(外儲說左上)≫

특수한 상황에서는 지도자의 신념이 외적인 조건보다 중요하다.

참고

이 이야기는 ≪여씨춘추≫<내편간상(內篇諫上)>, ≪한비자≫<십과
편(十過篇)>의 내용과 유사하다.

증자(曾子)의 돼지 잡기

증 자 살 체
曾子殺彘

증자의 아내가 시장으로 갔다.

그런데 아들이 따라오며 울었다.

그러자 아이 엄마가 말했다.

"집으로 돌아가 있거라. 내가 돌아올 때까지 기다리고 있으면 돼지를 잡아주마."

그녀가 돌아와 보니 증자가 돼지를 잡으려고 하였다.

그녀가 말리면서 말했다.

"나는 단지 아이에게 농담했을 뿐인데."

증자가 말했다.

"아이와 농담해선 안돼요. 아이들은 아직 아는 것이 없기 때문에 부모를 흉내 내고 부모의 가르침을 듣습니다. 지금 당신이 그를 속이는 것은 아들에게 사기를 치라고 가르치는 것이요. 엄마가 자식을 속이면 자식은 엄마를 믿지 않을 것이요. 이것은 자식을 키우고 가르치는 방법이 아닐 것이요."

증자는 마침내 돼지를 삶았다.

≪한비자(韓非子)·외저설좌상(外儲說左上)≫

우의

사소한 신뢰가 쌓여 큰 신뢰가 된다.

초려왕의 경보

초 려 왕 유 경
楚厲王有警

초려왕(楚厲王)은 경보를 알리기 위하여 북을 설치하였다.
이것을 쳐서 백성들이 방비하도록 하였다.
한 번은 그가 술에 취해 자기도 모르게 북을 두드렸다.
백성들이 크게 놀랐다.
왕은 사람을 보내 해산시키면서 말하였다.
"내가 술에 취해 좌우 대신들과 장난하다가 모르고 친 것이니라."
백성들은 모두 해산하였다.
몇 달이 지나 경보를 울렸지만 백성들은 출동하지 않았다.

≪한비자(韓非子)·외저설좌상(外儲說左上)≫

우의

여러 사람과의 약속을 지키지 못하면 그들로부터 버림을 받는다.

324 중국우언(中國寓言)

하나면 족하다

기 일 족
夔 一 足

노애공(魯哀公)이 공자에게 물었다

"내가 듣기에 옛날에 예(夔)라는 사람은 다리(足)가 하나였다고 합니다. 과연 다리가 하나였다는 말을 믿어도 됩니까?"

그러자 공자가 대답하였다.

"아닙니다. 예는 외다리가 아닙니다. 예가 성질이 포악하기 때문에 사람들이 모두 그를 싫어했습니다. 비록 그래도 사람들이 그를 해치지 않은 까닭은 그가 성실했기 때문입니다. 사람들이 모두 '이것 하나면 족(足)하다'고 말한 것이지, 예는 외다리가 아닙니다. 하나라도 있으면 족하다는 뜻입니다."

"그 말대로라면 정말 하나만으로도 충분하겠군요."

또 다른 이야기가 있다.

애공이 공자에게 물었다.

"내가 듣기에 예는 다리가 하나였다는데 믿어도 됩니까?"

"예는 사람입니다. 어찌 다리가 하나겠습니까? 그는 특기가 따로 없고 오로지 소리에만 정통하였습니다. 그래서 요임금이 '예는 하나만 있으면 족하다. 예를 악관으로 임명하라'고 했습니다. 그래서 군자들이 '예는 하나면 족하다'라고 말한 것이지, 결코 다리가 하나라는 뜻이 아닙니다."

≪한비자(韓非子)·외저설좌하(外儲說左下)≫

우의

나의 능력에 의지하라. 다른 사람의 믿음에 의지하지 말고.

유생(儒生)은 잡기를 하지 않는다

유 자 불 박
儒者不博

제선왕(齊宣王)이 광청(匡倩)에게 물었다.

"유생도 도박을 하는가?"

"하지 않습니다."

왕이 물었다.

"왜 그런가?"

"도박에서는 독수리 패가 가장 중요합니다. 승자가 되려면 반드시 독수리 패를 잡아야 합니다. 독수리 패를 잡는다는 것은 존귀한 것을 죽인다는 의미입니다. 유생들은 이것이 정의를 해친다고 여기기 때문에 도박을 하지 않습니다."

또 물었다.

"유생들은 작살 던지기를 하는가?"

광청이 대답하였다.

"하지 않습니다. 작살 던지기는 아래에서 위로 던져 잡는 것입니다. 이는 아랫사람이 윗사람을 죽이는 것과 같습니다. 유생들은 이것이 정의를 해친다고 여기기 때문에 작살 던지기를 하지 않습니다."

또 다시 물었다.

"유생들은 비파를 타는가?"

"타지 않습니다. 대개 비파는 작은 줄로 큰 소리를 내고, 큰 줄로 작은 소리를 냅니다. 이것은 크고 작은 것의 순서가 바뀐 것이고, 귀천의 위치가 바뀐 것을 의미합니다. 유생들은 이것이 정의를 해친다고 여겨 비파를 타지 않습니다."

선왕이 말했다.

"훌륭하도다."

공자가 이런 말을 한 적이 있다.

"백성들로 하여금 대신들에게 아부하느니 차라리 군주에게 아부하도록 하는 것이 나으니라."

≪한비자(韓非子)·외저설좌하(外儲說左下)≫

우의

질서가 깨지면 혼란이 온다.

서문표의 다스림

서 문 표 위 업
西門豹爲鄴

서문표(西門豹)가 업(鄴) 땅의 수령이 되었다.

그는 청렴하고 근면하여 털끝만큼도 사리사욕을 채우지 않았을 뿐만 아니라 심지어는 위문후(魏文侯)의 측근 대신들마저 섬기지 않았다.

그러자 측근 대신들은 서로 짜고 그를 미워하였다.

그가 일년이 지나 재정보고를 올렸다.

서문표가 1년 동안의 재정을 보고하자 문후가 그의 관직을 몰수하였다.

서문표가 자청하여 말하였다.

"이전에 신은 업 땅을 다스리는 법을 몰랐습니다만 이제는 터득하였습니다. 관직을 돌려주어 업 땅을 다스리게 하옵소서. 만약에 다시 잘못을 저지르면 사형을 받겠습니다."

문후가 하는 수 없이 그에게 관직을 주었다.

서문표는 백성들의 세금을 많이 거두어 급히 측근 대신들을 섬겼다.

일 년이 지나 재정보고를 올렸다.

문후는 그를 환대하고 감사를 표하였다.

서문표가 대답하였다.

"이전에 신이 군주를 위하여 업을 다스렸지만, 군주께서 신의 관직을 박탈하였습니다. 이제 신이 좌우 대신을 위하여 업을 다스리니 군주께서 신에게 감사를 표했습니다. 신은 더 이상 다스릴 수 없사옵니다."

서문표는 마침내 관직을 돌려주고 떠났다.

문후는 그것을 받지 않고 말하였다.

"과인이 이전에 그대를 몰랐으나 이제 알았노라. 그대가 힘써 나를 위해 업을 다스려 주게나"

하지만 서문표는 이 제안을 받아들이지 않았다.

≪한비자(韓非子)·외저설좌하(外儲說左下)≫

우의

문을 만들어 놓고 들어가지 못하게 하거나, 이익이 있는데 취하지 못하게 하면 혼란이 생긴다.

밑 빠진 옥잔

옥 치 무 당
玉 卮 無 當

당계공(堂谿公)이 소후(昭侯)에게 말했다.

"지금 여기에 위아래가 뚫려 있고 밑바닥이 없는 비싼 구슬 잔이 있습니다. 여기에 물을 담을 수 있습니까?"

소후가 대답하였다.

"담을 수 없소."

"지금 여기에 새지 않는 질그릇이 있습니다. 여기에 술을 담을 수 있습니까?"

소후가 대답하였다.

"담을 수 있네."

"저 질그릇은 아주 값이 싸지만 새지 않기 때문에 술을 담을 수 있습니다. 그러나 비싼 구슬 잔은 매우 귀중하지만 밑바닥이 없어 물을 담지 못합니다. 누가 그것에 담으려고 하겠습니까? 오늘날 군주들은 군신들의 말을 흘려버립니다. 마치 밑바닥이 없는 구슬 잔 같습니다. 훌륭한 지혜가 있어도 그 효과가 나지 않는 것은 새어버리기 때문입니다."

소후가 말했다.

"훌륭하다!"

소후는 당계공의 말을 들은 이후로 천하의 큰 일을 명령할 때는 반드시 혼자 잠을 잤다. 잠꼬대를 하여 남이 그 계책을 알까 두려웠기 때문이다.

≪한비자(韓非子)·외저설우상(外儲說右上)≫

우의

아무리 훌륭한 지혜라도 새어나가면 아무 소용이 없다.

참고

이 우언은 ≪태평어람≫805, 393, 761·≪예문유취≫73에도 수록되어 있다.

주막집의 사나운 개

구 맹 주 산
狗 猛 酒 酸

송(宋)나라에 술 장사꾼이 있었다.

그는 아주 공정하게 술을 담아 주고 매우 정중히 손님들을 대접하였으며 술도 맛있게 빚었다.

그러나 그는 술집 간판을 매우 높이 매달았지만 술이 초가 되도록 팔리지 않았다.

그는 이상하게 생각하고 동네 어른 양청(楊倩)에게 물었다.

양청이 말했다.

"자네 집에 있는 개가 사나운가?"

"개가 사나우면 어째서 술이 팔리지 않습니까?"

"사람들이 무서워하기 때문이지. 어떤 사람이 아이에게 돈을 주고 술 단지를 안고 술을 사러 가게에 보냈다고 하세. 개가 대들어 아이를 문다면, 이것이 바로 술이 초가 되도록 팔리지 않는 까닭이네."

나라에도 역시 개가 있다.

뜻이 있는 선비가 큰 나라의 군주에게 자신의 능력을 밝히려는데 대신들이 사나운 개처럼 달려들어 물어뜯는다. 이것이 바로 군주의 눈과 귀가 어두워지고 뜻이 있는 선비가 쓰이지 않는 이유이다.

≪한비자(韓非子)·외저설우상(外儲說右上)≫

인재가 능력을 발휘하지 못하는 이유는 그것을 막는 자가 있기 때문이다.

이 우언은 ≪예문유취≫94 ,≪태평어람≫828, ≪한씨외전(韓氏外傳)≫, ≪설원≫, ≪안자춘추≫ 등에도 수록되어 있다.

사당의 쥐

_사 _서
社 鼠

환공(桓公)이 관중(管仲)에게 물었다.

"나라를 다스리는데 무엇이 가장 근심거리입니까?"

관중이 대답하였다.

"사당의 쥐가 가장 근심스럽습니다."

"어째서 사당의 쥐가 근심거리인가요?"

"군주께서도 저 사당 짓는 것을 지켜보셨겠지요? 나무를 세우고 그 위에 진흙을 바릅니다. 쥐는 그 사이를 뚫고 그 속에 굴을 파고 살고 있습니다. 불을 질러 태워 죽이자니 나무에 불이 날까 걱정이고 물을 뿌려 없애자니 진흙이 흘러내릴까 걱정입니다. 이것이 바로 사당의 쥐를 잡지 못하는 까닭입니다."

지금 군주의 주위 대신들은 나가면 막중한 위세를 떨며 백성들로부터 이익을 거두고, 궁궐에 들어가면 패거리를 짓고 군주 앞에서 악행을 덮고 있다.

≪한비자(韓非子)·외저설우상(外儲說右上)≫

악을 제거하기 위해서는 먼저 악을 비호하는 것을 제거해야 한다.

참고

≪안자춘추≫<내편>, ≪설원≫<정리>, ≪한씨외전≫에서도 이 우언을 인용하였다.

정신이 분산되면

왕 자 어 기
王 子 於 期

왕자어기(王子於期)가 송나라 군주 앞에서 천 리 달리기 시범을 보였다.

수레를 준비하고 고삐와 재갈을 점검한 후 출발하였다.

수레바퀴는 먹줄을 그은 듯이 똑바로 전진하였다.

고삐를 끌어 물러날 때도 말은 제 발자국을 그대로 밟았다.

채찍질과 함께 출발하는데 갑자기 골목에서 돼지가 튀어나왔다.

말은 뒷발질을 하였고, 채찍으로 맞아도 나가지 않았다.

말이 미친 듯이 날뛰어 재갈을 물려도 진정시킬 수 없었다.

≪한비자(韓非子)·외저설우하(外儲說右下)≫

[우의]

법을 흔드는 세력이 나타나면 민심의 동요를 막을 수 없다.

물고기를 좋아했던 공손의

공 손 의 기 어
公孫儀嗜魚

공손의(公孫儀)는 노나라 재상 시절에 생선을 매우 좋아했다.

온 나라 사람들이 앞을 다투어 생선을 구입하여 그에게 바쳤지만 그는 받지 않았다.

그의 제자가 따졌다.

"선생님께서는 생선을 좋아하시면서 받지 않으시니 어인 일입니까?"

그가 대답하였다.

"생선을 좋아하는 것 때문에 생선을 받지 않는 것이다. 만약에 생선을 받게 되면 다른 사람들을 업신여기는 기색이 생기고, 남을 업신여기는 기색이 생기면 국법을 어기게 된다. 국법을 어기면 나는 재상자리를 잃게 될 것이다. 재상자리를 잃게 되면 비록 내가 생선을 좋아할지라도 저들이 내게 생선을 바치지 않을 것이다. 나 또한 스스로 생선을 살 수도 없을 것이다. 만약에 생선을 받지 않으면 재상자리를 잃지 않을 것이니 비록 생선을 좋아하여도 나는 오래도록 생선을 먹을 수 있기 때문이다."

이것으로 남을 의지하는 것이 나를 의지하는 것만 못하다는 것을 밝혔다.

≪한비자(韓非子)·외저설우하(外儲說右下)≫

상과 벌은 모두 자신에게서 출발한다.

조보가 눈물을 흘린 이유

조 보 읍 체
造父泣涕

연릉탁자(延陵卓子)는 청마가 끄는 꿩 무늬 수레를 탔다.

그러나 말 머리에는 금장식 재갈이 얽혀있고 궁둥이에는 날카로운 철침 채찍이 놓여있다.

말이 전진하려 하면 고삐로 채고 후퇴하려 하면 채찍으로 갈겼다.

말은 전진도 후퇴도 하지 못하더니 마침내 옆으로 도망쳤다.

그러자 그는 수레에서 내려 칼을 뽑아 말 다리를 잘라버렸다.

조보(造父)가 이 광경을 목격하고서 종일 아무 것도 먹지 않았고, 하늘을 우러러보며 탄식하였다.

"채찍은 말을 앞으로 나가게 하는 것인데, 금장식 재갈이 앞을 막고 있다. 고삐는 말을 후퇴시키는 것인데 궁둥이 위에 날카로운 철침 채찍이 놓여 있구나. 오늘날 군주들은 청백리를 등용하고도 측근 대신과 맞지 않는다며 쫓아낸다. 공정한 사람이라고 치켜세우더니 복종하지 않는다고 파면해버린다. 백성들은 두려운 나머지 가운데에 서서 어찌할 바를 모르고 있다. 이것이 성인이 눈물을 흘리는 까닭이다."

≪한비자(韓非子)·외저설우하(外儲說右下)≫

우의

원칙이 없으면 일을 성취할 수 없다.

모순

<ruby>모<rt>모</rt></ruby> <ruby>순<rt>순</rt></ruby>
矛 盾

초나라에 방패와 창을 함께 팔던 사람이 있었다.

그는 방패에 대하여 자랑을 늘어놨다.

"나의 방패는 견고하여 어떤 것으로도 뚫을 수 없소!"

그리고 다시 창에 대하여 자랑하였다.

"내 창은 날카로워 뚫지 못하는 것이 없소!"

그러자 어떤 사람이 물었다.

"그대의 창을 가지고 그대의 방패를 찌르면 어떻게 됩니까?"

그러나 그는 대답을 하지 못했다.

≪한비자(韓非子)·난일(難一)≫

우의

대세와 능력은 동시에 존재할 수 없다.

참고

한비자는 이 이야기를 가지고 '요순(堯舜)'을 동시에 칭송하는 것이 모순이라며 비판하였다.

‘순’은 ‘요’의 신하였다. 유학자들은 순이 성인의 덕을 가지고 세상을 교화하여 가는 곳마다 잘못이 바로잡혔다고 칭송하였다. 그러면서 동시에 요를 성인(聖人)으로 추앙하였다. 그런데 요를 성인으로 추앙하려면 당연히 요가 다스린 나라는 태평성대가 되어야 한다. 반면, 순이 세상을 교화했다고 하려면 요의 통치가 부족하였음을 시인해야 한다. 또한 순을 현명하다고 하려면 요의 치적은 무시되어야 하고, 요를 성인으로 추앙하려면 순의 교화는 없어야 마땅하다.

즉 대세와 능력은 동시에 만족할 수 없다. 그러므로 요순을 동시에 칭송하는 것은 모순이 된다는 것이다.

이 우언은 《북당서초(北堂書抄)》123, 《태평어람》353에도 수록되어 있다.

수주대토

수 주 대 토
守株待兎

송나라 사람이 밭을 갈고 있었다.

토끼가 달려가다가 밭 가운데에 있던 나무에 걸려 목이 부러져 죽었다.

그는 쟁기를 놓고 나무 밑에서 토끼를 기다렸다.

다시 토끼가 나타나면 잡으려고 했던 것이다.

그러나 다시 토끼를 잡지 못했을 뿐만 아니라, 그 자신은 송나라 사람들의 웃음거리가 되었다.

≪한비자(韓非子)·오두(五蠹)≫

우의

과거의 제도를 오늘날에 적용하려는 사람은 웃음거리가 될 뿐이다.

해제

춘추전국 시대가 되었는데도 여전히 주나라의 종법제도를 적용하려 했던 당시 유학 정치가들을 풍자한 것이다. 오늘날 이 우언은 보수적이고 융통성이 없는 사람들을 비평하는데 사용되고 있다.

제7장

≪상군서(商君書)≫ 우언

《상군서(商君書)》는 《상자(商子)》·《농전서(農戰書)》 등으로 불리고 있다. 전국시대 위(衛)나라 법가(法家)인 상앙(商鞅 B.C.395~B.C. 338)이 지은 것으로 알려지고 있다. 상앙 한 사람이 지은 것이 아니라 제자들의 작품도 많이 포함되어 있다.

상군의 성은 공손(公孫)이고, 이름이 앙(鞅)이다. 그는 변법을 실행하여 진(秦)나라를 전국칠웅(戰國七雄)의 반열에 올려 놓았다. 진효공(秦孝公)은 그를 상(商) 땅에 책봉하고 상군(商君)으로 불렀다. 그러나 그는 진효공 사후에 수레에 사지가 묶여 찢기는 참형을 당했다.

이 책은 본래 5권 29편이었으나, 현재는 24편만 남아 있다.

여기서는 〈욕심장이 동곽창(東郭敞)〉 한 편을 수록하였다.

욕심장이 동곽창

동 곽 창
東 郭 敞

제(齊)나라에 동곽창이라는 사람이 있었다.

그는 욕심이 아주 많아 만금의 재산을 가지고 싶어했다.

그의 제자가 그에게 불쌍한 사람을 도와주라고 간청하였다.

그러나 그는 반대하며 말했다.

"나는 장차 돈으로 벼슬을 살 작정이란다."

그의 제자는 화를 내며 송(宋)나라로 떠나면서 말했다.

"이렇게 없는 것을 좋아하느니 차라리 있는 거나 잘 다루세요."

≪상군서(商君書)·내민(徠民)≫

우의

욕심쟁이는 바람마저 인색하다. 사람보다 물건을 좋아해서야!

중국우언(中國寓言)

춘추전국시대(春秋戰國時代) 편
― 백가쟁명의 창과 방패 ―

제8장

≪윤문자(尹文子)≫ 우언

≪윤문자(尹文子)≫는 전국시대 제나라 윤문(尹文)이 지은 책이다.

윤문은 제선왕(齊宣王) 당시 송연(宋鈃)·팽몽(彭蒙)·신도(愼到) 등과 함께 직하학궁(稷下學宮)에서 학문을 연마하였다. 그는 명가학파의 대표적인 인물이다. 공손용(公孫龍)이 그의 학통을 계승했다고 전한다.

≪한서예문지(漢書藝文志)≫에는 ≪윤문자≫ 1편이 있다고 기록되어 있으나, 현재 전하는 것은 후인들이 지어냈을 가능성이 높다.

이 책은 통치자가 지켜야 할 덕목을 강조하였다. 통치자는 마음을 비우고 허실(虛實)을 올바르게 분별하며, 법을 가지고 치란(治亂)을 결정해야 한다고 주장하였다.

다음 글을 보면, 그의 정치사상을 짐작할 수 있다.

"도(道)를 가지고 다스리는데 부족하면 법(法)을 사용하고, 법을 가지고 다스리는데 부족하면 술책(術策)을 사용하며, 술책을 가지고 다스리는데 부족하면 권력을 사용하고, 권력을 가지고 다스리기 부족하면 세력을 이용하라."

≪대도상(大道上)≫

여기에는 모두 6편의 우언을 수록하였는데, 대부분 허울의 탈을 벗으라는 가르침을 담고 있다.

영원한 바보

열 명 상 실
悅 名 喪 實

제(齊)나라 선왕(宣王)은 활쏘기를 좋아하였다.

남들이 그가 강한 활을 사용할 수 있다고 말하면 기뻐했다.

사실 그가 사용하는 활은 삼백여 근에 불과했다.

왕이 좌우 대신들에게 과시하자, 대신들은 일제히 활을 당겨서 시험해 보았다.

그들은 반 정도 구부리고는 멈추면서 말했다.

"천 근 이하는 안 될 것 같사옵니다. 대왕이 아니면 누가 이것을 사용할 수 있겠습니까!"

선왕은 그것을 기뻐했다.

선왕은 겨우 삼백여 근 짜리 활을 썼으면서 죽을 때까지 천여 근 짜리 활을 사용한 것으로 알았다.

삼백 근이 실제이고, 천여 근은 허울이다.

선왕은 허울에 현혹되어 진실을 놓쳤다.

≪윤문자(尹文子)·대도상(大道上)≫

[우의]

세상에는 허울에 눈이 멀어 진실을 보지 못하는 바보가 많다.

허울의 탈을 벗어라

위 명 득 실
違 名 得 實

제나라의 황공(黃公)이란 자는 자기를 낮추며 겸손하길 좋아했다.
그에게 딸이 둘이 있었는데 모두 빼어난 미녀였다.

자기 딸이 예쁜데도 그는 항상 겸손한 말로 깎아내리며 추녀라고
생각하였다.

추녀라는 소문이 널리 퍼지자, 혼기가 지났는데도 나라 안에 결혼
하려는 사람이 나타나지 않았다.

혼기를 놓친 위(衛)나라의 노총각이 얼렁뚱땅 큰딸을 아내로 맞이해
버렸다.

그는 놀랍게도 그녀가 빼어난 미녀라는 것을 알게 되었다.

"황공이 겸손을 떨며 자기 딸을 깎아내렸구나. 틀림없이 그 동생
도 예쁠 거야."

그러자 사람들이 다투어 예물을 보냈다.

과연 빼어난 미녀였다.

빼어난 미녀가 실제이고, 추녀가 허울이다.

허울을 벗어버리면 실제를 얻을 것이다.

≪윤문자(尹文子) · 대도상(大道上)≫

허울의 탈을 벗어라.

들꿩이 봉황으로 둔갑하다

山雉與鳳凰

초(楚)나라의 어떤 사람이 들꿩을 메고 가는데 행인이 물었다.

"무슨 새요?"

들꿩을 메고 가던 사람이 거짓으로 말했다.

"봉황이오."

행인이 말했다.

"봉황이 있다는 소문은 들었지만, 오늘에서야 보는구나! 내게 팔겠소?"

"그럽지요."

열냥에 사려고 했지만 팔지 않았다.

두 배를 준다고 하니 팔아버렸다.

행인은 그것을 초왕에게 바치려고 하였다.

그러나 하룻밤을 지나자 죽어버렸다.

행인은 돈을 아까워할 겨를도 없이 오직 초왕에게 바치지 못한 것을 아쉬워하였다.

이 이야기가 전해지자 나라 사람들은 모두 진짜 봉황으로 알았다.

봉황을 바치겠다는 그의 일념을 모두 칭송하였다.

드디어 소문이 왕에게 전해졌다.

왕은 자기에게 바치려고 했던 마음에 감동하여 그를 불러 큰 상을 내렸다.

새를 샀던 돈의 열 배도 넘게 받았다.

≪윤문자(尹文子)·대도상(大道上)≫

우의

모든 일이 항상 명실상부하기는 어렵다.

가짜가 종종 진짜로 둔갑한다.

옥을 얻은 농부

전 부 득 옥
田父得玉

위(魏)나라 농부가 들판에서 밭을 일구다가 지름이 한 자나 되는 진귀한 옥을 얻었다.

그것이 옥인지 모르고 이웃 사람에게 알렸다.

이웃 사람은 속으로 그것을 빼앗고 싶어 거짓으로 말했다.

"이것은 괴석(怪石)이야. 보관해 두면 그 집에 좋지 않으니 원래 있던 곳에 갖다 놓는 것이 좋을 걸세."

농부는 비록 의심이 되었지만 그래도 그것을 가지고 집으로 돌아와 행랑채 아래에 두었다.

그날 밤 옥이 빛을 발해 온 집을 환하게 비추었다.

농부네 온 가족은 깜짝 놀라 다시 이웃 사람에게 알렸다.

"이것이 괴물의 징조야. 빨리 버려야 재앙이 사라질 것이오."

그러자 농부는 황급히 먼 들판에 버렸다.

이웃 사람은 얼마 있다가 그것을 몰래 훔쳐 위왕에게 바쳤다.

위왕은 옥공을 불러 감별하도록 하였다.

옥공이 보고는 재배한 뒤 물러나면서 말했다.

"대왕께서 이 천하의 보물을 얻으신 것을 삼가 축하드리옵니다.

신은 아직까지 이런 것을 본 적이 없었사옵니다."

왕이 가격을 물으니, 옥공이 말했다.

"이 옥은 값을 매길 수 없는 것입니다. 다섯 개 성을 거느린 큰 도시를 가지고도 겨우 한 번 볼까말까 할 정도 입니다."

위왕은 즉각 옥을 바친 자에게 천금과 오래도록 누릴 상대부(上大夫) 봉록을 하사하였다.

≪윤문자(尹文子)·대도상(大道上)≫

우의

명성 때문에 실제를 얻기도 하지만, 명성 때문에 실제를 잃기도 한다.

마을의 어떤 영감

장 리 장 인
莊 里 丈 人

마을에 어떤 영감이 살았다.

큰 아들의 별명을 '도둑(盜)'으로, 작은 아들을 '구타(毆)'라고 지었다.

도(盜)가 외출하자 뒤를 따라 가며 불렀다

"도둑아! 도둑아!"

관리가 이 소리를 듣고 그를 체포하였다.

그 아버지가 구(毆)를 불러 관리에게 해명하려고 하였다.

갑자기 말이 나오지 않자 소리만 질렀다

"구타야! 구타야!"

관리는 곧 바로 그를 죽도록 두들겨 때렸다.

《윤문자(尹文子)·대도하(大道下)》

우의

이름이 올바르지 못하면 문제가 발생한다.

옥과 쥐

주 인 회 박
周人懷璞

정(鄭)나라 사람들은 아직 가공하지 않은 옥을 박(璞)이라고 불렀다.

주(周)나라 사람들은 아직 소금에 절이지 않은 쥐를 박(璞)이라고 불렀다.

주나라 사람이 박을 품속에 넣고 정나라 장사꾼에게 말했다.

"이 박 살래요?"

정나라 장사꾼이 말했다.

"사고말고."

꺼내 놓은 박을 보니 쥐였다.

그래서 그는 거절하고 사가지 않았다.

≪윤문자(尹文子)·대도하(大道下)≫

우의

명칭과 실제가 맞지 않으면 가치의 혼란이 따르게 된다.

중국우언(中國寓言)

춘추전국시대(春秋戰國時代) 편
－백가쟁명의 창과 방패－

제9장

≪순자(荀子)≫ 우언

《순자(荀子)》는 전국시대 순황(荀況, B.C.313~B.C.238 순경(荀卿))이 지은 것이다. 이 책의 원래 이름은 《신서(新書)》 혹은 《순경자(荀卿子)》였다. 당(唐)나라 양경(楊倞)이 주석을 붙이며 《순자(荀子)》라고 하였다.

순황은 전국시대 후기 조(趙)나라 사람으로 제위왕(齊威王)·제선왕(齊宣王) 당시에 직하학궁(稷下學宮)에서 학문을 연마하였다. 제양공(齊襄王) 때에는 직하학궁의 좨주(祭酒)로 추천되었다. 나중에 참소를 당해 초나라로 갔고, 춘신군(春申君)에 의해 난릉령(蘭陵令)으로 임명되었다. 춘신군이 죽자 그 역시 폐위되었고, 난릉에서 책을 집필하였다. 이것이 《순자》이다.

순자는 공맹의 유학 철학을 계승 발전시킨 사람으로 평가되고 있다.

《순자》는 비유법(比喩法)을 많이 사용하였지만, 우언은 많지 않다. 《순자》 우언은 학문과 교육의 중요성을 강조하는 내용이 비교적 많다. 여기에는 모두 4편을 수록하였다.

뱁새의 둥지

몽 구 위 소
蒙 鳩 爲 巢

남쪽에 몽구(蒙鳩)라는 뱁새가 살고 있었다.

이 새는 깃털을 뽑아 둥지를 만들었다.

그리고 머리털을 꼬아 끈을 만들어 갈대 이삭에 매달았다.

바람이 불자 갈대가 부러졌다. 알이 깨지고 새끼가 죽었다.

둥지가 완전하지 못해서가 아니라, 매달려 있는 갈대 때문이었다.

≪순자(荀子)·권학(勸學)≫

우의

배움에는 환경이 가장 중요하다.

바보 겁쟁이

우 이 선 외
愚而善畏

하수(夏水)의 하구 남쪽에 연촉량(涓蜀梁)이라는 사람이 살고 있었다. 그는 사람됨이 바보스럽고 겁이 많았다.

달 밝은 밤에 놀이를 나갔다가 자기 그림자를 내려다보고는 엎어 져 있는 귀신으로 생각했다.

자기 머리카락을 올려다보고는 서 있는 요괴라고 생각하고 등을 돌려 달아났다.

그는 자기 집에 거의 도착할 즈음 기절하여 죽었다.

≪순자(荀子)・해폐(解蔽)≫

우의

아집을 버려야 올바른 생각을 할 수 있다.

증자의 눈물

증 자 식 어
曾子食魚

증자가 물고기를 먹고 남은 것은 "삶도록 해라!"라고 하였다.
제자가 말했다.
"삶는 것은 사람에게 좋지 않사옵니다. 절이는 것만 못합니다."
증자가 눈물을 흘리며 말하였다.
"내가 엉뚱한 마음을 가졌던가?"
그는 이제야 알게 된 것이 마음 아팠다.

≪순자(荀子)·대략(大略)≫

우의

자신의 무지가 남에게 피해를 준다는 사실을 알아야 한다.

기울어진 그릇

기 기
欹 器

공자(孔子)가 노(魯)나라 환공(桓公)의 묘당을 관람하다가 기울어진 그릇을 발견하였다.

공자가 묘당지기에게 물었다.

"이것이 무슨 그릇이요?"

"이것은 왕의 우측에 두는 그릇입니다."

"나도 왕의 오른쪽에 두는 그릇이 있었다고 들었소. 속이 비면 기울고, 중간쯤 차면 똑바로 서며, 가득 차면 엎어진다던데."

공자는 고개를 돌려 제자에게 일렀다.

"물을 부어 보게!"

제자가 물을 퍼서 부었다.

중간쯤 차니 똑 바로 서고, 가득 차자 엎어졌으며, 속이 비자 기울었다.

공자가 한숨을 쉬며 감탄하였다.

"아! 세상에 가득 차면 엎어지지 않는 것이 어디 있겠는가!"

≪순자(荀子)·유좌(宥坐)≫

우의

오만하면 반드시 실패한다.

제10장

≪관자(管子)≫ 우언

《관자(管子)》는 춘추 초기 제(齊)나라 관중(管仲, B.C.723~B.C.645)의 사상을 기록한 책이다. 이 책은 관중이 지은 몇 편을 제외하고는, 전국(戰國) 혹은 진한(秦漢) 시대의 여러 사람이 지은 것이다. 이 때문에 이 책에는 유가·도가·법가·병가·음양가 등 각종 사상이 혼합되어 있다. 그렇지만 법가와 도가 사상이 주를 이루고 있다.

《한서예문지》에는 《관자》 86편이 있다고 했으나 현재 전하는 것은 76편뿐이다.

우언 역시 매우 적다.

여기에서는 두 편의 우언을 수록하였다. 이 우언은 인재를 고를 때 외형보다는 정직을 우선해야 한다고 주문하였다.

곧은 나무를 먼저 놓아야

선 부 직 목
先傳直木

제(齊)나라 환공(桓公)이 마구간을 둘러보며 마구간 관리에게 물었다.
"마구간 일 중에 무엇이 가장 어려운가?"

마구간 관리가 미처 대답을 하지 못하자, 관중이 대답하였다.

"저도 전에 말 사육사였는데, 마구간 난간 배열이 가장 어려웠사옵니다. 먼저 굽은 나무를 배열하면, 굽은 나무는 다시 굽은 나무를 필요로 합니다. 굽은 나무를 먼저 배열하면, 곧은 나무는 쓸모가 없기 때문입니다. 먼저 곧은 나무를 배열하면, 곧은 나무는 다시 곧은 나무를 필요로 합니다. 곧은 나무를 미리 배열하면 굽은 나무 역시 쓸모가 없기 때문입니다."

≪관자(管子)·소문(小問)≫

우의

소인배는 소인배를 부르고, 인격자는 인격자를 부른다.

착각

박 상 호 의
駁 象 虎 疑

환공(桓公)이 말을 타고 가는데, 호랑이가 보더니 땅에 엎드렸다. 환공이 관중에게 물었다.

"지금 내가 말을 타고 가는데 호랑이가 나를 보고는 감히 덤벼들지 않으니 그 까닭이 무엇이오?"

"군주께서 얼룩말을 타고 유람할 때, 해를 안고 달리셨는지요?"

"그렇소."

"그 말이 박(駁)을 닮았기 때문입니다. 박이 호랑이와 표범을 잡아먹습니다. 이 때문에 호랑이가 착각했던 것입니다"

≪관자(管子)·소문(小問)≫

우의

사물의 겉모습에 현혹되면 본질을 착각하게 된다.

제11장

≪안자춘추(晏子春秋)≫ 우언

≪안자춘추(晏子春秋)≫는 춘추시대 제(齊)나라 재상 안영(晏嬰, ?~ B.C.500)이 지었다고 알려진 책이다. 모두 안영과 관련된 정치와 외교 일화를 모은 것이다.

그 안에는 재미있는 고사가 많이 있는데, 그 중에 우언도 상당수 포함되어 있다.

7편을 골라 수록하였다. 그 중에서 <귤이 회수를 넘으면 탱자가 된다(橘化爲枳)>, <소머리 걸어 놓고 말고기를 팔다(牛頭馬肉)>, <두 개의 복숭아로 세 명의 무사를 죽이다(二桃殺三士)> 등의 우언에는 안자의 정치철학이 담겨져 있다.

기우제

景公祈雨
경 공 기 우

제(齊)나라에 큰 가뭄이 들어 씨를 뿌리는 시기를 놓쳤다.

경공(景公)이 신하들에게 물었다.

"하늘에서 비가 내린지 오래되니, 이제는 백성들의 얼굴에 굶주린 기색이 역력하구나. 내가 사람을 시켜 점을 치게 하니, 요물이 높은 산과 깊은 물속에 살기 때문이란다. 과인은 돈을 조금 거두어 산신령[靈山]에게 제사를 지내고자 하는데 괜찮겠느냐?"

그러나 신하들이 대답하지 못하였다.

안자(晏子)가 나아가서 말하였다.

"안됩니다. 산신령에게 제사 지내는 것은 도움이 되지 않습니다. 원래 산신령에게 있어서 돌은 몸체이고, 초목은 머리카락에 해당합니다. 하늘이 오랫동안 비를 내리지 않았으니, 그의 머리카락은 탈 것이고, 몸체는 달아오를 것입니다. 저것만 유독 비를 바라지 않을 수 있겠는지요? 저것에게 제사를 지내는 것이 무슨 도움이 되겠는지요?"

경공이 말하였다.

"그렇지 않다면, 황하의 신[河伯]에게 제사를 지내고 싶은데, 어떻겠느냐?"

안자가 말하였다.

"안됩니다. 하백에게 있어서 물은 나라이고, 물고기들은 백성에 해당합니다. 하늘이 오랫동안 비를 내리지 않았으니, 그의 샘물이 장차 바닥날 것이고, 모든 시냇물이 말라버리면 나라와 백성은 장차 멸망할 것입니다. 저것만이 유독 비를 바라지 않을 수 있겠으며, 저 것에게 제사를 지내는 것이 무슨 도움이 되겠는지요?"

경공이 말하였다.

"그럼 어떻게 해야 하느냐?"

안자가 말하였다.

"만약에 군주께서 궁궐 밖으로 나가 햇볕에 몸을 드러내고 산신 령·하백과 더불어 백성을 걱정한다면, 혹시 비가 내릴지도 모릅니 다."

그러자 경공은 들에 나가 햇볕에 몸을 드러냈다.

사흘이 되니 과연 하늘에서 큰 비가 내렸다.

백성들은 모두 씨를 뿌릴 수 있었다.

≪안자춘추(晏子春秋)·내편간상(內篇諫上)≫

우의

백성의 실정을 파악하고 동고동락하는 통치자라야 고난을 극복 할 수 있다.

두 개의 복숭아로 세 명의 무사를 죽이다

二桃殺三士

공손접(公孫接)·전개강(田開疆)·고야자(古冶子)가 경공(景公)을 섬기고 있었다.

이들이 용맹한 힘으로 호랑이를 때려잡는다는 소문이 자자하였다.

안자가 그들 곁을 총총히 걸으며 경의를 표했지만 세 사람은 일어나 보지도 않았다.

안자가 입궐하여 경공을 뵙고 말하였다.

"신이 듣기에, 훌륭한 군주가 양성하는 용맹한 무사는 위로는 군신간의 의리를 지키고, 아래로는 어른과 아이 간의 질서를 지키며, 안으로는 폭도를 막아내고, 밖으로는 적을 물리칠 수 있어야 한답니다. 윗사람이 그의 공로를 치하하고, 아랫사람들이 그의 용맹에 감탄하기 때문에 그의 지위를 존중하고 그를 후하게 대우하는 것입니다. 지금 군주께서 양성하고 있는 용맹한 무사는 위로 군신간의 의리가 없고, 아래로 어른과 아이 간의 질서를 지키지 않으며, 안으로 폭도를 막아내지 못하고, 밖으로 적을 물리치지 못하니 이는 나라를 위태롭게 하는 존재들입니다. 제거하는 것이 나을 것 같사옵니다."

그러자 경공이 말했다.

"세 사람을 체포하거나 암살하다가 실패할까 걱정이오."

안자가 말하였다.

"그들은 모두 힘이 센 강적이지만, 어른과 아이 사이의 예의를 모르고 있사옵니다."

안자는 경공에게 사람을 보내 복숭아 두 개를 하사하도록 하였다.

"너희 세 사람은 공로에 따라 복숭아를 나누어 먹도록 하라."

그러자 공손접은 하늘을 우러러보며 감탄하였다.

"안자는 지혜로운 사람이다. 저 자는 경공에게 우리의 공로를 시험하도록 하였다. 만약에 받지 않으면 용기가 없는 것이요. 받는다 해도 무사가 복숭아 개수보다 많은데 어떻게 공로에 따라 복숭아를 나누어 먹을 것인가! 나는 먼저 멧돼지를 때려잡고 나서 연달아 어미 호랑이를 때려잡았소. 나와 같은 공로라면 복숭아를 먹을 수 있으며, 다른 사람과 똑같지 않아!"

그는 복숭아를 끌어당기며 일어났다.

그러자 전개강이 말하였다.

"나는 무기를 휘두르며 삼군을 두 번이나 물리쳤소. 나와 같은 공로라면 역시 복숭아를 먹을 만하고, 다른 사람과 똑같지 않다고!"

그도 복숭아를 끌어당기며 일어났다.

이어서 고야자가 말했다.

"나는 일찍이 경공을 따라 황하를 건넌 적이 있었다. 큰 자라가 수레의 왼쪽 말을 물고 물 가운데에 있는 지주산(砥柱山)으로 들어갔지. 이 때, 나는 순간적으로 수영할 수 없었지만 잠수하여 물을 거슬러 백보를 갔다가 물을 따라 9리를 흘러가 큰 자라를 잡아죽였소. 왼손으로 말 꼬리를 잡고, 오른손으로 큰 자라의 머리를 끌며 학처럼 사뿐히 뛰어나왔더니, 뱃사공들이 모두 '황하의 신이다!'라고 외칩디

다. 그들이 본 것은 큰 자라의 머리인데 말입니다. 나 같은 공로라야
만 복숭아를 먹을 만합니다. 다른 사람과 똑같지 않아! 당신들은 어
째서 복숭아를 도로 가져다 놓지 않는 것이오!"

그는 칼을 뽑으며 일어났다.

그러자 공손접과 전개강이 말했다.

"우리들은 당신보다 용맹하지 못하고 공로도 그대에 미치지 못합
니다. 복숭아를 빼앗고 양보하지 않는 것은 탐욕입니다. 그러면서도
죽지 않는 것은 용기가 없기 때문입니다."

그들은 모두 복숭아를 도로 가져다 놓고 목을 베고 죽었다.

고야자가 말하였다.

"두 사람이 죽고 나 혼자 산다는 것은 인자하지 못함이요, 말을
가지고 남을 모욕하고 허풍을 떠는 것은 의롭지 못함이며, 그릇된
짓을 하고도 죽지 않는 것은 용기가 없는 것이다. 설사 두 사람이 하
나를 가지고 나누어 먹고, 내가 하나를 독차지하는 것이 마땅할지
라도."

그도 역시 복숭아를 도로 가져다 놓고 목을 자르고 죽었다.

사신이 돌아와 "이미 죽었사옵니다."라고 보고하였다.

경공은 시신을 거두고, 옷을 입혀 무사의 예로 장사지냈다.

≪안자춘추(晏子春秋)·내편간하(內篇諫下)≫

우의

오만과 무례는 항상 재앙을 부른다.

월석보

월 석 보
越 石 父

안자가 진(晉)나라로 가다가 중모(中牟) 땅에 이르렀다.

낡은 갓을 쓰고 가죽을 반쯤 걸치고는 나무 등짐을 진 채 길가에서 쉬고 있는 사람을 발견하였다.

안자는 그를 지식인으로 생각하여 사람을 보내 물었다.

"그대는 누구요?"

"나는 월석보라고 합니다."

"어찌하여 이곳에 오게 되었소?"

"중모 땅에 사는 어떤 사람의 노비입니다. 사신을 만났으니 집으로 돌아갈까 합니다."

"어떻게 노비가 되었소?"

"추위와 굶주림으로 매우 힘든 상황을 견디지 못해 노비가 되었사옵니다."

"노비가 된 지 얼마나 되었는지요?"

"삼 년이 되었습니다."

"평민으로 돌아갈 수 있습니까?"

"가능합니다."

안자는 마침내 수레 왼쪽 말을 풀어 그를 속양시켜 수레를 함께 타고 집으로 돌아갔다.

안자는 집에 도착하자 말도 없이 안으로 들어갔다.

그러자 월석보가 화를 내며 절교하자고 했다.

안자는 사람을 보내 대답하였다.

"나는 이전에 선생과 교제한 적이 없었소. 삼 년 동안 노비였던 당신을 오늘 발견하고 평민으로 돌려주었소. 아직도 내가 그대에게 못한 것이 있소? 그대는 어찌 그리 급하게 나와 절교하려는 겁니까?"

"제가 듣기에, 선비는 자기를 알아주는 않는 사람에게 수모를 당하지만, 자기를 알아주는 사람에게 믿음을 얻는다고 합니다. 그러므로 군자는 자신의 공로를 가지고 남을 멸시하지 않으며, 남이 공로가 있다고 굽신거리지 않는 법입니다. 제가 삼 년 동안 남의 노비로 있었기에 나를 알아주는 사람이 없습니다. 지금 그대가 나를 평민으로 돌려주었기 때문에 나를 알아준 사람으로 생각합니다. 그러나 아까 나를 수레에 태울 때, 타라고 말하지 않기에, 나를 잊었구나 하고 생각했습니다. 지금 다시 말도 없이 들어간 것은 저를 노비로 대한 것과 같습니다. 제가 아직도 노비인 것 같으니, 저를 세상에 팔아버리시지요."

안자가 나아가 공손히 그를 만나 말하였다.

"아까는 그대의 외모를 보았지만, 지금은 그대의 마음을 알았소. 자신의 언행을 반성하는 사람은 다시는 잘못을 저지르지 않고, 남의 사정을 알고나면 그를 비난하지 않는다고 들었습니다. 내가 사과할 것이니, 나를 버리지 마세요? 나의 잘못을 고치도록 해 주십시오."

안자는 대청을 쓸고 자리를 다시 깔게 하였다. 그리고 술자리를 마련하여 그를 예우하였다.

월석보가 말하였다.

"제가 듣기에, 지극히 공손한 사람은 형식적으로 꾸미지 않으며, 예의를 존중하는 사람은 배척당하지 않는다고 합니다. 그대가 저를 예우하니, 어찌 할 바를 모르겠습니다."

안자는 드디어 그를 상객으로 삼았다.

≪안자춘추(晏子春秋)·내편잡상(內篇雜上)≫

우의

인격자는 자신의 잘못을 발견하는 즉시 고친다.

의기양양한 마부

안 자 지 어
晏子之御

안자가 제(齊)나라의 재상이 되어 외출을 하였다.

마부의 아내가 문틈으로 자기 남편이 재상의 말을 모는 것을 엿보았다.

큰 양산을 높이 들고 네 마리 말을 채찍질하면서 의기양양하고 매우 흡족해 보였다.

마부가 얼마 있다가 집으로 돌아오자, 그의 아내가 이혼하자고 요구하였다.

남편이 그 이유를 물으니 그의 아내가 말했다.

"안자는 키가 여섯 자도 안되는데, 제나라 재상의 몸으로, 제후들에게 명성이 자자합니다. 지금 안자가 외출하는 광경을 보니, 포부가 크면서도 항상 자신을 낮추고 있었습니다. 지금 당신은 팔척 장신으로 겨우 남의 마부인 주제에 자신을 뿌듯하게 생각하고 있습니다. 그래서 내가 이혼하자고 했던 것입니다."

이후에 마부는 스스로 자제하고 겸손하였다.

안자가 이상하여 물으니, 마부가 사실대로 대답하였다.

그러자 안자는 그를 대부로 추천하였다.

≪안자춘추(晏子春秋)·내편잡상(內篇雜上)≫

우의

자만하면 손해를 부르고, 겸손하면 이익이 생긴다.

소머리 걸어 놓고 말고기를 팔다

우 두 마 육
牛 頭 馬 肉

영공(靈公)은 남자 옷을 입은 여자를 좋아하였다.

그러자 온 나라 사람들이 모두 남자 옷을 입었다.

경공이 관리를 시켜 명령하였다.

"만약에 여자가 남자 옷을 입으면, 옷을 찢고 혁대를 끊어버리겠노라!"

그러나 옷이 찢기고 혁대가 잘린 사람이 사방에 널렸는데 유행은 그치지 않았다.

안자가 뵈니 경공이 말했다.

"과인이 관리에게 명령하여 여자가 남자 옷을 입으면 옷을 찢고 혁대를 끊어 버리라고 했소. 그러나 옷이 찢기고 혁대가 잘린 사람이 사방에 널렸는데도 유행이 그치지 않으니, 어이 된 일이오?"

"군주께서는 궁궐 안에서는 남자 옷을 입게 하면서, 궁궐 밖에서는 입지 못하게 하십니다. 이것은 문에 소머리를 걸어 놓고 안에서는 말고기를 파는 것과 같사옵니다. 군주께서 궁궐 안에서 남자 옷을 입지 말라고 명령한다면, 궁궐 밖에서 어찌 감히 남자 옷을 입을 수 있겠는지요!"

"옳도다!"

하고는 궁궐 안에서 남자 옷 입는 것을 금지시켰다.

한 달이 지나지 않아, 온 나라에 남자 옷을 입은 사람이 아무도 없었다.

《안자춘추(晏子春秋)·내편잡하(內篇雜下)》

우의

통치자가 스스로 법을 준수할 때 국민이 동조한다.

참고

이 우언은 《설원·정리》와 《태평어람》822에도 수록되어 있다.

안자가 초나라에 사신으로 가다

안 자 사 초
晏子使楚

안자가 사신이 되어 초(楚)나라로 갔다.

초나라 사람은 안자가 왜소하다고 여기고는 대문 옆의 작은 문을 만들어 안자를 맞이하였다.

그러자 안자는 들어가지 않고 말하였다.

"개(狗) 나라에 사신으로 왔다면 개구멍으로 들어가지만, 지금 나는 초나라에 사신으로 왔는데 이 문으로 들어갈 수 있겠는가?"

그러자 의전관이 길을 바꾸어 안자를 대문을 통해 입궐하도록 하였다.

안자가 초왕을 뵙자 초왕이 말했다.

"제나라에는 사람이 없느냐? 그대를 사신으로 보냈더냐!"

안자가 대답하였다.

"제나라 임치(臨淄)의 구역은 육천오백 칸이고, 사람들이 옷소매를 펼치면 하늘에 구름이 낀 것 같으며, 땀을 흘리면 비가 오는 것 같습니다. 사람끼리 서로 어깨가 부딪치고 다리가 걸릴 정도로 많습니다. 어찌 사람이 없겠는지요?"

"그렇다면 어찌 그대를 사신으로 보냈는가?"

"제나라는 사신을 보낼 때마다 주안점을 둡니다. 현명한 사람은 현명한 군주에게 보내고, 못난 사람은 못난 군주에게 보냅니다. 제가 가장 못난 사람이니 초나라에 사신으로 온 것이 마땅합니다."

≪안자춘추(晏子春秋)·내편잡하(內篇雜下)≫

우의

다른 사람을 모욕하면 반드시 자신도 모욕을 당한다.

참고

이 우언은 ≪예문유취≫25, ≪태평어람≫183, 378, 468, ≪초학기≫에 수록되어 있다.

귤이 회수를 건너면 탱자가 된다

귤 화 위 지
橘化爲枳

안자가 사신이 되어 초나라로 가려고 하였다.

초왕이 이 소문을 듣고 좌우 대신에게 물었다.

"안자는 제나라의 달변가이다. 곧 온다니 내가 그를 욕보이고 싶다. 어떻게 하면 되겠는가?"

좌우 대신들이 대답하였다.

"그가 도착했을 때, 저희가 '한 사람을 포박하겠습니다!' 하며 지나가겠습니다. 왕께서 '누구를?' 하고 말하시면, 저희가 '제나라 사람입니다!' 라고 대답하겠습니다. 왕께서 '무슨 죄로?' 라고 하시면, 저희가 '도둑질한 죄입니다!' 라고 하겠사옵니다."

안자가 도착하였다.

초왕이 안자에게 술자리를 베풀었다.

주흥이 무르익자 관리 두 명이 한 사람을 포박하여 왕에게 끌고갔다.

왕이 물었다.

"포박한 자가 누구냐?"

"제나라 사람인데, 도둑질을 했사옵니다."

왕이 안자를 바라보며 말했다.

"제나라 사람은 원래 도둑질을 잘 하느냐?"

안자가 자리를 피하며 말했다.

"제가 듣기에, 귤이 회수(淮水) 남쪽에서 자라면 귤이 열리지만, 회수 북쪽에서 자라면 탱자가 된다고 합니다. 잎새가 서로 비슷하지만 열매의 맛은 서로 다릅니다. 왜 그럴까요? 풍토가 다르기 때문입니다. 지금 이 백성이 제나라에서 자랄 때는 도둑질을 하지 못했는데, 초나라에 들어와서 도둑질을 했습니다. 초나라의 풍토가 아니었던들 그가 어찌 도둑질을 잘 할 수 있었겠는지요? "

왕이 웃으면서 말했다.

"훌륭한 사람은 놀릴 수 없도다! 내가 도리어 창피를 당했구나."

≪안자춘추(晏子春秋)·내편잡하(內篇雜下)≫

[우의]

현명한 사람을 모욕하면 도리어 자신이 모욕을 당한다.

[참고]

이 우언은 ≪태평어람≫779, ≪북당서초≫, ≪설원·봉사(奉使)≫, ≪의림≫, ≪예문유취≫25, 86, ≪한시외전≫10 등에도 수록되어 있다.

제12장

≪신자(愼子)≫ 우언

《신자(愼子)》는 전국시대 조(趙)나라의 신도(愼到, B.C.395~B.C.315)가 지었다고 전해지는 책이다. 명대(明代)에 교각(校刻)한 《신자》는 내외 편으로 나뉘어 있는데, 위서일 가능성이 높다.

사상적 근원은 도가에 있다. '세(勢)'를 중시한 것으로 보아 《한비자》 사상과 일맥상통하는 점이 있다.

여기에서는 두 편의 우언을 수록하였다.

혀는 남아 있으되 이는 없어졌다

설 존 치 망
舌 存 齒 亡

상용(商容)이 병이 들자, 노자가 물었다.

"선생님께서는 제자들에게 가르침을 남기지 않으시는지요?"

상용이 입을 벌리며 물었다.

"내 혀가 있느냐?"

"있습니다."

"내 이가 있느냐?"

"없습니다."

"그 까닭을 아느냐?"

"강한 것은 없어지고 약한 것은 남는다는 뜻이 아닌지요?"

"오, 세상의 이치가 여기에 있구나!"

≪신자(愼子)·외편(外篇)≫

우의

부드러운 것이 강한 것을 이긴다.

모르면 용감하다

과 협 불 률
過峽不慄

적성산(赤城山)에는 길이 사십 자가 되는 돌다리가 있다.

계곡의 폭은 한 자이고 바닥은 거북 등처럼 튀어나왔으며, 그 아래에는 바닥이 보이지 않는 계곡이 있다.

샘물이 흘러 벼랑을 흥건하게 적시고, 이끼가 전체를 뒤덮고 있어, 등나무 넝쿨을 잡아도 올라갈 수 없었다.

그런데 한 산골 사람이 땔감을 진채, 발길을 멈추지 않고 단숨에 다리를 건너가고 있었다.

이 광경을 본 사람들의 칭찬이 자자하였다.

어떤 사람이 그에게 말했다.

"사람이 건널 수 없는 다리를 건넜어요. 다시 한 번 건너볼래요?"

그 산골 사람은 그 자리에 서서 다리를 흘끔 쳐다보았다.

다리가 후들거려 들지 못하고 아찔하여 똑바로 쳐다보지 못했다.

파협(巴峽)을 지나고도 떨지 않는 자는 일찍이 물에 놀라 본 적이 없었기 때문이다.

감옥을 구경하고도 무서워하지 않는 자는 징벌을 받아 본 적이 없기 때문이다.

≪신자(愼子)·외편(外篇)≫

【우의】

경험해보기 전에는 그 대상을 올바로 파악할 수 없다.

중국우언(中國寓言)

춘추전국시대(春秋戰國時代) 편
— 백가쟁명의 창과 방패 —

제13장

≪갈관자(鶡冠子)≫ 우언

≪갈관자(鶡冠子)≫는 도자(道家) 계열의 책이다. 황로(黃老) 사상에 기초하면서 형명(刑名) 사상을 혼합하였다. 이 책이 제시한 '원기(元氣)'사상은 ≪노자≫를 계승하였고; 아래로는 한대(漢代)의 원기론을 열었다는 평가를 받고 있다. 이 책은 중국 황로학파의 발전에 기여한 바가 크다.

이 책을 지은 사람에 대해서는 의견이 분분하다. 저자는 전국시대 초나라 사람으로서, 깊은 산에 은거하면서 관새 깃털 갓을 자주 썼다고 하여 이런 이름이 붙여졌다는 이야기가 전한다.

현재 남아 있는 것은 19편이다. 1900년 둔황[돈황(敦煌)]의 문서에서 일부가 발견되었다.

여기에서는 1편의 우언을 수록하였다.

누가 최고 명의인가

숙 최 선 의
孰 最 善 醫

위문후(魏文侯)가 물었다.

"그대 세 형제 중에서 누가 최고 명의인가?"

편작(扁鵲)이 대답하였다.

"큰 형이 최고 명의이고, 작은 형이 그 다음이며, 제가 제일 못합니다."

"자세히 얘기 해 줄 수 있소?"

"큰 형은 병자의 신색(神色)을 살핍니다. 질병이 아직 몸에 나타나지 않았을 때 제거하기 때문에 명성이 집안을 벗어나지 못했습니다. 작은 형은 질병이 표면에 나타났을 때 치료하기 때문에 명성이 마을을 벗어나지 못했습니다. 저는 혈맥에 침을 놓고 약을 투여하며, 수술을 하기 때문에 여러 나라에 명성이 났던 것입니다."

≪갈관자(鶡冠子)·세현(世賢)≫

우의

환난은 미연에 제거하는 것이 최상이다.

중국우언(中國寓言)

춘추전국시대(春秋戰國時代) 편
— 백가쟁명의 창과 방패 —

제14장

≪위문후서(魏文侯書)≫ 우언

≪위문후서(魏文侯書)≫는 전국시대 위문후(魏文侯)가 지었다고 전해진다. 이 책에는 위문후와 현사(賢士)들 간의 정론(政論)이 담겨있다.

원서는 없어졌고, ≪전국책≫·≪여씨춘추≫·≪한시외전≫·≪회남자≫·≪신서≫·≪설원≫ 등에 일문(佚文)이 있다. ≪옥함산방집일문(玉函山房輯佚文)≫에 그 문장이 수록되어 있다.

위문후의 이름은 사(斯)이고, 위(魏)나라를 창건하였다. 그는 B.C. 446에서 B.C.397까지 재위에 있으면서 위성자(魏成子)·적황(翟璜)·이리(李悝)·악양(樂羊)·오기(吳起)·서문표(西門豹) 등 명신들을 기용하여 많은 공적을 쌓았다.

위문후는 춘추전국시대 우언의 주인공으로 가장 많이 등장하는 군주이기도 하다.

여기에서는 두 편의 우언을 수록하였다.

약속은 지켜야 한다

위 문 후 기 렵
魏文侯期獵

위문후가 숲지기와 사냥하기로 약속했다.

사냥하기로 한 날, 주흥이 무르익었을 때 비가 내렸다.

문후가 막 나가려고 하니, 좌우 대신이 말했다.

"오늘 주흥이 무르익고 게다가 비가 내리는데, 군주께서는 어디를 가시려 합니까?"

"나는 숲지기와 약속했다. 주흥이 무르익었다고, 어찌 한 번 한 약속을 어길 수 있겠는가?"

곧바로 가서 직접 약속을 취소하였다.

≪위문후서(魏文侯書)≫

우의

하찮은 사람과의 약속이라도 반드시 지켜야 한다.

남에게 기대서는 안된다

오 부 족 시
五 不 足 恃

위문후가 고권자(孤卷子)에게 물었다.
"아버지의 현명함을 믿어도 됩니까?"
그가 대답하였다.
"안됩니다."
"아들의 현명함을 믿어도 됩니까?"
"안됩니다."
"형의 현명함을 믿어도 됩니까?"
"안됩니다."
"동생의 현명함을 믿어도 됩니까?"
"안됩니다."
"신하의 현명함을 믿어도 됩니까?"
"안됩니다."
그러자 문후가 정색을 하고 버럭 화를 내며 말했다.
"과인이 그대에게 이 다섯 가지를 물었는데, 일일이 믿을 수 없다고 생각하니, 어찌 된 일이오?"
"아버지로서 현명하기가 요(堯)임금을 능가하는 사람은 없는데 단

주(丹朱)는 추방당했고, 아들로서 현명하기가 순(舜)임금을 능가하는 사람이 없는데 고수(瞽瞍)는 완고하였으며, 형으로서 현명하기가 순임금을 능가하는 사람이 없는데 상(象)은 오만하였고, 동생으로서 현명하기가 주공(周公)을 능가하는 사람이 없는데 관숙(管叔)이 피살되었으며, 신하로서 현명하기가 탕(湯)과 무(武)를 능가하는 사람이 없는데 걸(桀)과 주(紂)를 토벌하였습니다. 남에게 희망을 거는 사람은 목적을 달성할 수 없고, 남에게 의지하는 사람은 오래 가지 못합니다. 군주께서 통치를 원하시면, 자신부터 시작하십시오. 어찌 남을 믿을 수 있사옵니까?"

≪위문후서(魏文侯書)≫

[우의]

모든 일은 자기 자신으로부터 출발해야 한다.

중국우언(中國寓言)

춘추전국시대(春秋戰國時代) 편
— 백가쟁명의 창과 방패 —

제15장

≪복자(宓子)≫ 우언

《복자(宓子)》는 전국시대 복자제(宓子齊)가 지은 것으로 알려져 있다. 복자제의 자는 자천(子賤)이고, 공자의 제자인데 선보재(單父宰)가 되어 훌륭한 치적을 쌓았다.

《옥함산방집일서》에 이 책의 일문이 수록되어 있다.

이 책에는 복자의 선보(單父) 지방 통치와 관련한 이야기가 담겨 있다.

여기에는 1편의 우언을 수록하였다.

양교어와 방어

양 교 여 방
陽 橋 與 魴

복자천(宓子賤)이 선보(單父)의 원님으로 부임하려고 하였다.

이때 양주(陽晝)의 집을 지나면서 물었다.

"저에게 들려줄 말씀이 있으신지요?"

양주가 대답하였다.

"저는 어려서부터 비천하여 백성을 다스리는 방법을 알지 못하옵니다. 그러나 낚시하는 방법 두 가지를 알고 있는데 들려드리겠습니다."

"낚시하는 방법이 어떤 것입니까?"

"낚싯줄에 미끼를 끼어 물에 드리우자마자 따라와서 무는 것은 양교어(陽橋魚)이지만, 육질이 부족하고 맛이 없습니다. 있는 듯 없는 듯 하며 미끼를 무는 듯 마는 듯 하는 것이 방어(魴魚)지만, 육질이 풍부하고 맛이 좋습니다."

"옳도다!"하고 복자천이 말했다.

선보 땅에 아직 도착하지도 않았는데 영접 나온 관리들이 길가에 가득하였다.

복자천이 외쳤다.

"수레를 몰아라, 수레를 몰거라! 저기 양주가 말한 양교어가 나타났느니라."

이렇게 선보 땅에 도착하여 덕망 있는 현인을 초빙하였다.

그리고 그들과 더불어 선보를 통치하였다.

≪복자(宓子)≫

우의

아첨은 덕망보다 항상 못하다

제16장

≪경자(景子)≫ 우언

≪경자(景子)≫는 복자의 제자 경자(景子)가 지은 것으로 전한다. ≪옥함산방집일서≫에 이 책의 일문이 수록되어 있다.

여기에는 1편의 우언을 수록하였다.

맡기기와 통제하기

任人任力
임 인 임 력

복자천이 선보 땅을 통치할 때였다.

거문고를 타느라 마루 아래로 내려오지도 않았는데도 선보 땅이 잘 다스려졌다.

무마기(巫馬期) 역시 선보 땅을 통치하였다.

그는 별을 보고 출근하였다가, 별을 보고 퇴근하였다.

밤낮을 쉬지 않고 몸소 일을 처리하였지만 선보 땅이 겨우 다스려졌다.

무마기가 복자에게 그 이치를 물었다.

복자가 대답하였다.

"나는 맡기는 자이고, 자네는 통제하는 자일세. 통제는 본디 피곤한 것이지만, 맡기는 것은 원래 편안한 것이네."

《경자(景子)》

[우의]

다른 사람의 역량을 믿고 맡기는 것이 정치의 요체이다.

중국우언(中國寓言)

춘추전국시대(春秋戰國時代) 편
— 백가쟁명의 창과 방패 —

제17장

≪호비자(胡非子)≫ 우언

≪호비자(胡非子)≫는 묵가(墨家)로 알려진 호비자(胡非子)가 지었다고 한다.

호비자의 이름과 관적(貫籍)은 알 수 없으며, 원서도 이미 없어졌다. 단지 ≪태평어람≫에 이 책의 일문이 수록되어 있을 뿐이다.

여기에서는 1편의 우언을 수록하였다.

활과 화살

궁　시
弓　矢

어떤 사람이 말하였다.

"나는 좋은 활을 가지고 있기 때문에 화살이 필요 없어!"

다른 사람이 말했다.

"나는 좋은 화살을 가지고 있기 때문에 활이 필요 없어!"

예(羿)가 이 말을 듣고 말했다.

"활이 없이 어찌 화살을 쏠 수 있으며, 화살이 없이 어찌 명중시킬 수 있는가!"

예는 그들에게 활과 화살을 모두 갖추게 하고 활쏘기를 가르쳤다.

≪호비자(胡非子)≫

우의

일은 그 구성 요소가 두루 구비되어야 정상적으로 진행되는 법이다.

중국우언(中國寓言)

춘추전국시대(春秋戰國時代) 편
─ 백가쟁명의 창과 방패 ─

제18장

≪시자(尸子)≫ 우언

≪시자(尸子)≫는 춘추전국시대 잡가(雜家)로 알려진 시자(尸子)가 지었다고 한다. 시자의 이름은 교(佼)이고 상군(商君)의 식객으로 활약했다고 한다.

≪한서·예문지≫에 20편이 기록되어 있으나, 송대에 이미 사라졌다.

청(淸)나라 왕계배(汪繼培)가 편집한 ≪시자≫가 있다.

현재 여기에서는 4편의 우언을 수록하였다.

뒤돌아본 사슴

회 두 장 망
回頭張望

사슴은 달음질이 재빠르다.

뒤를 돌아보지 않으면 육두 마차도 따라잡지 못하고 그 먼지만 쳐다볼 뿐이다.

그것이 붙잡히는 까닭은 뒤를 돌아보기 때문이다.

≪시자(尸子)≫

우의

뒤돌아보지 말고 용감하게 매진하라!

그대에게 모두 맡기리

장 자 위 제
張 子 委 制

의사 구(跔)는 진(秦)나라의 명의였다.

선왕(宣王)의 종기를 도려냈고, 혜왕(惠王)의 치질을 치료하여 모두 완쾌시켰다.

장의(張儀)는 등창이 생기자 구(跔)에게 치료하도록 명령하였다.

"등은 내 등이 아니니 그대에게 모두 맡기겠네."

장의는 치료를 받고 드디어 완쾌되었다.

구(跔)가 치료에 매우 능통했던 것은 장의가 완전히 맡기었기 때문이다.

개인과 국가도 대개 이렇다.

반드시 맡겨야만 비로소 다스려진다.

≪시자(尸子)≫

우의

일을 성사시키려면 남을 믿고 일을 맡겨야 한다.

오직 용기 하나로

맹 분 중 용
孟 賁 重 勇

어떤 사람이 맹분(孟賁)에게 말했다.

"생명과 용기 중에 무엇이 중요합니까?"

"용기입니다."

"지위와 용기 중에 어느 것이 중요합니까?"

"용기입니다."

"부귀와 용기 중에 어느 것이 중요합니까?"

"용기입니다."

이 세 가지는 인간이 얻기 어려운 것인데도, 그는 모두 용기와 바꾸지 않았다.

이것이 그가 삼군을 통솔하고 맹수를 때려잡은 까닭이다.

≪시자(尸子)≫

우의

용기 있는 자가 승리한다!

독은 제거되어야 한다

무 마 기 매 짐
巫 馬 期 買 酖

무마기(巫馬期)가 형왕(荊王)의 사신이 되어 파(巴)나라로 갔다.
독주를 지고 가는 사람을 발견하고 물었다.
"그것이 무엇이오?"
"사람을 중독시키는 것입니다."
그는 그것을 사겠다고 하였다.
돈이 부족하자 수레와 말을 보탰다.
그것을 사서는 모두 강물에 쏟아버렸다.

≪시자(尸子)≫

우의

사회의 악은 사서라도 없애야 한다.

제19장

≪궐자(闕子)≫ 우언

《귈자(鬫子)》는 춘추전국 시대 종횡가(縱橫家)로 알려진 귈자가 지은 것이다.

《한서예문지》에 《귈자》 한 편이 있다고 하였고, 《옥함산방집일서》에 수록되어 있다.

여기에서는 2편의 우언을 수록하였다.

계수꽃 미끼와 황금 낚시 바늘

계 이 금 구
桂餌金鉤

노(魯)나라에 낚시를 좋아하는 사람이 있었다.

계수나무 꽃을 미끼로 사용하고, 황금 낚시 바늘을 달았다.

낚싯대를 은실과 푸른 구슬로 새기고, 비취 깃털 낚싯줄을 매달았다.

그리고 그는 정확한 위치에 낚싯대를 드리웠다.

그러나 고기를 거의 잡지 못하였다.

≪궐자(闕子)≫

우의

겉이 화려하면 속은 부실해진다.

바보가 연석을 줍다

우 인 득 연 석
愚人得燕石

송나라의 바보가 오대(梧臺) 동쪽에서 연석(燕石)을 주웠다.

집에 숨겨놓고는 천연 보물인양 여겼다.

낙읍(洛邑)의 객상이 이 소문을 듣고는 보고 싶어 하였다.

주인은 칠 일 간 목욕재계한 뒤, 반듯한 갓을 쓰고 검은 예복을 입고서 보물을 열어 보였다.

보물이 열 겹의 가죽 궤짝 속에 들어 있는데, 열 겹의 황적색 면직 수건에 쌓여 있었다.

객상은 그것을 보고 입을 가리며 킥킥거렸다.

"이것은 연석이야! 기와장과 다르지 않아!"

주인은 버럭 화를 내면서 말했다.

"이것은 장사꾼의 말과 무당의 짓이야!"

라고 하고는 그것을 더욱 단단히 감추었다.

≪궐자(闕子)≫

우의

세상에는 가짜를 진짜로 여기고 애지중지하는 바보가 많다.

이 우언은 ≪태평어람≫에 수록되어 있다.

이백(李白)은 <고풍(古風)>이란 시에서 이 이야기를 다음과 같이 읊었다.

宋國梧臺東,	송나라의 오대 동쪽
野人得燕石	농부가 연석을 주웠다.
誇作天下珍,	세상의 진귀한 물건이라 떠벌리며
却咍趙玉璧	화씨벽을 비웃었다.
趙璧無緇磷	화씨벽은 흠집 하나 없지만
燕石非貞眞,	연석은 순정품이 아니로다.
流俗多錯誤,	대다수 세속 사람들이 잘못 알고 있으니
豈知玉與珉	어찌 옥과 옥돌을 구별하랴!

중국우언(中國寓言)

춘추전국시대(春秋戰國時代) 편
― 백가쟁명의 창과 방패 ―

제20장

《어릉자(於陵子)》 우언

≪어릉자(於陵子)≫는 전국시대 진중자(陳仲子)가 지었다고 한다. 12편이 남아있는데, 청(淸)나라 왕사정(王士禎)은 이 책이 요사린(姚士粦)의 위작이라고 주장하였다.

여기에서는 1편의 우언을 수록하였다.

달팽이와 개미

중 주 지 와
中 州 之 蝸

중원에 사는 달팽이가 힘차게 나가려고 했지만 자신의 무능이 걱정되었다.

동쪽에 있는 태산(泰山)으로 가려면 모두 삼천 년이 걸렸다.

남쪽에 있는 양자강과 한수(漢水)로 가려 해도 삼천 년이 소요되었다.

자신의 수명을 헤아려 보니, 겨우 한나절에 불과하였다.

그래서 분을 이기지 못하고 쑥대밭 위에서 말라 죽었다.

그리고는 개미의 웃음거리가 되었다.

≪어릉자(於陵子)·인간(人間)≫

우의

제 분수를 알라!

중국우언(中國寓言)

춘추전국시대(春秋戰國時代) 편
─ 백가쟁명의 창과 방패 ─

제21장

《국어(國語)》 우언

≪국어(國語)≫는 주(周)왕조와 각 제후국의 국가별 역사서이다. 이 책은 주목왕(周穆王, 기원전 1054-기원전 949년)으로부터 노도공(魯悼公, 기원전 491-기원전 468년)까지의 각 나라의 사건을 나누어 기록하였다. 각 나라의 언론을 기록하였기 때문에 ≪국어≫라고 불렀다.

전국시대의 기록으로 볼 수 있다. 사마천(司馬遷)과 반고(班固)는 좌구명(左丘明)이 이 책을 지었다고 주장하였다. 그러나 비슷한 시기에 좌구명이 지은 ≪좌전(左傳)≫과는 그 체례와 내용이 좀 다르다.

≪국어≫는 역사서이지만 수록된 이야기는 우언의 색채를 띠고 있다. 이 우언은 후대의 우언 작품에 많은 영향을 주었다. 여기서는 1편의 우언을 수록하였다.

냇둑은 막으면 반드시 무너진다

천 옹 필 궤
川 壅 必 潰

주(周)나라 여왕(厲王)이 포악해지자, 백성들이 왕을 비방하였다.

소공(召公)이 왕에게 보고하였다.

"백성들이 왕명을 감당하지 못하고 있습니다."

왕은 화를 내고, 위(衛)나라 무당을 불러 비방하는 자를 감시하도록 하였다.

그리고 발각되는 대로 죽여버렸다.

백성들은 감히 말을 입 밖으로 내지 못했고 길에서 만나면 서로 바라보기만 하였다.

왕은 기뻐하며, 소공에게 말했다

"나에 대한 비방을 막았다. 감히 발설하지 못하게 했어!"

소공이 말했다.

"그것은 틀어막는 방법입니다. 백성의 입을 막는 것은 냇물을 막는 것보다 어렵습니다. 냇둑이 무너지면 다치는 사람이 많습니다. 백성도 역시 이와 같습니다. 그러므로 냇물을 관리하는 자는 물길을 따서 유도해야 하고, 백성을 다스리는 자는 마음대로 말하도록 유도해야 합니다."

왕은 이 말을 듣지 않았다.

그때 백성들은 감히 말을 입 밖에 낼 수 없었다.

그러나 삼 년 뒤 왕은 체(彘)땅으로 유배되었다.

≪국어(國語)·주어상(周語上)≫

우의

백성의 입을 막는 것은 냇물을 막는 것보다 어렵다.

제22장

송옥(宋玉) 우언

송옥(宋玉, B.C.403~B.C.321)은 전국시대 초회왕(楚懷王)과 양왕(襄王) 당시에 살았던 문장가이면서 초사(楚辭)의 작가였다.

송옥은 종종 사람들의 비방을 받았다. 그래서 그는 우언을 지어 초양왕에게 자신을 해명하였다.

여기서는 그가 지은 한 편의 우언을 수록하였다.

유행가와 대중

곡 고 화 과
曲 高 和 寡

어떤 가객이 영(郢) 땅 한복판에서 노래를 불렀다.

처음 <하리파인(下里巴人)>을 불렀을 때, 성 안에서 따라 부르는 사람이 수천 명이었다. 그가 <양아해로(陽阿薤露)>를 불렀을 때, 성 안에서 따라 부르는 사람이 수백 명이었다.

그가 <양춘백설(陽春白雪)>을 불렀을 때, 성 안에서 따라 부르는 사람은 수십 명에 불과하였다.

그가 상성(商聲)으로 길게 뽑고, 우성(羽聲)으로 감정을 넣은 뒤, 치성(徵聲)을 섞어 불렀을 때, 성 안에서 따라 부르는 사람이 몇 명에 불과하였다.

그가 부른 곡조가 고급스러울수록 따라 부르는 사람이 갈수록 적었다.

송옥(宋玉) <대초왕문(對楚王問)>

우의

현실에 기초한 정책이라야 대중들의 호응을 받는다.

중국우언(中國寓言)

춘추전국시대(春秋戰國時代) 편
─ 백가쟁명의 창과 방패 ─

제23장

≪여씨춘추(呂氏春秋)≫ 우언

≪여씨춘추(呂氏春秋)≫는 전국시대 말기 진(秦)나라 승상을 지낸 여불위(呂不韋, ?~B.C.235)와 그의 문객들이 함께 지은 책이다. ≪한서·예문지≫는 책을 잡가(雜家)로 분류했지만, 내용을 보면 도가사상을 주요 골자로 하면서 각 학파의 학설을 융합하였다. 전체 20권에 160편, 20만 자에 달한다.

이 책은 진나라의 천하통일과 무관하지 않다. 통치자들에게 사적인 이익을 버리고 공평무사 정신으로 인재를 널리 찾는 것이 국가통치의 지름길이라고 강조하였다. <도끼를 잃고 남을 의심하다(亡鈇之疑)>는 이야기를 통하여 통치자의 편견이 가져오는 폐해를 지적하였다. <각주구검(刻舟求劍)>을 통하여 새로운 시대에는 새로운 법칙이 필요함을 강조하였다. <유왕(幽王)의 북(幽王擊鼓)>을 통해 통치자에게 신뢰가 얼마나 중요한가를 깨우쳐주었다. 또한 <귀를 막고 종을 훔치다(掩耳盜鈴)>를 통하여, 인간의 존망과 안위(安危)는 결코 밖에 있는 것이 아니라 바로 나를 아는 데에 달렸다는 가르침을 주었다.

여기서는 모두 45편의 우언을 수록하였다.

황양(黃羊)의 인물추천

거 사 위 공
去私爲公

진평공(晉平公)이 기황양(祁黃羊)에게 물었다

"남양 땅에 수령 자리가 비어 있는데, 그곳을 통치할 만한 사람이 누구더냐?"

"개호(解狐)가 할 수 있사옵니다."

"개호는 그대의 원수가 아니냐?"

"군주께서 통치할 만한 사람이 누구냐고 물으셨지, 너의 원수가 누구냐고 묻지 않으셨사옵니다."

"옳다!"

평공이 마침내 그를 등용하였다.

백성들은 이것을 훌륭한 천거라고 칭찬하였다.

얼마 있다가 평공이 황양에게 다시 물었다.

"나라에 군사령관 자리가 비어 있는데, 누가 맡을 만하냐?"

"오(午)가 할 수 있사옵니다."

"오는 당신의 아들이 아니오?"

"군주께서 등용할 만 한 사람을 물으셨지, 제 자식에 대해 묻지 않으셨습니다."

"옳다!"

평공이 그를 등용하였다.

백성들은 이것을 훌륭한 천거라고 칭찬하였다.

≪여씨춘추(呂氏春秋)·거사(去私)≫

[우의]

인재 등용에서 가장 중요한 것이 능력이다.

[해제]

이 우언은 인재 등용에서 가장 중요한 것이 공평무사임을 강조하였다.

<거사(去私)>편 첫머리에 다음과 같은 말이 있다.

하늘은 사사롭게 혜택을 주지 않고, 땅은 사사롭게 채우려 하지 않는다. 해와 달은 사사롭게 비추지 않고, 사계절은 사사롭게 운행하지 않는다. 그 혜택을 베풀어 만물이 성장하도록 한다.(天無私覆也, 地無私載也, 日月無其私燭也, 四時無私行也。行其德而萬物得遂長焉)라고 하였다.

≪예기·유행(儒行)≫편에 "공자가 말하였다 '유가는 남을 추천하는데 안으로 친척을 배제하지 않고, 밖으로 원수를 피하지 않는다."(孔子曰儒有內稱不避親, 外擧不避怨)라고 하였고, ≪한비자(韓非子)·설의(說疑)≫편에는 "인재를 천거함에 내적으로 친척을 피하지 않고, 외적으로는 원수를 피하지 않았다."(內稱不避親, 外擧不避怨)라고 하였다.

위의 우언은 바로 중국의 전통적인 인재 추천에 있어 공평무사한 정신을 주장한 것이다.

의(義)를 위해 자식을 죽이다.

行義殺子
행 의 살 자

묵가(墨家)의 지도자인 복돈(腹䵍)이 진(秦)나라에 머무르고 있을 때, 그의 아들이 살인을 하였다.

진나라 혜왕(惠王)이 복돈에게 말했다.

"선생은 나이가 많고 다른 자식이 없소. 그래서 과인이 이미 재판관에게 처형하지 말라고 명령하였소. 선생은 과인의 말을 따라주시오."

복돈이 대답하였다.

"묵가의 법은 '살인자는 사형에 처하고, 남을 상하게 한 자는 형벌에 처한다.'고 규정하고 있습니다. 이것은 남을 살상하는 것을 막기 위함이요, 천하의 대의(大義)입니다. 왕께서 저에게 은혜를 베풀어 재판관에게 처형하지 말도록 명령하신다 해도, 저는 묵가의 법을 따르지 않을 수 없사옵니다."

그는 왕의 제안을 마다하고 마침내 자기 자식을 죽였다.

모든 부모는 자기 자식을 사랑한다.

그러나 그는 자신이 사랑하는 자식을 모질게 죽임으로써 대의를 실천하였다.

≪여씨춘추(呂氏春秋)·거사(去私)≫

사사로움을 없애는 것이 대의이다.

열자의 활쏘기 공부

열 자 학 사
列 子 學 射

열자가 우연히 화살을 명중시키고 말하자
관윤자가 물었다.
"그대는 그대가 명중시킨 이유를 아는가?"
"모릅니다."
"아직은 안 돼!"
열자가 물러나 삼 년 동안 연습한 뒤 다시 관윤자에게 말하자
관윤자가 물었다.
"그대는 그대가 명중시킨 이유를 아는가?"
"알았습니다."
"됐네. 명중시킨 이유를 분명하게 알고 잊지 말게."
 그것은 활쏘기에 국한된 것은 아니다. 국가의 존망과 인격의 고하
에도 모두 그렇게 된 이유가 있다. 성인은 국가의 존망, 인격의 고하
를 관찰하지 않고 그렇게 된 이유를 살폈다.
≪여씨춘추(呂氏春秋)·심기(審己)≫

우의

어떤 일이 발생하거든 그 결과를 살피지 말고 그 원인을 살피라.

몸-4

지성이면 감천

야 문 격 경
夜 聞 擊 磬

종자기(鍾子期)가 한밤중에 석경소리를 듣고 마음이 울적해졌다.
그는 사람을 보내 경쇠를 친 사람을 불러서 물었다.

"당신의 경쇠소리가 어째서 그렇게 슬픈가?"

"저의 아버지가 불행히도 살인죄로 처형을 당했습니다. 저의 어머니는 목숨을 건졌으나 관청의 노비가 되었고, 저도 살아남긴 하였으나 관청에서 경쇠를 치고 있습니다. 어머니를 삼 년 동안이나 뵙지 못하다가, 어제 저잣거리에서 어머니를 뵈었습니다. 속죄할 방법을 생각해 보았지만, 제 몸이 돈 한 푼 안되는 관가의 물건 신세임을 알았습니다. 그래서 그 소리가 슬픈 것입니다."

"슬프고, 슬프다! 마음은 팔이 아니고, 팔 또한 경쇠를 치는 막대기나 돌이 아니거늘, 마음에 가득한 슬픔이 목석을 감동시켰구나! 그러므로 군자는 이것에 성실하면 저것을 훤히 알 수 있고, 자기의 깨달음을 남에게 전달할 수 있다. 어찌 억지로 남을 설득할 필요가 있겠는가?"

≪여씨춘추(呂氏春秋)·정통(精通)≫

통치자 자신이 성실해야만 백성들을 감동시킬 수 있다.

이 우언은 종자기(鍾子期)가 주인공으로 등장하는 ≪열자(列子)·탕문편(湯問篇)≫의 <지음지교(知音之交)> 우언과 유사하다. 그러나 우의는 서로 다르다.

이 우언은 병가(兵家)의 사상을 표현하였다. 즉 통치자가 백성의 마음과 한마음 한뜻으로 화합하면 전쟁을 하지 않고도 천하를 통일할 수 있다는 주장이다.

폭군과 명군의 차이

탕(湯)임금이 그물을 치는 사람을 발견하였다.

그 사람은 사방에 그물을 치고 기원하였다.

"하늘에서 떨어지는 것, 땅에서 솟아오르는 것, 사방에서 날아오는 것 모두 내 그물에 걸리도록 해 주십시오!"

그러자 탕 임금이 말했다.

"이런! 모든 것을 다 잡으려 하는구나. 폭군 걸(桀)이 아니고 누가 이런 짓을 하겠는가?"

탕 임금은 그물의 세 방향을 걷어내고 한쪽만 남겨두고서, 이렇게 고쳐서 기원하도록 하였다.

"옛날에 거미가 거미줄 치는 것을 보고 오늘날의 사람이 그물치는 법을 배웠다. 왼쪽으로 가고 싶으면 왼쪽으로 날아가고, 오른쪽으로 가고 싶으면 오른쪽으로 날아가라. 높이 가고 싶으면 높이 날고, 아래로 가고 싶으면 아래로 날게 하거라. 나는 명령을 따르지 않는 것만 잡을 것이다.

한수(漢水) 남쪽 사람들이 이 소문을 듣고 말했다.

"탕 임금의 은덕이 짐승에게도 미치고 있구나!"

그러고 사십 개 국가가 탕 임금에게로 귀순하였다.

≪여씨춘추(呂氏春秋)·이용(異用)≫

[우의]

남을 살게 하는 것이 내가 사는 길이요, 남을 죽게 하는 것이 내가
죽는 길이다.

고지식한 직궁

直躬之信
직 궁 지 신

초(楚)나라에 직궁(直躬)이라는 사람이 있었다.

그는 자기 아버지가 양을 훔친 것을 보고 군주에게 고자질하였다.

군주가 그 애비를 체포하여 죽이려고 하자 직궁은 자기가 대신 죄를 받겠다고 간청하였다.

그는 처형이 임박하자 형리에게 말했다.

"아버지가 양을 훔친 사실을 신고하였으니, 이 역시 정직하지 않습니까? 아버지의 벌을 대신하려고 했으니, 이 또한 효자가 아니겠습니까? 정직하고 효성스런 자를 죽인다면, 이 나라에 죽지 않을 사람이 누가 있겠습니까?"

초나라 왕이 이 말을 듣고 그를 죽이지 않았다.

공자(孔子)가 이 말을 듣고 말했다.

"직궁의 정직함은 희한하구나! 아버지의 한 번 잘못을 두 번이나 이용하였구나."

그러므로 직궁같이 정직한 사람은 없는 것보다 못하다.

《여씨춘추(呂氏春秋)·당무(當務)》

우리 주변에는 세상을 속여 명예를 얻으려는 사람이 많다.

직궁이 자기 아버지를 고발했다는 이야기는 춘추전국시대 여러 책에 두루두루 실려 있다. ≪논어·자로≫, ≪한비자·오두(五蠹)≫, ≪여씨춘추·여람(呂覽)≫, ≪회남자·범론(氾論)≫ 등에 이 이야기가 수록되어 있다. 이를 보면 이 이야기는 당시에 민간에 널리 퍼져있었던 것임을 알 수 있다.

그러나 이야기 줄거리와 의미는 각각 조금씩 다르다.

가당치 않은 용기

割肉相啖

제(齊)나라에 용맹을 좋아하는 사람이 있었다.

한 사람은 동쪽 성에 살았고 또 한 사람은 서쪽 성에 살았다.

두 사람이 우연히 길에서 만나 이야기를 나누었다.

"잠시 술 한 잔 나눌까?"

술잔이 몇 순배 돌았을 때였다.

"고기 좀 먹어볼까?"

한 사람이 이렇게 말했다.

"당신도 고기를 가지고 있고, 나도 고기를 가지고 있으니, 달리 고기를 구할 필요가 있겠소? 장만 있으면 되지."

그들은 칼을 뽑아 서로 살을 베어 먹다가 죽음에 이르러서 그만두었다.

이러한 용기는 없는 편이 낫다.

《여씨춘추(呂氏春秋)·당무(當務)》

[우의]

가당치 않는 용기는 없는 편이 낫다.

도끼를 잃고 남을 의심하다

망 부 지 의
亡 鈇 之 疑

어떤 사람이 도끼를 잃어버리고 이웃집 아이를 의심하였다.

그 아이의 걸음걸이를 보아도, 얼굴을 보아도, 말하는 것을 보아도, 동작과 태도를 보아도 도둑처럼 보였다.

어느 것 하나 도끼 도둑 같지 않은 것이 없었다.

그러다가 어느 날 도끼를 찾았다.

다음 날 다시 그 이웃집 아이를 만났다.

동작과 태도가 전혀 도둑 같지 않았다.

그 이웃집 아이는 변한 것이 없는데 그가 변한 것이다.

변한 것은 다른 것이 아니라 그의 편견이었다.

≪여씨춘추(呂氏春秋)·거우(去尤)≫

우의

편견은 항상 잘못된 판단을 가져온다.

노끈을 사용하는 마음

용 조 지 심
用 組 之 心

주(邾)나라의 옛 법에는 갑옷을 지을 때 면사를 사용하였다.

공식기(公息忌)가 주나라 군주에게 말했다.

"노끈을 사용하는 것이 좋습니다. 대체로 갑옷이 견고한 것은 끈을 가지고 틈을 오므리기 때문입니다. 지금 면사로 틈을 오므리니 힘을 반밖에는 받지 못하였습니다. 노끈은 그렇지 않습니다. 틈을 오므리면 완벽하게 힘을 받을 수 있을 것입니다."

주나라 임금이 옳다고 여기고 말했다.

"장차 노끈을 어찌 구한단 말인가?"

"관청에서 쓴다고 하면 백성들이 만들 것입니다."

주군이 "옳다!"하고는, 관청에서 갑옷을 만들 때는 반드시 노끈을 사용하라고 명령하였다.

공식기는 자기의 의견이 받아들여진 것을 알고, 자기 가족에게 모두 노끈을 짜도록 하였다.

그러자 어떤 사람이 공식기를 중상모략하였다.

"공식기가 노끈을 사용하자고 한 것은, 자기 집이 노끈을 많이 짜기 때문입니다."

주나라 군주는 불쾌하게 여기고 관청에서 갑옷을 만들 때 노끈을 사용하지 말라고 다시 명령을 내렸다.

이것은 주나라 군주의 편견이다.

갑옷을 만들 때 노끈을 사용하는 것이 편리하다면 공식기가 노끈을 많이 짠다고 한들 무슨 손해가 있을 것이며, 노끈을 사용하는 것이 불편하다면 공식기가 비록 노끈이 없다 한들 또한 무슨 이익이 되는가?

그가 노끈을 짜는 것과 짜지 않는 것은, 공식기의 건의와 무관하다.

노끈을 사용하고자 했던 마음을 살펴보지 않을 수 없다.

≪여씨춘추(呂氏春秋)·거우(去尤)≫

[우의]

편견은 이처럼 엉뚱한 판단을 내리게 된다.

[해제]

이 우언은 ≪장자·달생편(達生篇)≫에도 수록되어 있다.

장자는 이 우언을 통하여, 겉을 중시하면 마음속이 졸렬해진다고 설파하였다.

반면 이 우언은 어떤 사물이나 사건을 대할 때 편견이 없어야 한다는 가르침을 담고 있다.

고슴도치도 제 자식은 귀엽다고 한다

노 유 추 자
魯有醜者

노나라에 한 추녀가 살고 있었다.

그의 아버지가 외출했다가 미녀 상돌(商咄)을 만났다.

집으로 돌아오면서 이웃사람들에게 말했다.

"상돌이 우리 자식보다 못생겼던걸."

사실 자기 자식은 아주 못생겼고 상돌은 매우 예뻤다.

아주 예쁜 미녀를 아주 못생긴 자기 자식보다 못하다고 여겼던 것이다.

이것은 자식에 대한 편애 때문이다.

그러므로 아름다움 속에서 추한 것을 볼 줄 알고, 추한 것 속에서 아름다움을 볼 줄 알아야 아름다움과 추한 것을 알 수 있다.

≪여씨춘추(呂氏春秋)·거우(去尤)≫

우의

편애는 금물이다.

제비의 안목

연 작 지 지
燕雀之志

제비들이 다투어 처마 밑의 안전한 곳을 찾아 집을 지었다.

어미와 새끼가 서로 먹이를 먹여주고 지지배배거리며 서로 즐겁게 지냈다.

그들은 스스로 안전하다고 생각하였다.

부뚜막의 아궁이 굴뚝이 깨져 불길이 올라와 대들보를 태워도 제비들은 안색조차 변하지 않았다.

그것은 왜일까?

장차 자기들에게 재앙이 닥친다는 것을 몰랐기 때문이다.

≪여씨춘추(呂氏春秋)·유대(諭大)≫

우의

사람은 항상 원대한 포부를 가져야 한다.

냄새나는 사나이

축 취 지 부
逐臭之夫

몸에서 냄새가 심하게 나는 사람이 있었다.
그의 친척·형제·처첩·친구 모두 그와 함께 살지 못했다.
그는 혼자 고민하다가 바닷가로 이사 가서 살았다.
바닷가 사람들은 그의 냄새를 좋아하였다.
그리고 밤낮으로 쫓아 다니며 떠날 줄을 몰랐다.

《여씨춘추(呂氏春秋)·우합(遇合)》

우의

때가 아니거든 때를 기다려라.

아는 것이 화근

우 결 우 도
牛 缺 遇 盜

우결(牛缺)은 상지(上地) 땅에 사는 유명한 유생(儒生)이었다.

그는 한단(邯鄲)으로 내려가다가 우사(耦沙) 냇물의 한가운데에서 강도를 만났다.

강도들이 그의 바랑 속에 들어 있는 물건을 요구하자 꺼내 주었다.

수레와 말을 요구하자 주었다.

옷을 요구하자 그것도 주었다.

우결이 달아났다.

강도들이 서로 상의하였다.

"저 놈은 뛰어난 사람이다. 이렇게 욕을 보았으니, 그는 분명히 큰 나라의 군주에게 일러바칠 것이다. 그러면 큰 나라의 군주는 반드시 온 나라 사람을 동원하여 우리를 토벌할 것이다. 그러면 우리는 분명 살아남지 못할 것이다. 그를 찾아 죽여서 흔적을 없애버리는 것이 좋을 거야"

그들은 급히 우결을 쫓았다.

그리고 삼십 리를 달려 그를 잡아 죽였다.

이것은 아는 것 때문에 발생한 일이다.

≪여씨춘추(呂氏春秋)·필기(必己)≫

우의

모든 일은 나에게 원인이 있다.

연못을 말려 진주를 찾다

갈 지 구 주
竭池求珠

송나라의 환사마(桓司馬)가 보물 진주를 가지고 있었다.
그런데 그가 죄를 짓고 도망을 갔다.
왕이 사람을 보내 진주가 어디에 있는지 물었다.
그가 대답하였다.
"연못에 던져버렸습니다."
그러자 연못의 물을 말려 진주를 찾아 보았다.
그러나 진주를 찾지 못하고 물고기만 다 죽였다.

≪여씨춘추(呂氏春秋)·필기(必己)≫

우의

세상에 살기가 등등할 때는 어떤 처세술도 소용이 없다.

공자의 말이 달아나다

孔子馬逸
공 자 마 일

공자가 길을 가다가 잠시 쉬고 있었는데,
그의 말이 달아나 남의 곡식을 뜯어 먹었다.
그러자 농부가 그 말을 끌고 가버렸다.
자공(子貢)이 쫓아가 입이 닳도록 사정을 했다.
농부는 말을 듣지 않았다.
얼마 전부터 공자를 모시던 촌놈이 있는데,
'제가 가서 사정해 보겠습니다.'하고는 농부에게 가서 말했다
"그대가 동해 가에서 농사를 짓지 않듯이, 나도 서해 가에서 농사를 짓지 않습니다. 그러니 우리 말이 어찌 그대의 곡식을 뜯어먹지 않을 수 있겠소?"
농부는 매우 기뻐하며 말했다.
"그대의 설명이 명쾌하도다. 아까 왔던 자는 누구요?"
농부는 그에게 말을 풀어 주었다.
설득이 이와 같으면 별다른 방법이 없이도 오히려 목표를 달성할 수 있다.
어찌 꼭 외부 조건만을 믿을 수 있을 것인가?

≪여씨춘추(呂氏春秋)·필기(必己)≫

인격자는 모든 문제를 자기에게서 찾는다.

야수의 상부상조

궐 여 공 공 거 허
蹶與蛩蛩距虛

북쪽 지방에 궐이라는 짐승이 살고 있었다.
앞부분은 쥐처럼 생겼고, 뒷부분은 토끼처럼 생겼다.
이놈은 급히 걸을라치면 걸려 넘어지고 뛰면 엎어진다.
그런데 항상 맛있는 풀을 뜯으면 공공거허(蛩蛩距虛)를 먹여준다.
그리고 궐이 위험을 당하면 반드시 공공거허가 업고 도망친다.
이것이 바로 자기의 장점을 가지고 단점을 보충하는 것이다.

≪여씨춘추(呂氏春秋)·不廣(불광)≫

<u>우의</u>

남의 장점을 가지고 나의 단점을 보완하라.
자신이 할 수 있는 노력을 다할 때 비로소 다른 도움을 받을 수 있다.

<u>해제</u>

이 우언에는 음양가(陰陽家)의 사상이 담겨있다. 인간의 공명(功名)
은 반드시 때를 만나야만이 이룰 수 있다. 그러나 그 때도 자신의 노
력을 다할 때만 만날 수 있다는 것이다.

낭패(狼狽)라는 말이 있다. 보통 이 말은 일이 어그러져 진퇴양난일 경우를 이른다. 그러나 본래의 뜻은 그것이 아니다.

≪박물전휘(博物典彙)≫를 보면, '낭'은 앞 다리가 길고 뒷다리가 짧으며, '패'는 앞 다리가 짧고 뒷다리가 길다고 한다. 그러므로 낭은 패가 없으면 설 수 없고, 패는 낭이 없으면 걸을 수가 없다. 그래서 둘은 항상 같이 걸었다.

이 말은 세상만물이란 서로 서로 돕고 살 운명을 가지고 태어났다는 뜻을 담고 있다.

이 우언 역시 '낭패'의 뜻과 같다.

강의 수위는 항상 변한다

荊人涉澭
형 인 섭 옹

초나라가 송나라를 습격하기 위해 사람을 파견하여 옹수(澭水)의 수위를 파악토록 하였다.

그러나 초나라 사람들은 옹수가 밤에 갑자기 불어난다는 사실을 모른 채 수위 표식만을 보고 강을 건넜다.

빠져 죽은 사람이 천여 명에 달했다.

군인들은 집이 무너질 듯 비명을 질렀다.

앞서 수위를 살폈을 때는 물을 건널 수 있었지만, 지금은 이미 수세가 변하여 범람하였다.

초나라 사람들이 수위 표식만 보고 강을 건넜던 것이, 바로 패망의 원인이었다.

오늘날 군주들이 선왕(先王)의 법을 본받는 것도 이와 비슷하다. 시대가 이미 선왕의 법과 맞지 않는데도, "이것이 선왕의 법이니라"라고 한다. 그것을 본받아 나라를 다스리고 있으니, 어찌 슬프지 않은가?

≪여씨춘추(呂氏春秋)·찰금(察今)≫

세상의 법은 시간의 흐름에 따라 변화하여야 한다.

참고

이 우언에는 법가(法家)사상이 담겨져 있다. ≪한비자·오두편≫의
주장과 일맥상통한다.

각주구검

각 주 구 검
刻 舟 求 劍

초나라 사람이 장강을 건너고 있었다.

이때 그의 칼이 물속으로 떨어졌다.

그는 급히 배에 표시를 하고 말했다.

"여기가 내 칼이 떨어진 곳이야."

배가 (언덕에) 정박하자 그는 자기가 표시해 놓은 곳을 따라 물속으로 들어가 칼을 찾았다.

배는 움직이지만 칼은 움직이지 못한다.

이렇게 칼을 찾는 것은 어리석은 일이 아닌가?

옛 법을 가지고 나라를 다스리는 것도 이와 같다.

시대가 이미 바뀌었는데, 법은 그대로다.

이것을 가지고 나라를 다스리는 것이 어찌 곤란하지 않겠는가?

≪여씨춘추(呂氏春秋)·찰금(察今)≫

우의

법은 시대의 변화에 따라 바뀌어야 한다.

아비와 아들은 다르다

기 부 선 유
其父善游

어떤 사람이 장강을 건너고 있었다.

한 사람이 어린 아이를 끌어다가 강 속에 집어 던지는 것을 발견하였다.

어린 아이는 엉엉 울고 있었다.

그 사람이 그 까닭을 물으니, 이렇게 대답하였다.

"이 아이의 애비가 수영을 잘하거든"

그 애비가 비록 수영을 잘 한다고 해서, 그 아들이 어찌 갑자기 수영을 잘 할 수 있겠는가?

이렇게 상대를 대하면 반드시 사리에서 벗어나게 된다.

≪여씨춘추(呂氏春秋)·찰금(察今)≫

우의

시대가 바뀌면 법도 바뀌어야 한다.

썩은 오동나무

<small>의 고 오 수</small>
疑枯梧樹

어떤 사람의 집에 썩은 오동나무가 있었다.

그 이웃집 노인이 그 오동나무가 불길하다고 말하였다.

그는 급히 나무를 베어버렸다.

이웃집 노인이 그에게 땔감으로 쓰게 달라고 부탁하였다.

그는 퉁명스럽게 말했다.

"이웃 사람들이 이렇게 험악하니, 어찌 더불어 살 수 있겠소?"

이것은 그의 식견이 좁았기 때문이다.

땔감으로 달라는 부탁을 가지고 오동나무의 좋고 나쁨을 증명할 수 없는 것이다.

≪여씨춘추(呂氏春秋)·거유(去宥)≫

우의

좁은 소견과 선입견은 억측을 낳기 쉽다.

풀리지 않는 매듭

이 불 해 해
以 不 解 解

노(魯)나라의 어떤 촌놈이 송(宋)나라 원왕(元王)에게 매듭을 바쳤다. 원왕은 온 나라에 명령하였다.

재주가 있는 자는 모두 와서 매듭을 풀어 보라고 하였다.

그것을 풀은 사람이 없었는데, 아설(兒說)의 제자가 그것을 풀어보겠다고 청하였다.

그는 두 개 중에서 하나는 풀고 하나는 풀지 못하고서 말했다.

"이것은 풀 수 없습니다. 제가 풀지 못하는 것이 아니라, 원래 풀리지 않는 것입니다."

노나라 촌놈에게 물으니, 그가 대답하였다.

"그렇습니다. 이것은 원래 풀리지 않는 것입니다. 저는 그것을 만든 다음 이것이 풀리지 않는다는 것을 알았습니다. 지금 저 사람은 매듭을 만들어 보지도 않고 풀리지 않는다는 사실을 알았으니, 저보다 재주가 뛰어납니다."

그러므로 아설(兒說)의 제자는 풀리지 않는 것을 풀었던 것이다.

≪여씨춘추(呂氏春秋)·군수(君守)≫

[우의]
근본 원리를 알면 만물의 법칙을 터득할 수 있다.

안회가 먼저 밥을 먹다

안 회 확 증
顔回攫甑

공자가 진(陳)과 채(蔡) 두 나라 사이에서 곤경에 처했다.

아욱국으로 겨우 배를 채웠을 뿐, 칠 일 동안이나 밥을 먹지 못했다.

공자가 낮에 잠을 자고 있었다.

그때 안회가 쌀을 구걸하여 밥을 지었다.

밥이 거의 익었을 때, 안회가 밥솥을 끌어다가 밥을 먹는 것을 공자가 보았다.

얼마 있다가 밥이 다 되자 안회가 공자를 뵙고 밥을 올렸다.

공자는 아무 것도 못 본 척하고 일어나며 말했다.

"방금 꿈에 돌아가신 아버님을 뵈었어. 밥을 정갈하게 하여 아버님의 제사상에 올리려는데."

안회가 대답하였다.

"안됩니다. 아까 밥솥으로 불티가 들어갔는데, 밥을 버리는 것이 좋지 않아, 제가 덜어내 먹었사옵니다."

그러자 공자가 탄식하며 말했다.

"믿을 수 있는 것은 눈뿐인데, 눈마저 믿을 수 없게 되었구나. 의지할 만한 것은 마음뿐인데, 마음마저 의지할 수 없게 되었구나. 너희들도 명심하거라. 남을 안다는 것은 참으로 쉽지 않구나!"

≪여씨춘추(呂氏春秋)·임수(任數)≫

[우의]

피상적인 앎은 항상 주관적인 억측을 낳는다.

[참고]

이 우언은 ≪태평어람≫838, ≪예문유취≫79에도 수록되어 있다.

등석(鄧析)의 궤변

등 석 지 변
鄧析之辯

유수(洧水)가 크게 범람하여, 정(鄭)나라의 부자가 빠져 죽었다.
어떤 사람이 그의 시체를 건져냈다.
부잣집 가족들이 돈을 내고 시체를 가지고 가려고 했다.
그러나 그 사람이 돈을 많이 요구하였다.
이 사실을 등석에게 알리니, 등석이 말하였다.
"안심하시오. 저 사람은 시체를 팔 곳이 없을 테니."
시체를 건진 사람도 걱정이 되어 등석에게 알렸다.
그러자 등석이 말했다
"안심하시오. 저들이 시체를 살 곳은 더 더욱 없을 테니까."

≪여씨춘추(呂氏春秋)·이위(離謂)≫

우의

세상이 혼란해지면 궤변이 난무한다.

참고

이 우언은 ≪태평어람≫396에도 수록되어 있다.

억지가 판치는 세상

강 취 인 의
强取人衣

송나라의 징자(澄子)가 길에서 검은 옷을 잃어버리고 찾고 있었다.

그는 검은 옷을 입고 있는 여자를 발견하였다.

그녀를 붙잡고 놓아주지 않으며 그 옷을 빼앗으려고 하였다

"방금 내가 검은 옷을 잃어버렸단 말이야!"

그러자 그 여자가 말했다.

"당신이 검은 옷을 잃어버렸는지는 몰라도, 이 옷은 확실히 내가 만든 거란 말이오."

징자가 말했다.

"빨리 나에게 옷을 주는 것이 좋을 거야. 전에 내가 잃어버린 것은 검은 방치(紡緇) 옷이고, 지금 당신이 입고 있는 것은 검은 단의(單衣)요. 방치 옷이 단의를 대신하면 그만이야. 당신에게 무슨 손해가 되겠어?"

≪여씨춘추(呂氏春秋)·음사(淫辭)≫

우의

법이 통하지 않는 사회는 항상 억지가 판을 친다.

팔꿈치를 잡아당기다

시 체 요 주
時掣搖肘

복자천(宓子賤)이 단보(亶父) 땅을 다스리려고 하였다.

그는 노(魯)나라 군주가 자기를 모함하는 말을 듣게 되면, 자신의 정책이 실행되지 않을까 걱정하였다.

그는 하직인사를 하고 떠나면서, 노나라 군주에게 측근인 신하 두 사람을 단보 땅으로 데려갈 수 있게 해달라고 간청하였다.

복자천은 고을 관리들을 조회하고 그 두 신하에게 기록하도록 명령하였다.

그 신하들이 막 글씨를 쓰려고 하였다.

복자천이 옆에서 그들의 팔꿈치를 잡아 흔들었다.

신하들의 글씨가 엉망이 되었다.

복자천은 이를 트집 잡고 화를 냈다.

그 신하들은 매우 걱정이 되어 그만두고 돌아가게 해달라고 간청하였다.

복자천이 말했다.

"그대들의 글씨가 엉망인지라 할 수 없이 돌려보내네."

두 신하가 돌아와 군주에게 보고하였다.

"복자천이 글씨를 쓰지 못하게 하였사옵니다."

"어째서?"

"복자천이 저희들에게 글씨를 쓰게 하고는, 그때마다 저희들의 팔꿈치를 잡아 흔들었습니다. 그리고는 글씨가 엉망이라고 버럭 화를 냈습니다. 이때 관리들이 모두 비웃었습니다. 이것이 저희가 그만두고 떠나온 이유입니다."

노나라 군주가 크게 탄식하며 말했다.

"복자천은 이것을 가지고 과인의 현명하지 못함을 간언한 것이다. 과인의 난잡한 측근들이 복자천이 제대로 다스리지 못하도록 한 적이 분명 여러 번 있었을 것이다. 너희들이 아니었다면 하마터면 내가 잘못을 저지를 뻔했구나."

마침내 총애하는 신하를 단보 땅으로 파견하여 복자천에게 알리도록 하였다

"지금부터 단보 땅은 과인의 소유가 아니라 그대의 소유다. 단보 땅에 이익이 되는 일이 있거든 그대가 결정하고 5년이 지나 중요한 것만 보고하라."

군주의 분부를 받들어 복자천은 단보 땅에서 자신의 통치술을 발휘할 수 있었다.

≪여씨춘추(呂氏春秋)·구비(具備)≫

우의

국가를 통치하기 위해서는 먼저 통치를 방해하는 무리를 대비할 수 있는 지혜가 필요하다.

참고

후에 "체주(掣肘)"라는 말은 다른 사람이 일을 할 때 옆에서 견제한다는 뜻으로 사용되고 있다.

꿈속에서조차 굴복하지 않으려고 한다

심 몽 결 투
尋夢決鬪

제(齊)나라 장공(莊公) 당시에 빈비취(賓卑聚)라는 용사가 있었다.

하루는 그의 꿈에 어떤 장사가 나타났다.

붉은 끈을 단 흰 갓을 쓰고 큰 도포를 걸쳤으며, 흰 신발을 신고 허리에는 검은 칼집을 차고 있었다.

그는 빈비취를 따라 오며 호되게 꾸짖고 얼굴에 침을 뱉었다.

놀라 깨어보니 한낱 꿈이었다.

밤새도록 앉아있었지만 마음이 유쾌하지 않았다.

다음날 자기 친구를 불러 말했다.

"나는 어려서부터 용맹함을 좋아하여 나이 예순이 되도록 남에게 꺾이거나 모욕을 당하지 않았는데, 어젯밤에 모욕을 당했네. 그놈을 잡아야겠어. 기필코 잡아내야지 만약에 잡지 못하면 죽어버리겠네."

그는 매일 아침 그 친구와 함께 골목에 서서 지켰다.

사흘이 되어도 잡지 못하자 포기하고 자살하였다.

≪여씨춘추(呂氏春秋)·이속(離俗)≫

세상에 부족한 것은 이성(理性)과 의리(義理)요, 넘치는 것은 경거망동(輕擧妄動)이다.

이 우언은 ≪태평어람≫387에도 수록되어 있다. 이 우언은 <당무(當務)>편의 <제살깎기>의 내용과 유사하다.

말을 다루는 법

취 도 살 마
取道殺馬

송나라의 어떤 사람이 급히 길을 가려고 하였다.
말이 앞으로 나가지 않으니 때려 죽여 계수(溪水)에 던져버렸다.
또 다시 급히 길을 가려고 하였다.
말이 앞으로 나가지 않으니 때려 죽여 계수에 던져버렸다.
이렇게 세 번을 거듭하였다.
말을 엄하게 다뤘던 조보(造父)의 방법도 이보다는 심하지 않았다.
조보의 방법을 터득하지 않고 헛되이 그 위엄만을 배웠던 것이다.
이것은 말을 다루는데 보탬이 되지 않는다.

군주의 못난 신하들도 이와 같다.
다스리는 법을 터득하지 못하고 헛되이 억압수단만을 남발한다.
억압이 심하면 심할수록 백성은 따르지 않는다.

≪여씨춘추(呂氏春秋)·용민(用民)≫

우의
백성을 사랑하고 아끼는 것이 백성을 다스리는 가장 좋은 방법이다.

천하의 선비

천 하 지 사
天 下 之 士

융이(戎夷)가 제(齊)나라를 떠나 노(魯)나라에 당도했다.

그러나 날씨가 매우 춥고 성문은 이미 닫힌 뒤였다.

그는 제자와 함께 잠을 잤다.

추위가 더욱 심해지자, 제자에게 말했다.

"자네가 내게 옷을 벗어주면 내가 살 수 있고, 내가 자네에게 옷을 벗어주면 자네가 살 수 있네. 나는 천하의 선비이니, 천하를 위하여 생명을 아껴야하네. 자네 같은 평범한 사람이야 생명을 아까와할 필요가 있나. 자네가 내게 옷을 벗어주게."

그러자 제자가 말하였다.

"저같이 평범한 사람이 어찌 천하의 선비에게 옷을 벗어줄 수 있겠사옵니까?"

융이가 말했다.

"아! 내 진실이 통하지 않는구나."

그는 제자에게 옷을 벗어주었다.

그리고 한밤중이 되어 얼어 죽었다.

그래서 제자가 살 수 있었다.

융이는 천하를 바로잡을 수 있는 능력을 가지고 있었으나, 이것을 실현하지 못했다.

다른 사람을 이롭게 하려는 마음은 이보다 큰 것이 없다.

그는 사랑의 마음을 깨달았기 때문에 반드시 죽음으로써 의로움을 실현하였다.

≪여씨춘추(呂氏春秋)·장리(長利)≫

[우의]

사랑의 마음을 깨달았기 때문에 죽음으로써 의로움을 실현하였다.

[참고]

이 우언은 ≪예문유취≫5, ≪서초≫129, 156, ≪태평어람≫86, 689에도 수록되어 있다.

보검과 교룡

차 비 참 교
次 非 斬 蛟

형(荊)나라의 차비(次非)가 오(吳)나라 간수(干遂) 땅에서 보검을 얻었다.

돌아오는 길에 장강을 건너게 되었다.

배가 중류에 이르렀을 때, 교룡 두 마리가 배를 에워쌌다.

차비가 뱃사공에게 말했다.

"당신은 예전에 교룡 두 마리가 배를 에워쌌을 때, 교룡과 사람이 모두 무사했던 것을 본 적이 있었소?"

"아직 보지 못했습니다."

차비는 옷을 벗고 팔을 걷어붙인 뒤 칼을 뽑으며 말했다.

"나는 강 위에 떠 있는 썩은 고기와 뼈에 불과하다. 칼을 버리면 내 몸은 안전해지겠지만, 내 어찌 목숨을 아끼겠는가?"

그는 강으로 뛰어들어 교룡을 찔러 죽이고 배 위로 다시 올라왔다.

그래서 배에 탔던 사람들이 모두 무사하였다.

≪여씨춘추(呂氏春秋)·지분(知分)≫

삶과 죽음의 이치를 아는 사람은 이해득실에 빠지지 않는다.

이 우언은 ≪북당서초≫137, ≪태평어람≫437, 344, 930, ≪회남자≫
<도응훈>에도 수록되어 있다.

현명한 사람이 민심을 얻는다

현 자 득 민
賢者得民

사윤지(士尹池)가 초나라 사신이 되어 송나라로 갔다.

송나라 사성자한(司城子罕)이 그를 자기 집에 초대하여 술대접을 하였다.

아랫집 담장이 그 집 마당 앞까지 나와 있어 앞이 보이지 않았고, 서쪽 집 하수가 그 집 앞으로 계속 흘러가고 있었다.

사윤지가 그 까닭을 물으니, 사성자한이 말했다.

"앞집 사람들은 신발을 만드는 노동자들이지요. 내가 담을 옮기려고 하니 그 애비가 말합디다.

'저희는 신발을 만들어 삼대를 먹고 살았습니다. 지금 이사를 가면 신발을 구하려는 송나라 사람들이 저희 집을 찾지 못합니다. 그러면 저희들은 앞으로 굶어 죽습니다. 재상께서는 저희들이 굶어 죽는 것을 헤아려 주십시오.'

그래서 저는 담장을 옮기지 못했습니다.

서쪽 집은 지대가 높고 우리 집은 낮으니, 하수 우리 집을 통과하는 것이 이치인지라 막지 못했습니다."

사윤지가 초나라로 돌아왔다.

초왕은 때마침 군사를 일으켜 송나라를 공격하려고 있었다.

사윤지가 초나라 왕에게 말하였다.

"송나라를 공격해서는 안 됩니다. 그 나라 군주는 현명하고 그 재상은 인자합니다. 현명한 사람은 민심을 얻고, 인자한 사람은 남을 잘 부립니다. 초나라가 송나라를 공격한다면, 성과도 없이 천하의 웃음거리가 될 것입니다."

그래서 그들은 송나라에 대한 공격을 포기하고 정(鄭)나라를 공격하였다.

≪여씨춘추(呂氏春秋)·소류(召類)≫

우의

현명한 지도자가 안전한 나라를 만든다.

참고

이 우언은 ≪태평어람(太平御覽)≫305에도 수록되어 있다.

나를 밝혀줄 사람

士之明己
사 지 명 기

열정자고(列精子高)가 제나라 민왕의 존경을 받고 있었다.

그는 대충 연포의(練布衣)에 흰 면관을 쓰고 코가 높은 신발을 신었다.

그리고는 일부러 새벽에 두 손으로 옷을 들치며 마당으로 걸어가 하인에게 물었다.

"나 어떠냐?"

"어르신네! 멋지고 훌륭합니다."

열정자고는 우물로 걸어가 자신을 비춰보았다.

분명히 수수한 사내의 모습이었다.

그는 탄식하며 이렇게 말했다.

"내가 제나라 임금에게 존중을 받고 있으니 하인이 나에게 아부를 하는구나. 만약 나를 칭찬한 사람이 큰 나라의 군주라면 어찌 되겠는가! 사람들의 아부가 대단할 것이다. 자신을 비춰볼 거울을 갖고 있지 않는 자는 언젠가는 멸망할 것이다. 누가 거울이 될 수 있을까? 오로지 지식인밖에 없다. 사람들은 모두 거울이 자신을 밝히는 것을 좋아하고, 지식인이 자신을 밝히는 것을 싫어한다는 것을 알겠다. 거울이 자신을 밝히는 효과는 미세하지만, 지식인이 자신을 밝히는

효과는 큰 것이다. 미세한 것을 얻고 큰 것을 잃는 것은 비교 관계를
모르는 것일 뿐이다."

≪여씨춘추(呂氏春秋)·달울(達鬱)≫

[우의]

지식인을 거울삼아야 자신을 정확하게 알 수 있다.

유왕(幽王)의 북

유 왕 격 고
幽王擊鼓

주(周)나라가 풍(酆)·호(鎬) 땅에 위치하고 있어 오랑캐와 가까이 있었다.

천자가 각 제후들과 약속하였다.

"왕성의 길에 높은 보루를 쌓고 그 위에 북을 설치하여 두루두루 잘 들리도록 하라. 만약에 오랑캐가 쳐들어오면 북을 두드려 제후의 병사들이 일제히 출동하여 천자를 구해야 한다."

한 번은 오랑캐가 쳐들어왔다.

유왕이 북을 두드리자 제후의 병사들이 일제히 출동하였다.

포사(褒似)가 이 광경을 보고 매우 기뻐하고 재미있어 하였다.

유왕은 포사를 웃게 하려고 자주 북을 두드렸다.

제후의 병사들이 일제히 출동하였으나 오랑캐는 보이지 않았다.

나중에 진짜 오랑캐가 쳐들어왔다.

유왕이 북을 두드렸으나 제후의 병사들은 출동하지 않았다.

유왕은 여산(麗山) 아래에서 죽음을 당했고 천하의 웃음거리가 되었다.

≪여씨춘추(呂氏春秋)·의사(疑似)≫

항상 사이비를 경계해야 한다. 어지러운 세상이 되면 자칭 충신이 많이 생긴다.

사이비를 경계하라는 가르침은 춘추전국시대에 널리 유행하였다. ≪한비자≫<외저설상>과 ≪전국책≫<위책>의 <세 사람이 모이면 시장에 호랑이가 생긴다(三人成市虎)>라는 우언 이야기가 가장 대표적이다.

귀신에 홀린 노인

여 구 장 인
黎丘丈人

양(梁)나라 북쪽 여구(黎丘) 부락에 괴상한 귀신이 있었다.

그 귀신은 남의 아들과 조카·형제 모습을 흉내 내기를 좋아하였다.

시골에 사는 어떤 노인이 읍내에 갔다 술에 취해 돌아오고 있었다.

여구 부락의 귀신이 그의 아들로 둔갑하여 길가에서 그를 붙들고 괴롭혔다.

노인은 집에 돌아와 술에서 깨어난 뒤 그의 아들을 꾸짖었다.

"나는 네 애비이다. 어찌 너를 사랑하지 않겠느냐? 내가 술에 취했을 때, 너는 어째서 나를 길에서 괴롭혔니?"

그의 아들이 땅을 치고 울면서 말했다.

"억울합니다. 그런 일은 없었어요. 어제 저는 동쪽 마을로 돈을 받으러 갔었습니다. 다른 사람에게 물어 보십시오."

그 애비는 이 말을 믿으며 말했다.

"햐! 이것은 반드시 그 괴상한 귀신의 짓이야. 나도 일찍이 소문을 들은 적이 있어. 내일 일부러 다시 읍내에 가서 술을 먹고 돌아오다가 다시 만나거든 찔러 죽여 버리겠어!"

그는 다음날 아침 읍내로 가서 취하도록 술을 마셨다.

그의 아들은 자기 아버지가 못 돌아올까 걱정이 되어 마중을 나갔다.
노인은 자기 아들을 보자 칼을 뽑아 찔렀다.

≪여씨춘추(呂氏春秋)·의사(疑似)≫

우의

도덕군자를 가장하여 음모를 꾸미는 자에게 속지 말라

참고

이 우언은 ≪태평어람≫883에도 인용되어 있다.

우물 속에서 사람을 캐다

천 정 득 인
穿井得人

송나라의 정(丁)씨네 집에는 우물이 없어 밖에 나가 물을 길어왔다. 그래서 한 사람이 항상 밖에서 살다시피 했다.

그는 자기 집에 우물을 파고서 남들에게 말했다.

"나는 우물을 파서 한 사람을 얻었다오."

이 소문을 듣고 어떤 사람이 말을 퍼트렸다.

"정씨가 우물을 파다가 한 사람을 캐냈다는군."

이 소문이 온 나라에 퍼져, 송나라 군주의 귀에 들어갔다.

송나라 군주가 사람을 시켜 정씨에게 물으니, 정씨가 대답하였다.

"한 사람의 일손을 얻었다는 것이지, 우물 속에서 사람을 캐냈다는 말이 아닙니다."

소문을 통해 유능한 사람을 구하는 것은 차라리 소문을 듣지 않은 것만 못하다.

≪여씨춘추(呂氏春秋)·찰전(察傳)≫

우의

소문이 돌고 돌면 흰 것이 검은 것이 된다.

이 우언은 그 다음에 나오는 <다리가 하나인 기(夔一足)> 우언과 함께 음양가(陰陽家)의 사상을 설명한 것이다.

인재는 소문에 근거하여 판단하지 말고 반드시 확인하고 선발해야 한다는 것이다.

≪풍속통의≫<정씨가천정득일인(丁氏家穿井得一人)>에서 이 우언을 인용하였고, ≪논형(論衡)·서허편(書虛篇)≫<자화자문정편(子華子問鼎篇)>의 이야기 유사하다.

≪태평어람≫189도 이 이야기를 인용하였다.

신하의 회초리

극 언 지 공
極言之功

형문왕(荊文王)이 여(茹) 땅의 황구(黃狗)와 완(宛) 땅의 단궁을 챙겨 운몽(雲夢) 땅으로 사냥을 갔다.

왕은 석 달 동안 돌아오지 않고 단(丹) 땅의 미녀를 얻어 음탕하게 노닐며 일 년 동안 정사를 돌보지 않았다.

그러자 태보(太保) 신(申)이 말했다.

"신은 선왕의 명에 의해 운이 좋게 태보가 되었습니다. 지금 왕께서 여 땅의 황구와 완 땅의 단궁을 챙겨 사냥을 떠나 석 달 동안 돌아오지 않았고 단 땅의 미녀를 얻어 음탕하게 지내느라 일 년 동안 정사를 돌보지 않았사옵니다. 왕의 죄는 회초리 감에 해당합니다."

그러자 왕이 말했다.

"나는 아기포대기에서 벗어나자마자 군주가 되었다. 다른 벌을 받을 테니, 회초리 맞는 것만은 면하게 해다오"

태보 신이 말했다.

"신은 선왕의 명령을 감히 저버릴 수 없사옵니다. 왕께서 회초리를 맞지 않으시면 선왕의 명령을 어기게 됩니다. 신은 차라리 왕께 죄를 지을지언정 선왕께 죄를 지을 수 없사옵니다."

"너의 의견을 따르겠노라."

그는 의자를 끌어다가 그 위에 왕을 엎드리게 하였다.

태보 신은 가시나무 쉰 다발을 묶은 뒤 무릎을 꿇고 왕의 등을 때리는 척 하였다.

이렇게 두 번을 하고 왕에게 말하였다.

"대왕님, 분발하십시오."

"회초리를 맞았다는 불명예는 마찬가지다. 차라리 마음껏 때려라."

그러자 태보 신이 말했다.

"제가 듣기에 군자는 회초리를 맞으면 부끄러워하고, 소인은 회초리를 맞으면 아파한다고 한답니다. 부끄러워하면서 변화가 없다면 아프게 때린들 무슨 도움이 되겠사옵니까?"

태보 신은 밖으로 달려나가 연못으로 뛰어들고는 죽이라고 간청하였다.

"과인의 잘못이로다. 그대가 무슨 죄가 있겠느냐."

왕은 곧 태도를 바꾸어 태보 신을 불러냈다.

그리고는 여 땅의 황구를 죽이고 완 땅의 단궁을 꺾어버렸으며, 단 땅의 미녀를 추방하였다.

형나라는 나중에 서른 아홉 개 나라를 합병하였다.

형나라를 이렇게 만드는 것은 태보 신의 힘이요, 극언의 효과이다.

≪여씨춘추(呂氏春秋)·직간(直諫)≫

우의

극언도 가끔은 효과가 있다.

음탕의 말로

융 주 취 전
戎 主 醉 縛

진(秦)나라 무공(繆公) 당시에 오랑캐가 힘이 세었다.

진나라 무공이 무희 열여섯 명과 유명한 요리사를 오랑캐에게 보내 주었다.

오랑캐 군주가 크게 기뻐했다.

그는 이것 때문에 매일 쉬지 않고 먹고 마셨다.

주위 대신들이 진나라 군사가 쳐들어올 것이라는 말을 하면 활을 들어 쏘아 죽였다.

진나라 병사가 과연 쳐들어 왔다.

오랑캐 군주는 술에 취해 술 단지 아래 누워있었다.

그는 마침내 생포되어 끌려갔다.

그는 끌려가기 전에 끌려갈 것을 예측하지 못했거니와 끌려가서도 왜 끌려 왔는지조차 몰랐다.

비록 유세의 달인일지라도 이 지경이 되면 어쩔 수 없으리라.

≪여씨춘추(呂氏春秋)·옹색(壅塞)≫

[우의]

앞뒤가 꽉 막힌 사람에게는 그 어떤 교훈도 통하지 않는 경우가 있다.

고기 속에 생긴 구더기

육 자 생 충
肉 自 生 蟲

제나라가 송나라를 공격하려고 하였다.

그러자 송나라 군주가 사신을 파견하여 제나라 군사의 동태를 파악하도록 하였다.

사신이 돌아와 보고하였다.

"제나라 군사가 접근해 오고 있으며, 백성들이 두려움에 떨고 있사옵니다."

그러나 주위 대신들이 모두 송나라 군주에게 말했다.

"속담에 '고기가 스스로 구더기를 부른다.'고 했습니다. 송나라가 강하고 제나라가 약한데 어찌 공격할 수 있겠습니까?"

송나라 군주는 화가 나서 죄 없는 사신을 죽여 버렸다.

다시 사신을 보내 제나라 군사를 정탐하도록 하였다.

그도 앞 사람처럼 보고하였다.

왕은 또 화가 나서 죄 없는 사신을 죽여 버렸다.

이렇게 여러 번 계속 하였다.

그 뒤 다시 사신을 보내 정탐을 시켰다.

제나라 군사가 접근해 오자 백성들은 공포에 떨고 있었다.

그 사신은 도중에서 형을 만났다.

"나라가 매우 위급한데, 너 지금 어딜 가는 게냐?"

"왕을 위하여 제나라 군사의 동태를 살피러 가는 중이야. 저들이 접근해 오자, 백성들이 이렇게 공포에 떨 줄은 생각지도 못했어. 지금 나는 제나라 군사를 정탐하러 갔던 앞 사람들이 모두 제나라 군사가 접근해 온다고 보고했다가 죽임을 당했어. 걱정이야. 지금 이 사실을 보고했다가는 죽을 것이고, 그 사실을 보고 하지 않아도 역시 죽임을 당할 것이니, 장차 어떻게 하면 좋겠어?"

"만약에 사실대로 보고하면 다른 사람보다 먼저 죽게 될 것이니 다른 사람이 도망가는 것보다 먼저 도망가는 것이 좋겠다."

그러자 그는 왕에게 이렇게 보고 하였다.

"제나라 군대가 어디에 있는 지 전혀 알 수가 없고, 백성들은 매우 평온한 것 같사옵니다."

왕이 매우 기뻐하니 주위 대신들이 말했다.

"먼저 죽은 놈들은 죽어 마땅하였사옵니다."

왕이 그에게 많은 돈을 하사하였다.

제나라 군사가 쳐들어오니, 왕은 수레를 타고 도망갔다.

그는 다른 나라로 가서, 부자가 되었다.

≪여씨춘추(呂氏春秋)·옹색(雍塞)≫

우의

남의 말을 듣지 않는 사람은 독재자의 길을 걷게 되고, 결국 불통 때문에 망했다.

활쏘기를 좋아 하던 왕

제 선 왕 호 사
齊宣王好射

제나라 선왕(宣王)은 활쏘기를 좋아하였다.

그리고 강한 활을 잘 다룬다는 것을 남들이 말해주길 좋아하였다.

그가 일찍이 사용한 활은 삼백 육십 근에 불과하였다.

왕이 신하 대신들에게 활을 보여주었다.

주위 대신들은 모두 그것을 시험 삼아 당겨보았다.

중간쯤 당기다가 그만두고는 모두들 말했다.

"이것은 천 근 이상입니다. 왕이 아니고서야 그 누가 사용할 수 있겠습니까?"

선왕이 실제로 사용한 활은 삼백 육십 근에 불과하였다.

왕은 평생 자신이 천 근을 사용한 줄 알고 있다.

어찌 슬프지 않겠는가?"

《여씨춘추(呂氏春秋)·옹색(壅塞)》

우의

명성을 좋아하면 실질을 잃게 된다.

귀를 막고 종을 훔치다

엄 이 도 령
掩 耳 盜 鈴

범씨(范氏)가 멸망하자 어떤 백성이 종을 발견하였다.

등에 지고 달아나려고 하였지만 종이 커서 달아날 수 없었다.

몽둥이로 때려 부수니 꽝하는 소리가 났다.

그는 다른 사람이 그 소리를 듣고 빼앗을까 급히 자기 귀를 막아 버렸다.

다른 사람이 들을까 걱정하는 것이야 그렇다지만, 자기 자신이 듣는 것조차 싫어하니 황당하다!

군주로서 백성들이 자기의 잘못을 알까봐 걱정하는 것이 이와 다를 바 있겠는가?

≪여씨춘추(呂氏春秋)·자지(自知)≫

[우의]

인간의 존망과 안위(安危)는 밖에 있는 것이 아니라 나를 아는 데에 달렸다.

뜻이 한결 같으면

전 일 기 지
專一其志

양유기(養由基)와 윤유(尹儒)는 모두 기예인이었다.

형나라 조정에 신통한 흰 원숭이가 있었다.

초나라의 명궁들도 그것을 쏘아 맞추지 못하였다.

초왕이 양유기에게 쏘아 보라고 하였다.

양유기는 활시위와 활을 조절한 뒤 나갔다.

활을 쏘기 전, 화살촉을 정확하게 조준하였다.

활을 쏘자 원숭이가 맞아 떨어졌다.

양유기의 조준이 적중했기 때문이었다.

윤유는 삼 년 동안 말몰이 법을 배웠으나, 터득하지 못하여 매우 괴로워하였다.

그러던 어느 날 꿈에 스승으로부터 정교한 말몰이 법을 전수받았다.

다음날 스승을 뵈러 가니, 그의 스승이 그를 바라보며 말했다

"비법 전수가 아까워서가 아니라, 자네가 터득하지 못할까 걱정했었네. 이제 자네에게 정통한 말몰이 법을 가르쳐주겠네."

윤유는 뒤로 물러나 두 번 절을 하고 말했다.

"어제 밤 꿈속에서 전수받았사옵니다."

그는 스승에게 먼저 꿈 얘기를 했고, 그 꿈은 정통한 말몰이 법과 똑같았다.

이 두 선비는 잘 배울 수 있는 사람이고, 마음을 집중할 줄 아는 사람이라고 할 수 있다.

이것이 바로 그들이 후세에 존중받았던 까닭이었다.

《여씨춘추(呂氏春秋)·박지(博志)》

우의

한 가지에만 몰입하여 정신이 분산되지 않아야 사물의 본질을 발견할 수 있다.

사냥을 좋아하던 제나라 사람

제 인 호 렵
齊人好獵

　제나라에 사냥을 좋아하던 사람이 있었다.

　그는 여러 날을 사냥했지만 짐승을 잡지 못하였다.

　집에 들어가면 가족들에게 창피당할 것이고, 집을 나서도 동네 친구들에게 창피를 당할 처지였다.

　그는 자기가 짐승을 잡지 못한 원인이 사냥개가 신통치 못하기 때문이라고 여겼다.

　좋은 사냥개를 사고 싶었지만 집이 가난하여 살 수가 없었다.

　그는 즉각 집으로 돌아가 부지런히 농사를 지었다.

　그는 열심히 농사를 지어 부유해졌다.

　집이 부유하여 좋은 사냥개를 구입할 수 있었다.

　좋은 사냥개가 있으니 짐승을 많이 잡을 수 있었고, 사냥의 수확이 남들을 뛰어넘었다.

　사냥뿐만 아니라, 모든 일이 모두 이와 같다.

≪여씨춘추(呂氏春秋)·귀당(貴當)≫

[우의]

땀을 흘리지 않고 성공한 자는 없다.

이론과 실제

회 생 지 술
回生之術

노나라의 공손작(公孫綽)이 사람들에게 말했다.

"나는 죽은 사람을 살릴 수 있다오."

사람들이 그 방법을 물으니, 그가 이렇게 대답하였다.

"나는 원래 중풍을 고칠 수 있는 사람이오. 만약에 지금 중풍을 고치는 약을 두 배로 쓴다면 죽은 사람도 살릴 수 있을 것이오."

원래 작은 것에 쓰는 것은 큰 것에 쓸 수 없고, 부분에 통용되는 것은 전체에 통용시킬 수 없다.

≪여씨춘추(呂氏春秋)·별류(別類)≫

우의

모든 사물은 반드시 적용되는 범위가 정해져 있다.

이론과 실제는 다른 경우가 많다.

보검 감정

相 劍 者
상 검 자

어떤 보검 감정가가 말했다.

"칼에 흰빛이 돌면 견고하고, 누런빛이 돌면 강인하며, 흰빛과 누런빛이 동시에 돌면 견고하면서도 강인합니다. 이것이 좋은 칼입니다."

어떤 사람이 그를 비난하였다.

"흰빛이 도는 것은 강인하지 못하기 때문이요, 누런빛이 도는 것은 견고하지 못하기 때문입니다. 흰빛과 누런빛이 동시에 돌면 견고하지도 강인하지도 않은 것이오. 또한 칼은 부드러우면 휘어지고, 견고하면 부러집니다. 칼이 부러지고 구부러진다면, 어찌 날카로운 칼이겠소?"

칼의 본질은 변함이 없는데, 어떤 사람은 명검이라고 하고, 어떤 사람은 나쁜 칼이라고 한다.

말이 그렇게 만들었다.

그러므로 예리한 통찰력을 가지고 말을 들어야 궤변을 구분할 수 있다.

예리한 통찰력 없이 말을 들으면 요임금과 걸(桀)을 구별할 수 없다.

이것이 충신이 근심하는 바이요, 현명한 사람이 쫓겨나는 까닭이다.

≪여씨춘추(呂氏春秋)·별류(別類)≫

우의

상대방의 말을 들을 때는 항상 예리한 통찰력을 가져야 한다. 그렇지 않으면 감언이설과 궤변에 넘어갈 가능성이 많다.

생나무로 집을 짓다

생 목 조 옥
生木造屋

송나라 고양응(高陽應)이 집을 지으려고 하자 목수가 말했다.

"아직 안됩니다. 나무가 아직 마르지 않아 그 위에 칠을 하면 반드시 구부러지고 말 것입니다. 생나무로 집을 지으면 지금은 비록 번듯해 보이지만 나중에 반드시 낭패를 볼 것입니다."

"당신 말대로라면 집이 낭패를 보지 않을 걸세. 나무는 마를수록 단단해지고, 칠은 갈수록 가벼워질 것이오. 갈수록 단단해지는 나무에 갈수록 가벼워지는 칠이 덮여 있으니 낭패를 보지 않을 걸세."

목수는 대꾸를 하지 못하고 명령대로 집을 지었다.

집을 처음 지었을 때는 멋이 있었지만 나중에는 과연 낭패가 되었다.

고양응은 잔재주를 좋아하여 큰 이치를 터득하지 못하였다.

≪여씨춘추(呂氏春秋)·별류(別類)≫

우의

궤변가는 항상 실제에 맞지 않는 논리를 가지고 사람들을 현혹시킨다.

쥐 잡는 개

취 서 지 구
取 鼠 之 狗

제(齊)나라에 개 감별에 뛰어난 사람이 있었다.

이웃 사람이 그에게 쥐 잡는 개를 사 달라고 부탁하였다.

그는 일 년 만에 개를 구하고 말하였다.

"이것은 좋은 개입니다."

이웃 사람은 이 개를 여러 해 길렀지만, 이 개는 쥐를 잡지 못하였다.

감별사에게 이 사실을 알리니, 감별사는 이렇게 말하였다.

"이것은 좋은 개입니다. 이 개는 노루·고라니·멧돼지·사슴을 잡는데 뜻이 있지 쥐에 있지 않습니다. 그에게 쥐를 잡도록 하려면 발에 족쇄를 채우십시오."

이웃 사람이 개다리에 족쇄를 채우니, 그 개는 바로 쥐를 잡았다.

≪여씨춘추(呂氏春秋)·사용(士容)≫

우의

큰 재목을 작은 일에 사용하다니!

중국우언(中國寓言)

춘추전국시대(春秋戰國時代) 편
─백가쟁명의 창과 방패─

제24장

≪전국책(戰國策)≫ 우언

≪전국책(戰國策)≫은 ≪국책(國策)≫이라고 하는데, 전국시대 종횡가(縱橫家)들의 활동을 기록한 역사서이다. 서주(西周)와 동주(東周), 그리고 진(秦)·제(齊)·초(楚)·조(趙)·위(魏)·한(韓)·연(燕)·송(宋)·위(衛)·중산(中山國)의 역사이다. 전국시대 초에서 시작하여 진(秦)나라가 육국을 멸망시킨 시기까지 대략 240년의 역사를 기록하였다.

작가는 여러 사람일 것으로 추정되며, 서한(西漢)시대 유향(劉向)이 33편으로 만들었고 책명도 이 때 정한 것으로 알려져 있다. 송나라 때 소실되었다가 증공(曾鞏)이 보정하였다.

≪전국책≫은 단순한 사실의 기록보다는 당시의 제후들 간의 정치동향과 평범한 인간들의 삶을 다양하게 묘사하였다.

≪전국책≫ 우언은 크게 두 가지로 나뉜다. 하나는 당시 제후들 간의 정치적 암투를 서술한 것이고, 또 다른 것은 인간의 다양한 삶을 반영한 것이다. 당시 각국을 무대로 하여 활약하던 책사(策士) 혹은 종횡가들은 구세대가 지키고자 했던 질서와 충돌하였고 새로운 대안을 제시하였다. 또한 외교적인 성과를 거둘 수 있는 언어 표현을 강구하였다. 우언은 이러한 그들의 필요에 의해 사용되었다.

≪전국책≫에는 <일거양득(一擧兩得)>, <화사첨족(畵蛇添足)>, <어부지리(漁父之利)>, <남원북철(南轅北轍)>, <천금구마(千金求馬)> 등 오늘날 잘 알려진 우언이 수록되어 있다.

백발백중하는 명궁이라도

양 유 기 선 사
養由基善射

초나라에 양유기(養由基)라는 명궁이 있었다.

그는 백 보 밖에서도 버드나무 잎을 쏘아 백발백중시켰다.

주위 사람들이 모두 "대단해!"라고 칭찬하였다.

어떤 과객이 지나가며 말했다.

"잘 쏘는군. 활쏘기를 가르칠 만하구면."

그러자 양유기가 말했다

"남들은 모두 '대단하다'고 칭찬하는데, 그대는 대번 활쏘기를 가르쳐줄 수 있다고 말하는 게요. 그럼 내 대신 활을 쏘아 보시지."

과객이 말했다.

"나는 왼쪽 어깨로 지탱하고 오른손으로 시위를 당겨 쏘는 법을 가르칠 수는 없소. 버드나무 잎을 쏘아 백발백중하는 사람도 때맞추어 잘 쉬지 못하면 얼마 있다가 기력이 쇠약해집니다. 활이 휘어지고 화살이 구부러져 단 한 발도 적중시키지 못합니다. 그리고 이룩한 성과마저 모두 잃게 되는 법이지요."

≪전국책(戰國策)·서주책(西周策)≫<소려위주군왈장(蘇厲謂周君曰章)>

어떤 일을 지속적으로 성공시키기 위해서는 절제가 필요하다. 과도한 욕심은 일을 망치게 만든다.

유세의 달인 소려(蘇厲)가 주군(周君)에게 건의할 때 인용한 이야기이다. 당시 진(秦)나라의 명장 백기(白起)가 파죽지세로 각 제후국을 물리치고 주나라를 위협하고 있었다. 이를 막아내는 계책으로 백기의 자제를 요청하기로 하였다. 초나라 명궁 양유기를 예로 들어 아무리 백발백중하는 명사수도 충분히 휴식을 통해 이완을 하지 않으면 지속적으로 성공을 유지할 수 없다고 설득하였다.

이 이야기는 ≪예문유취≫<목부하(木部下)>와 ≪태평어람(太平御覽)≫ 744에도 수록되어 있다.

초(楚)나라의 두 아내

초 인 양 처
楚人兩妻

초나라의 어떤 사람에게는 두 명의 아내가 있었다.

어떤 난봉꾼이 큰 부인에게 희롱을 걸었는데 욕을 얻어먹었다.

반면 작은 부인에게는 희롱을 거니 받아주었다.

얼마 있다가 그 남편이 죽었다.

과객이 난봉꾼에게 물었다.

"큰 부인을 원해? 아니면 작은 부인을 원해?"

"큰 부인을 원합니다."

과객이 말했다.

"큰 부인은 자네에게 욕을 하였고, 작은 부인은 자네를 받아주었네. 어째서 큰 부인을 원하는 거야?"

"그녀가 남의 집에서 살았을 때는, 나를 받아주길 바랬지만, 내 부인이 되고 나서는 나를 위해 외간 남자에게 욕하는 여자가 되길 바라기 때문이지."

≪전국책(戰國策)·진일책(秦一策)≫ <진진거초지진장(陳軫去楚之秦章)>

우의

사람은 항상 자신에게 유리한 쪽으로 사고하고 행동하려고 한다.

일거양득

일 거 양 득
一擧兩得

두 마리 호랑이가 사람을 서로 잡아먹으려고 싸우고 있었다.

관장자(管莊子)가 칼로 찌르려고 하였다.

관여(管與)가 가로 막으며 말했다.

"호랑이는 사나운 짐승이고 사람은 그 놈들이 가장 맛있어하는 먹이오. 지금 두 마리 호랑이가 사람 고기를 차지하려고 서로 싸우고 있는데, 작은 놈은 반드시 죽을 것이고, 큰 놈은 상처를 입을 것이오. 그대가 기다렸다가 상처 입은 호랑이를 찌르면 단 번에 호랑이 두 마리를 잡을 수 있습니다. 한 마리 호랑이를 찌르는 수고를 하지 않고도, 두 마리 호랑이를 찔렀다는 명성을 얻을 수 있소."

≪전국책(戰國策)·진책이(秦策二)≫<초절제제거병벌초장(楚絶齊齊擧兵伐楚章)>

[우의]

일에는 때가 중요하다. 때를 잘 정하면 수고를 반으로 줄이고 성과를 배로 올릴 수 있다.

명의 편작의 진단

명 의 편 작
名 醫 扁 鵲

명의 편작이 진무왕(秦武王)을 뵈었다.

무왕이 편작에게 자신의 병세를 말했다.

편작이 그 병을 치료하겠노라고 청하였다.

측근 대신들이 왕에게 말하였다.

"왕의 병은 귀 앞과 눈 아래에 있기 때문에 치료를 한다고 해도 완치가 되지 않을 것입니다. 혹시 귀머거리나 소경이 될 지도 모릅니다."

왕이 편작에게 이 말을 하였다.

편작은 화가 나서 돌 침을 내동댕이치며 말했다.

"왕께서는 알만한 자와 상의하셨어야 할 것을, 오히려 무식한 사람과 의논하여 일을 망치셨군요. 만약 이렇게 진나라를 맡겼다가는 왕께서는 하루아침에 나라를 잃게 될 것입니다."

≪전국책(戰國策)·진책이(秦策二)≫<의편작견진무왕장(醫扁鵲見秦武王章)>

우의

사이비를 경계하자.

증자(曾子)의 살인

증 자 살 인
曾子殺人

옛날에 증자(曾子·증참)가 비(費) 땅에 살았었다.

비 땅에는 증자와 이름이 같은 사람이 있었다.

그 사람이 살인을 하였다.

어떤 사람이 증자의 어머니에게 말했다.

"증참이 살인했대요."

증자의 어머니는 이렇게 말했다.

"제 자식은 살인을 하지 않습니다."

그녀는 태연하게 길쌈을 하였다.

얼마 있다가, 어떤 사람이 또 말했다.

"증참이 살인했대요."

그의 어머니는 여전히 태연스럽게 길쌈을 하였다.

얼마 있다가, 한 사람이 또 다시 말했다.

"증참이 살인했대요."

그러자 그의 어머니는 무서워서 베틀 북을 집어던지고 담장을 넘어 도망갔다.

저 증참의 인격과 어머니의 믿음을 가지고도 세 사람의 말이 증참의 어머니까지 의심을 품게 하였다. 결국 자애로운 어머니조차도 아들을 믿지 못하게 되었다.

≪전국책(戰國策)·진책이(秦策二)≫〈진무왕위감무장(秦武王謂甘茂章)〉

우의

여러 사람의 말은 쇠도 녹일 수 있다. 유언비어는 호랑이보다 무섭다.

어느 처녀의 변호

강 상 처 녀
江上處女

강가에 사는 어떤 처녀가 집이 가난하여 등잔불을 켜지 못할 지경이 되었다.

그러자 이웃 처녀들이 그녀를 쫓아내려고 하였다.

집이 가난하여 등잔불도 켜지 못하던 처녀가 막 떠나려 하면서 다른 처녀들에게 말했다.

"저는 등잔불을 빌리는 것 때문에 항상 먼저 와서 방을 청소하고 자리를 깔았습니다. 사방 벽을 비추고 남는 빛에 어찌 그리도 인색하십니까? 저에게 빛을 빌려준다 한들 당신들에게 무슨 손해가 됩니까? 제 자신이 당신들에게 도움이 된다고 여기는데, 어찌 나를 내쫓으려 하십니까?"

그러자 처녀들은 서로 상의하였다.

그녀의 말이 옳다고 여기고는 머무르게 하였다.

≪전국책(戰國策)·진책이(秦策二)≫〈감무망진차지제장(甘茂亡秦且之齊章)〉

우의

남에게 도움이 되고 나에게 피해가 없다면 어찌 기꺼이 하지 않으랴.

신단수의 신령

恒 思 神 叢
항 사 신 총

항사에 용감한 소년이 살고 있었다.

그가 신단수에게 내기를 걸었다.

"내가 신단수를 이기면 신단수가 나에게 삼 일 동안 신령을 빌려 주기. 내가 이기지 못하면 신단수가 나를 마음대로 처리하기."

소년이 왼손으로 신단수의 골패를 던지고, 오른손으로 자기 골패를 던져 신단수를 이겼다.

신단수가 그에게 사흘 동안 신령을 빌려주었다.

사흘이 되어, 신단수가 소년에게 반환을 요구하였으나 끝내 돌려 주지 않았다.

닷새가 되자 신단수는 시들었고 칠 일이 되자 죽었다.

오늘날 국가는 왕의 신단수요, 권세는 왕의 신령이다.

남에게 이것을 빌려 주면 어찌 위태롭지 않겠는가?

≪전국책(戰國策)·진책삼(秦策三)≫〈응후위소왕장(應侯謂昭王章)〉

우의

대권은 함부로 빌려줄 수 없다.

박(璞)과 박(朴)의 차이

주 인 매 박
周人賣朴

정(鄭)나라 사람들은 아직 가공하지 않은 옥을 박(璞)이라고 한다.
주(周)나라 사람들은 마르지 않은 쥐 고기를 박(朴)이라고 한다.
주나라 사람이 박(朴)을 가지고 정나라 장사꾼에게 물었다.
"박(朴)을 사시겠습니까?"
정나라 장사꾼이 "사지요."라고 말했다.
그가 박(朴)을 꺼내 보니 쥐였다.
정나라 사람은 뒤로 물러서며 사지 않았다.

≪전국책(戰國策)·진책삼(秦策三)≫
〈응후왈정인위옥미리자박장(應侯曰鄭人謂玉未理者璞章)〉

[우의]
겉모습에 현혹되지 말고 실제를 중시하라.

바다의 큰 고기

해 대 어
海大魚

정곽군(靖郭君)이 벽(薜) 땅에 성을 쌓으려 하였다.

그러자 그것을 간언하는 논객들이 많았다.

정곽군은 연락관을 시켜 논객들을 들이지 못하도록 하였다.

제(齊)나라의 어떤 사람이 뵙기를 청했다.

"저에게 세 마디만 하게 해 주십시오. 한 마디라도 더 붙이면 저를 삶아 죽이십시오."

정곽군은 그를 맞이하였다.

그 논객은 재빨리 앞으로 나아가 말했다.

"해대어(海大魚, 바다의 큰 물고기)!"

그리고는 등을 돌려 뛰쳐나갔다.

정곽군이 말하였다.

"논객은 그 자리에 멈추어라."

논객이 말했다.

"저는 감히 죽음을 가지고 장난하지 않습니다."

그러자 정곽군이 말했다.

"그것이 아니니라. 계속 말을 하라."

그는 말을 이어 갔다.

"어른께서는 바다의 큰 고기 얘기를 들어 보셨는지요? 그물로 잡을 수 없고, 낚시로 끌어 올릴 수 없다고 합니다. 그러나 물이 바짝 말라 버리면 땅강아지나 개미들조차도 그를 제 맘대로 할 수 있습니다. 지금 제나라는 군주의 바다입니다. 군주께서는 오랫동안 제나라의 비호를 받을 수 있는데, 벽이 무슨 소용이 있습니까? 만약에 제나라를 잃는다면 하늘에 닿도록 벽성을 높이 쌓는다 한들 도움이 되지 않습니다."

정곽군은 "옳도다" 하고는, 곧 바로 벽 땅에 성쌓기를 중지하였다.

≪전국책(戰國策)·제책일(齊策一)≫〈정곽군장성벽장(靖郭君將城薛章)〉

[우의]

눈앞의 작은 이익 때문에 큰 것을 잃어서는 안 된다.

[해제]

제위왕(齊威王) 36년(기원전 321년), 정곽군(靖郭君) 전영(田嬰)은 벽 땅을 봉읍으로 받고 세력을 확장하려고 하였다. 그곳에 성을 쌓아 자신의 실력을 더욱 단단하게 하려는 의도 때문에 제나라의 집권층과 알력이 생겼다.

그러자 그의 식객들이 성을 쌓지 말 것을 건의하였지만, 그는 누구의 말도 듣지 않았다. 그러나 어떤 식객이 전하는 물고기 이야기를 듣고 계획을 중단하였다.

이 이야기는 ≪회남자·인간훈≫·≪한비자·설림하≫·≪신서·잡사2≫ 등에도 수록되어 있다.

추기(鄒忌)의 깨달음

추 기 비 미
鄒 忌 比 美

추기는 키가 팔 척이 넘고 외모도 수려하였다.

어느 날 아침 의관을 갖추고 거울을 바라보며 그의 아내에게 물었다.

"나와 성북(城北)의 서공(徐公) 중에 누가 더 잘 생겼소?"

그의 아내가 말했다.

"서방님이 훨씬 잘생겼습니다. 서공이 어찌 서방님을 따라올 수 있겠습니까!"

성북의 서공은 제(齊)나라에서 알아주는 미남이었다.

추기는 스스로도 의심쩍어 다시 그의 첩에게 물었다.

"나와 서공 중에 누가 더 잘생겼던가?"

첩이 대답하였다.

"서공이 어찌 나리를 따라올 수 있겠습니까!"

다음 날 밖에서 손님이 와서 함께 이야기를 나누다가 그 손님에게 물었다.

"나와 서공 중에 누가 더 잘생겼소?"

손님이 대답하였다.

"서공이 그대보다 잘생기지 못했습니다."

다음 날 서공이 그의 집에 왔다.

그를 자세히 살펴보았지만 자신이 그보다 못하였다.

거울에 비친 자신은 그보다 훨씬 못 생겼다.

그는 잠자리에 들면서 곰곰이 생각한 뒤에 말했다.

"내 아내가 내가 더 잘생겼다고 한 것은 나를 사랑하기 때문이고, 첩이 내가 더 잘생겼다고 한 것은 나에 대한 두려움 때문이며, 손님이 내가 잘생겼다고 한 것은 나에게 바라는 것이 있기 때문이리라"

≪전국책(戰國策)·제책일(齊策一)≫(추기수팔척유여장(鄒忌修八尺有餘章))

[우의]

스스로 깨어있지 않으면 눈과 귀가 멀고 막힌다.

사족

화 사 첨 족
畫蛇添足

초나라의 제주(祭主)가 자기의 식객들에게 술 한 잔을 내렸다.

그러자 식객들이 서로 말을 하였다.

"여러 사람이 마시면 모자라고, 한 사람이 마시면 남는다. 땅에 뱀을 그려 먼저 완성하는 사람이 술을 마시기로 하자."

한 사람이 뱀을 먼저 완성하고 나서 술을 끌어다 막 마시려고 했다.

그는 왼손으로 술잔을 들고, 오른손으로는 뱀을 그리며 말했다.

"나는 뱀의 다리도 그릴 수 있어."

아직 발을 다 그리지 못했을 때, 다른 한 사람이 뱀을 다 완성하고 그의 술잔을 빼앗으며 말했다.

"뱀은 원래 다리가 없는데, 자네는 어째서 다리를 그리는가?"

그리고는 술을 마셔버렸다.

뱀의 다리를 그린 사람은 그 술을 빼앗기고 말았다.

≪전국책(戰國策)·제책이(齊策二)≫〈소양위초벌위장(昭陽爲楚伐魏章)〉

그쳐야 할 때 그칠 줄 모르는 사람은 이미 이루어 놓은 것마저 모두 잃는다.

기원전 323년, 초나라 소양(昭陽)이 위(魏)나라를 공격하여 장군을 죽이고 여러 개의 성을 빼앗았다. 그리고도 만족하지 않고, 다시 제(齊)나라를 공격하려고 하였다.

이때 진진(陳軫)이 우언 이야기를 들어 소양을 충고하였다.

이 우언은 《예문유취》25와 《태평어람》460에도 수록되어 있다.

진흙인형과 목각인형

진흙인형과 목각인형이 서로 이야기를 나누고 있었다.

목각인형이 진흙인형에게 말했다.

"자네는 서쪽 언덕 흙을 가지고 빚어 만든 인형이지. 팔월이 되어 비가 내려 치수(淄水)가 범람하면 그대는 허물어지겠지."

그러자 진흙인형이 말했다.

"그렇지 않네. 나는 서쪽 언덕의 흙이었으니, 설사 내가 허물어진다고 해도 서쪽 언덕으로 돌아가면 그 뿐이네. 지금 자네는 동쪽 나라 복숭아나무 가지를 깎아서 만든 인형이지. 비가 내려 치수가 범람하면 자네를 휩쓸고 떠나갈 것이네. 그러면 자네는 둥둥 떠서 어디로 떠내려갈지 모를 거야."

≪전국책(戰國策)·제책삼(齊策三)≫〈맹상군장입진장(孟嘗君將入秦章)〉

우의

자기가 처해 있는 곳이 나쁘다고 불평하면 결국은 자신에게 손해가 된다.

진소왕(秦昭王)은 맹상군(孟嘗君)이 현명하다는 소문을 듣고 경양군(涇陽君)을 제(齊)나라 인질로 보내 그를 초빙하려고 하였다. 제나라에서는 맹상군이 진나라로 가려고 한다는 소문을 듣고 만류하였지만 듣지 않았다.

이때 소진(蘇秦)이 이 우언을 가지고 설득하여 맹상군을 가지 못하게 하였다.

여기에서 진흙인형은 경양군을, 목각인형은 맹상군을 비유하였다.

맹상군은 이때 진나라로 가지 못했지만, 후에 결국은 진나라로 가서 재상이 되었다. 그러나 얼마 있다가, 구금되어 기력을 모두 소진하고 문객의 도움을 받아 가까스로 제나라로 도망쳤다.

이 이야기는 ≪사기·맹상군열전(孟嘗君列傳)≫에 자세하게 기록되어 있으며, ≪예문유취≫86과 ≪풍속통의≫<의사전편(義祀典篇)>, ≪태평어람≫에도 수록되어 있다.

농부의 불로소득

전 부 지 리
田父之利

한자로(韓子盧)는 천하에서 가장 빠른 개다.
동곽준(東郭逡)은 전국에서 가장 빠른 토끼이다.
한 번은 한자로가 동곽준을 추격하였다.
산을 세 바퀴 돌고 또 다섯 개의 산을 넘었다.
토끼는 기진맥진하여 앞에서 달렸고 개는 탈진하여 뒤쫓아갔다.
결국은 모두 지쳐 둘 다 그곳에서 죽고 말았다.
농부는 그것을 발견하고 힘들이지 않고 이익을 챙겼다.

≪전국책(戰國策)·제책삼(齊策三)≫〈제욕벌위장(齊欲伐魏章)〉

[우의]

어부지리(漁父之利)로다!

[해제]

　제(齊)나라가 위(魏)나라를 공격하려고 하자, 제나라 순우곤(淳于髡)
이 제왕에게 설파한 이야기이다. 제나라와 위나라가 오랫동안 전쟁

을 하면 진(秦)나라와 초(楚)나라가 힘들이지 않고 두 나라를 차지할
수 있다는 경고이다.

이 우언은 ≪예문유취≫94와 ≪신서·잡사≫5에도 수록되어 있다.

벼슬하지 않고 부자가 된 전병

전 병 불 환
田 騈 不 宦

　고매하신 제(齊)나라 사람이 전병(田騈)을 보고 말했다.
　"선생이 벼슬하지 않겠다고 선언하셨다는 소식을 들었습니다. 나는 그대의 종이 되고자 합니다."
　전병이 물었다.
　"어디서 들었소?"
　그가 대답하였다.
　"이웃 여자에게서 들었습니다."
　전병이 물었다.
　"무슨 뜻이요?"
　그가 대답하였다.
　"제 이웃에 사는 여자는 시집을 가지 않겠다고 선언했지만 나이 서른에 아이가 일곱이나 되었지요. 비록 시집을 가지는 않았으나, 시집간 여자들보다 월등히 많습니다. 지금 선생께서는 벼슬을 하지 않겠다고 선언을 하였지만, 재산이 천여 석이 되고 따르는 종이 백 명이나 됩니다. 벼슬을 하지 않는 것은 사실이지만, 벼슬아치보다 훨씬 부자더군요."

전병이 이 말에 감사하였다.

≪전국책(戰國策)·제책사(齊策四)≫〈제인견전병장(齊人見田駢章)〉

우의

우리 주변에는 세상을 속여 높은 명성을 얻으려는 학자가 많다.

호랑이 없는 숲에 여우가 대장

호 가 호 위
狐 假 虎 威

호랑이가 잡아먹을 짐승들을 찾고 다니다 마침 여우를 잡았다.

그러자 여우가 말했다.

"그대는 감히 나를 잡아먹지 못할 것이오! 하느님이 나를 백수의 제왕으로 임명하였는데, 지금 그대가 나를 잡아먹으면 천명을 거역하게 됩니다. 그대가 나를 믿지 못한다면, 내가 그대 앞에 걷고 그대가 내 뒤를 따라오시지요. 짐승들이 나를 보고 감히 도망가지 않는 놈이 있나 살펴보세요."

호랑이는 그럴 듯하다고 생각하고는 마침내 여우를 따라 걸어갔다.

짐승들이 여우를 보고 모두 달아났다.

호랑이는 짐승들이 자기가 무서워 도망가는 줄을 모르고 여우가 무서워서 그런가 보다고 생각하였다.

≪전국책(戰國策)·초책(楚策)≫〈형선왕문군신장(荊宣王問君臣章)〉

우의

위선이 진실을 가릴 수 없다.

권력을 이용하여 약자를 위협하는 비열한 무리들이 많다.

초선왕(楚宣王)이 어느 날 대신들에게 물었다. 북쪽의 여러 나라 사람들이 장군 소혜휼(昭奚恤)을 무서워한다고 하는데, 정말이냐고.

이 질문에 대신들이 모두 대답을 하지 못했다.

이때 강을(江乙)이라는 사람이 나서서 이 우언을 인용하며 말하였다. 북쪽 나라가 소혜휼을 무서워하는 것은, 그가 용맹해서가 아니라 왕의 군대를 무서워하기 때문이다.

戰-16

우물에 오줌 싼 개

<ruby>狗<rt>구</rt></ruby> <ruby>嘗<rt>상</rt></ruby> <ruby>溺<rt>요</rt></ruby> <ruby>井<rt>정</rt></ruby>

狗嘗溺井

집을 잘 지킨다며 개를 애지중지하던 사람이 있었다.

그 개가 우물에 오줌을 누었다.

이웃 사람이 그 개가 우물에 오줌 누는 것을 발견하고,

집에 들어가 주인에게 그 사실을 알리려고 하였다.

그 개는 이것을 꺼려해 문을 지키고 그를 물려고 했다.

이웃 사람이 겁이 나서 결국 알리지 못했다.

《전국책(戰國策)·초책(楚策)》〈강을오소해휼장(江乙惡昭奚恤章)〉

[우의]

사사로운 세력을 이용하여 공공의 진실을 은폐하려는 사람이 있다.

[해제]

《통감·주기이(周紀二)》에도 이 이야기가 수록되어 있다.

초나라가 위(魏)나라 대량(大梁)을 포위하였다. 이때 초나라 소혜휼(昭奚恤)이 위나라로부터 뇌물을 받았다. 강을(江乙)이 이 장면을 보았다. 소혜휼은 강을이 그 사실을 왕에게 보고할까 두려운 나머지 그

를 미워하였다. 그러자 강을은 이 우언을 이용하여 소혜휼의 행위를
비판하였다.

교활한 고라니

힐 미 낙 망
黠 麋 落 網

지금 숲에 사는 짐승 중에 고라니만큼 교활한 놈도 없다.

고라니는 그물이 쳐 있는 것을 미리 알고 그물 속으로 들어가는 척 하다가 되돌아서 사냥꾼에게로 돌진하곤 하였다.

여러 번 그렇게 하였다.

사냥꾼은 고라니의 수작을 알아챘다.

사냥꾼은 거짓으로 그물을 쳐서 들어오게 하고는 고라니를 잡았다.

≪전국책(戰國策) · 초책삼(楚策三)≫ 〈진벌선양장(秦伐宣陽章)〉

우의

잔꾀를 잘 쓰는 사람은 잔꾀로 망한다.

활에 놀란 새

경 궁 지 조
驚弓之鳥

　옛날에 경영(更嬴)이 위왕(魏王)과 함께 경대(京臺) 아래에서 날아가는 새를 올려다보고 있었다.

　경영이 위왕에게 말했다.

　"신이 활시위만 튕기고도 새를 떨어뜨리는 시범을 보이겠습니다.

　위왕이 말했다.

　"활 쏘는 기교가 그와 같은 경지에 이를 수 있는 것인가?"

　"그렇습니다."

　얼마 있다가, 기러기가 동쪽에서 날아왔다.

　경영이 활시위를 튕겼는데 새가 떨어졌다.

　위왕이 말했다.

　"활 쏘는 기교가 이런 경지에 이를 수 있는 것인가?"

　경영이 대답하였다.

　"이것은 상처 입은 기러기입니다."

　위왕이 말했다.

　"선생은 어찌 그것을 아는가?"

　그가 대답하였다.

"저 새는 느릿느릿 날고 슬프게 울고 있었습니다. 느릿느릿 난다는 것은 상처를 입었다는 것이요, 슬피 운다는 것은 무리와 떨어진지 오래되었다는 것입니다. 그러므로 상처가 채 아물지 않고 두려움에 떨고 있을 때, 활시위 소리가 나니 더 높이 날려다가 상처가 찢어져 떨어진 것입니다."

≪전국책(戰國策)·초책사(楚策四)≫
〈천하합종조사위가장(天下合從趙使魏可章)〉

[우의]

선견지명!

[해제]

전국시대에 제후국이 연합하여 진(秦)나라에 대항하였다. 이 때 조(趙)나라의 위가(魏加)가 초(楚)나라의 춘신군(春申君)을 방문하여 이 이야기를 하였다.

상처 입은 새가 활시위 퉁기는 소리만 들어도 떨어지는 것과 같이, 진나라에게 겁을 잔뜩 먹고 있는 임무군(臨武君)은 진나라의 소리만 들어도 싸움에서 질 것이라고 생각하고 있다. 그러므로 임무군을 교체하고 용맹한 장군을 출정시켜야 한다고 건의하였다.

천리마가 백락을 만나다

기 우 백 락
驥遇伯樂

천리마 기(驥)가 이미 늙었다.

그런데도 소금 수레를 끌고 태행산(太行山)을 올라갔다.

말발굽이 늘어지고 무릎이 구부러졌으며, 꼬리는 똥과 오줌으로 범벅이 되어 피부가 지저분해졌다.

입에서 거품이 흘러내리고 비지땀이 소금과 뒤섞였다.

말은 산중턱을 넘지 못해 멈추었고 멍에를 끌어 올리지 못하였다.

백락이 이 말을 만났다.

그는 말에서 내려 천리마를 어루만지며 통곡하였다.

그리고 삼베옷을 벗어 덮어 주었다.

천리마는 고개 숙여 거품을 품다가 고개를 들어 울부짖었다.

그 소리는 마치 경쇠소리처럼 하늘까지 퍼져갔다.

왜일까?

천리마는 자기를 알아주는 백락을 만났기 때문이리라.

　　《전국책(戰國策)·초책사(楚策四)》〈한명견춘신군장(汗明見春申君章)〉

인재는 이를 알아보는 사람이 있어야 제 가치를 발휘할 수 있다.

초나라 한명(汗明)이 자신을 알아주는 춘신군(春申君)을 백락에 비유하여 한 이야기이다.

덫에 걸린 호랑이의 결단

호 노 결 번
虎怒決蹯

어떤 사람이 덫을 놓아 호랑이를 잡았다.

호랑이는 펄펄 뛰다가 자기의 발굽을 자르고 도망갔다.

호랑이의 심정으로 보아 자기의 발굽이 아깝지 않았던 것은 아니다.

그러나 반지가락만한 발굽 때문에 일곱 척의 몸체를 해칠 수 없었기 때문이다.

이것이 저울질이다.

≪전국책(戰國策)·조책삼(趙策三)≫〈위개위건신군장(魏疵謂建信君章)〉

[우의]

부분을 희생하여 전체를 살리는 것이 진정한 결단이다.

[해제]

건신군(建信君)이 위나라 조정으로부터 실각당할 위기에 놓여 있었다. 위개(魏疵)가 그를 만나 선택에 대하여 말하였다. 덫에 걸려 탈출한 호랑이 이야기를 예로 들어 실각 후에 어떻게 대처할 것인가에 대하여 말하였다.

남쪽으로 간다고 하면서 북쪽을 향한다

남 원 북 철
南 轅 北 轍

위왕(魏王)이 한단(邯鄲)을 공격하려고 했다.

계량(季梁)이 이 소식을 듣고 중도에 귀국했다.

옷이 구겨지고 머리의 먼지도 털지 않은 채 왕을 뵙고 말했다.

"지금 신이 돌아오다가 큰길에서 어떤 사람을 만났습니다.

그는 북쪽을 향해 말을 몰고 가면서 말했습니다.

'나는 초(楚)나라로 가고자 합니다.'

신이 물었습니다.

'그대는 초나라를 간다면서 어찌 북쪽으로 갑니까?'

'나는 명마를 가지고 있습니다.'

'비록 명마가 있어도 이 길은 초나라로 가는 길이 아닙니다.'

'저는 여비가 많습니다.'

'여비가 충분할지라도 이 길은 초나라로 가는 길이 아닙니다.'

'나에게는 훌륭한 마부가 있소.'

이처럼 여러 조건이 좋으면 좋을수록 초나라와는 더욱 멀어지고 있을 뿐이었습니다.

지금 왕께서는 패권자가 되고자 제후들의 신임을 얻으려고 합니다. 그런데 지금 군주께서는 대국의 큰 힘과 정예한 병력만을 믿고 한단을 공격하여 영토를 확장하고 명성을 날리려고 합니다. 왕께서 이렇게 행동하면 할수록 대권은 갈수록 멀어지게 됩니다. 이는 초나라로 가려 하면서 북쪽으로 가는 것과 같사옵니다."

≪전국책(戰國策)·위책사(魏策四)≫⟨위왕욕공한단장(魏王欲攻邯鄲章)⟩

우의

목적과 수단이 아무리 훌륭해도 기본 방향이 잘못되면 일을 성사시킬 수 없다.

억울하게도

충 신 득 죄
忠信得罪

이웃에 사는 어떤 사람이 멀리 사신으로 갔다.

그러자 그의 아내가 외간 남자와 정을 통했다.

그녀의 남편이 곧 돌아올 때가 되니, 정을 통했던 사내가 근심하였다.

그러자 그의 아내가 말했다.

"걱정하지 마시오. 나는 이미 독약을 탄 술을 가지고 남편을 기다리고 있소."

이틀 있다가 남편이 돌아왔다.

그의 아내는 첩에게 술잔을 바치게 했다.

첩은 독약을 탄 술을 먹이면 주인어른이 죽고, 사실대로 말하면 안방마님이 쫓겨난다는 것을 알고 일부러 넘어져 술을 엎질렀다.

주인어른이 크게 화를 내며 그녀를 매질했다.

이렇게 첩이 일부러 술을 버린 것은 위로는 주인어른을 살리고 아래로는 안방마님을 안전하게 하였던 것이다.

그러나 이처럼 충직한 첩도 매질을 피하지는 못했다.

충심이 오히려 죄가 된 것이다.

≪전국책(戰國策)·연책일(燕策一)≫

〈인유오소진어연왕자장(人有惡蘇秦於燕王者章)〉

[우의]

훌륭한 일을 하다 보면 종종 억울한 경우를 당한다.

[해제]

이 우언은 ≪전국책 연책일(燕策一)≫〈소대위연소왕장(蘇代謂燕昭王章)〉, ≪사기·소진열전(蘇秦列傳)≫에도 수록되어 있다.

소진(蘇秦)과 그의 동생인 소대(蘇代)가 사람들로부터 모함을 받았다. 그러자 그들은 연왕 앞에서 이 이야기를 들어 자신들의 입장을 해명하였다.

천금구마

千金求馬

옛날 어떤 제후가 천 금을 가지고 말을 구하려고 하였다.

삼 년이 되도록 구하지 못했다.

한 내시가 제후에게 말했다.

"제가 구해보겠습니다."

그러자 군주는 그를 파견하였다.

그는 석 달 만에 천리마를 구하였으나, 말이 이미 죽어 있었다.

그 머리를 오백 금에 사가지고 돌아와 군주에게 보고하였다.

군주는 크게 화를 내며 말했다.

"살아있는 말을 구하라고 했지, 어찌 죽은 말을 구하여 오백 금을 손해보았더냐?"

그러자 내시가 말했다.

"죽은 말도 오백 금을 주고 살 참인데, 하물며 살아있는 말이야 어떻겠습니까? 세상 사람들이 군주께서 말을 잘 산다고 여기면 바로 말이 몰려올 것입니다."

그러자 일 년도 안 되어 세 필의 천리마가 몰려왔다.

《전국책(戰國策)·연책일(燕策一)》
〈연소왕수파연후즉위장(燕昭王收破燕後卽位章)〉

훌륭한 인재를 구하고자 한다면 먼저 인재를 중시하는 마음가짐이 필요하다.

후대의 "천금매골(千金買骨)" 이야기는 이 우언에서 나온 것이다.

말 값이 열 배로 뛰다

마 가 십 배
馬 價 十 倍

어떤 사람이 준마를 팔려고 연 사흘 동안 아침마다 시장에 서 있었다.

그러나 그것을 알아보는 사람이 없었다.

그래서 그는 백락을 찾아가 말했다.

"저에게 준마가 있는데 그것을 팔려고 사흘 동안 아침마다 시장에 서 있었습니다. 값을 물어 오는 사람도 없었습니다. 그대가 둘러 봐 주시고, 떠나면서 돌아봐만 주세요. 제가 하루의 품삯을 드리겠습니다."

백락이 둘러 봐주고 떠나오면서 돌아보았다.

하루아침에 말의 가격이 열 배나 올랐다.

≪전국책(戰國策)·연책이(燕策二)≫〈소진위연세제장(蘇秦爲燕說齊章)〉

우의

아무리 재능이 있어도 이를 알아보는 사람이 없으면 빛을 발할 수 없다.

연나라 소대(蘇代)가 제(齊)나라로 유세하러 갔다. 제나라 왕을 만나지 못하고 먼저 순우곤(淳于髡)에게 유세하였다. 천리마가 백락을 만나면 몸값이 십 배가 뛰듯이, 소대 자신도 순우곤을 통해 제왕에게 자신의 능력을 나타내고 싶었던 것이다.

어부지리

어 부 지 리
漁父之利

역수(易水)를 건너는데 조개가 마침 햇살을 쬐려고 나왔다.

도요새가 조개의 속살을 콕 찍었다.

조개는 껍질을 오므리면서 도요새의 부리를 물어버렸다.

도요새가 말했다.

"오늘 비가 내리지 않고, 내일 비가 내리지 않으면, 너 조개는 죽을 것이다."

조개 역시 도요새에게 말했다.

"오늘 놔주지 않고 내일도 놔주지 않으면, 도요새 너도 죽을 것이다."

둘이 서로 놔주려 하지 않자, 어부가 둘을 한꺼번에 잡아갔다.

지금 조나라가 연나라를 치게 되면, 연나라와 조나라는 오랫동안 싸우게 될 것이고 백성들은 지칠 것이다. 강폭한 진(秦)나라가 어부처럼 될까 두렵다.

≪전국책(戰國策)·연책이(燕策二)≫〈조차벌연장(趙且伐燕章)〉

쌍방이 서로 싸우면 제삼자만 이득을 본다. 한 민족끼리 싸워 흘린 피는 이민족의 땅을 기름지게 한다.

이 이야기는 조(趙)나라가 연(燕)나라를 정벌하려고 하자, 소대(蘇代)가 조혜왕(趙惠王)에게 유세할 때 사용했던 것이다.

이 우언은 ≪예문유취≫<인부>, ≪태평어람≫<인사부> 등에도 수록되어 있다.

말은 때가 중요하다

新婦要言
신 부 요 언

위(衛)나라 사람이 신부를 맞이했다.

신부가 말에 올라타며 물었다.

"삼두 마차는 누구의 말이요?"

마부가 대답했다.

"빌린 겁니다."

신부가 종에게 말했다.

"양쪽 말을 때리면, 가운데 말은 때리지 않아도 되지."

수레가 문에 도착하자 내리면서 들러리에게 일렀다.

"아궁이를 막아야겠네. 불이 날거야!"

그녀는 방으로 들어가면서 절구통을 발견하고 말했다.

"창문 아래로 옮겨 놓지, 오가는 데 방해되는데."

시집 식구들이 모두 그를 비웃었다.

그녀가 한 세 마디 말은 모두 요긴하였다.

그러나 그녀가 웃음거리를 면치 못한 것은, 말하는 시간이 맞지 않았기 때문이다.

≪전국책(戰國策)·송위책(宋衛策)≫〈위인영신부장(衛人迎新婦章)〉

말을 해야 할 때 말을 하지 않으면 지성을 망각한 것이요, 아직 말을 할 때가 아닌데 말을 하면 몸이 위태로워진다.

제25장

춘추전국(春秋戰國)시대
우언에 관하여[*]

* 이 글은 역자의 박사논문인 ≪先秦寓言硏究≫(1993)를 요약 정리한 것이다.

1. 우언의 명칭

(1) 친 아비가 자기 자식을 중매하지 않는 것은, 친 아비가 제 자식을 칭찬하는 것보다 아비가 아닌 사람이 하는 것만 못하기 때문이다. 이것은 내 잘못이 아니라 듣는 쪽에 잘못이 있다. 자기 뜻과 같으면 호응을 하고 자기 뜻과 다르면 반대하며, 자기와 같으면 옳다고 생각하고, 자기와 다르면 그르다고 생각하기 때문이다.

(親父不爲其子謀, 親父譽之, 不若非其父者也. 非吾罪也, 人之罪也. 與己同則應, 不與己同則反. 同於己爲是之, 異於己爲非之.)

≪장자(莊子)·우언편(寓言篇)≫

(2) ＜제나라 사람의 변명(齊人攫金)＞

옛날에 제나라에 어떤 사람이 살고 있었다.

그는 금을 갖고 싶었다.

이른 아침에 의관을 갖추고 시장으로 갔다.

금은방으로 가서 그 집의 금을 강탈하여 달아났다.

관리가 그를 체포하고 물었다.

"사람들이 모두 보고 있었는데, 자네는 어째서 남의 금을 강탈하였는가?"

그러자 그는 이렇게 대답했다.

"금을 탈취할 때, 사람을 보지 못하고 금만 보았습니다."

(昔齊人有欲金者. 清旦衣冠而之市. 適鬻金者之所. 因攫其金而去.

吏捕得之. 問曰 "人皆在焉, 子攫人之金何?" 對曰 "取金之時, 不見

人, 徒見金")　　　　　　　　　　　　　≪열자(列子)·설부편(說符篇)≫

　　(1)은 다른 사람의 입을 빌려 내 말을 해야 한다는 의미를 담고 있
다. 내 말을 듣는 사람이 제대로 듣지 않기 때문에 부득불 이런 방식
을 취하게 되었다는 것이다. (2)는 남의 입을 통해 내 말을 했다. 작
가는 "사물에 욕심이 생기면 눈에 보이는 것이 없다."는 말을 하고
싶어 제나라 사람의 이야기를 동원하였다.

　　여기서 (1)은 우언 이론이고, (2)는 우언이다.

　　이처럼 중국에도 이솝우화 속의 <토끼와 거북이의 달리기>, 인도
≪백유경≫의 <모래밭에 집짓기>처럼 <우물 안 개구리>, <조삼모
사>, <뱁새가 봉황의 뜻을 알랴>, <어부지리>, <일거양득>, <각주
구검(刻舟求劍)> 등등 익히 알려진 우언들이 있고, 게다가 우언 이론
까지 있었다.

　　중국에서는 우화 대신 '우언'이란 명칭을 사용하고 있다. 이 명칭
은 ≪장자(莊子)≫<우언(寓言)>편에서 처음 나온 것이다. 우언이 하나
의 문학양식으로서 사용된 것은 1919年 심덕홍(沈德鴻-茅盾)의 ≪중국
우언(中國寓言)≫초편(初篇)으로 추정된다.

　　중국에서 '우언'을 '비유(譬喻)' 혹은 '비유(比喻)'로 부른 적이 있다.
위진남북조 시대에 인도우언이나 불경우언을 번역하면서, ≪백비유
경(百譬喻經)≫과 ≪잡비유경(雜譬喻經)≫ 등으로 불렀다. 또한 이솝우
화를 번역하면서 '유언(喻言)'·'황의(況義)'·'묘유(妙喻)'·'몽인(蒙引)' 등
의 명칭을 사용하였다. 이처럼 오랫동안 우언이 '비유'로 불린 것은,
우언이 어떤 사물에 우의(寓意)를 기탁하여 화자의 의도를 표현하는

비유적 속성을 가지고 있었기 때문이다.

서양문학에서 사용하는 Fable·Parable·Allegory 등을 모두 중국어로는 '우언'으로 번역한다. 알레고리(Allegory)는 문학의 기능상 우의적(寓意的) 기법에 해당하는 것이다. 이러한 특징을 가지고 있는 독립된 문학양식이 바로 페불(Fable)이다. 이솝우화가 여기에 해당하는데, 그 우언은 동물이 주로 등장하기 때문에 특별히 동물우언(Beast Fable)이라고 부른다. 거기에 종교적 교의(敎義) 및 도덕교훈이 강한 것이 파라불(Parable)이다. 성경우언이 이에 해당된다고 할 수 있다. 그러므로 '우언'을 영문으로 표기한다면 'allegoric tales'이 된다.

우리나라와 일본은 모두 우언 대신 '우화(寓話)'라는 명칭을 사용한다. '우화'라는 명칭은 일본에서 조어(造語)한 것이다. ≪대일본국어사전(大日本國語辭典)≫(1915-1919년)에 '우화'라는 표제어가 생기면서 문학용어로 정착되었다고 한다. 일본에서도 이 이전에는 이솝우화를 번역하면서 '물어(物語)'·'담(譚)'·'유언(喩言)' 등의 명칭을 사용하였다. 그러다가 1925년 야마자게 미즈꼬(山崎光子)가 ≪이소보우화집(伊蘇普寓話集)≫을 출간하면서 '우화'라는 명칭을 사용하였다.

우리나라에서는 일반적으로 '우언'은 수사적 명칭으로, '우화'는 양식적 명칭으로 사용하고 있다. 손진태는 ≪조선민담집≫(동경 향토문화사 1934년)에서, '우화'를 민담의 한 유형으로 보았다. 1947년에 발행된 ≪큰사전≫(한글학회 편, 을유문화사 1947년 초판)에 '우화'라는 표제어가 등장하였다. 이 사전에는 우화(寓話)=우언(寓言): "다른 사물에 비겨 하는 말, 소견이나 감상이나 교훈 될 만한 일을 다른 사물에 비겨 하는 말(=우화)"로 풀이하였다. 우리나라에서 '우화'라는 명칭을 사용하게 된 이유는 일제강점기에 일본이 조어(造語)한 것을 그대로 수용했기 때문이라고 할 수 있다.

2. 춘추전국 시대 우언

중국우언은 중국문화사의 최대의 격변기라 할 수 있는 춘추전국 시대(春秋戰國時代, B.C 770~B.C 221년)에 발생하여 크게 유행하였다. 위 진남북조(魏晉南北朝)에 이르러 전환기를 맞이했고, 중국 고대문명의 정점에 있었던 당송(唐宋)시대에는 유종원(柳宗元) 등의 뛰어난 우언 작가가 등장하였다. 우언은 명말청초(明末淸初)에 다시 새로운 모습으로 나타났다. 중국이 근대를 맞이하는 시점에 이르러 루쉰(魯迅)과 펑 쉐펑(馮雪峰)이 우언을 새롭게 정리하고 수용하였다. 마오저뚱(毛澤東) 은 대장정 기간 동안 연안지역에서 개최한 중국공산당 제7차 전국 대표대회의 폐막사에서 ≪열자(列子)≫의 '우공이산(愚公移山)' 우언을 인용하며 해방정신(中國解放精神)을 고취한 바 있다.

이처럼 중국우언은 계몽 시기 혹은 새로운 시대정신을 요구되는 대변혁시기에 등장하여 역할을 담당하였다.

춘추말(春秋末, B.C.6~5세기)에서 전국말기(戰國末期, B.C. 3세기 전후) 역 시 보기 드문 변혁의 시기였다. 우언은 그 시대의 가장 유력한 문학 형식으로 부각되었다. ≪장자(莊子)≫·≪한비자(韓非子)≫·≪여씨춘추 (呂氏春秋)≫·≪열자(列子)≫·≪전국책(戰國策)≫ 등의 우언이 이 시기이 나온 것은 우연이 아니다.

전국(戰國) 중기에 이르러, 주(周) 왕조의 중앙 통제 능력이 유명무 실해지자 각 제후국은 부국강병책을 통하여 분할되어 있는 권력을 대통일하려는 꿈을 가지게 되었다. 그들 간의 전쟁과 합종연횡은 기 존 질서를 붕괴시킨 한편 대통합의 길을 걸었다. 이 과정에서 지식 인 계층이 가진 지식이 필요하였다. 이들이 바로 '사(士)' 계층들이다. 이 당시에 인재(人才)를 주제로 한 우언이 많이 등장하는 것도 당시의 시대적 상황을 반영한 것이다. 인재를 우의화(寓意化) 한 것으로는 목

재(혹은 재목)나 말[馬]을 들을 수 있다.

여기서 ≪전국책≫우언 한편을 예로 들어보자.

<천금구마(千金求馬)>

옛날 어떤 제후가 천 금을 가지고 말을 구하려고 하였지만, 삼 년이 되
도록 구하지 못했다. 그러자 한 내시가 군주에게, "제가 구해보겠습니
다."라고 하니, 그를 파견하였다. 그는 석 달만에 천리마를 찾아냈다.
그러나 말은 이미 죽어 있었다. 그는 천리마의 머리를 오백 금에 사 가
지고 돌아와 임금에게 보고하였다. 임금이 크게 화를 내며 말했다
"구하라고 한 것은 살아있는 말인데, 어찌 죽은 말을 구하여 오백 금이
나 손해를 보았느냐?"
그러자 내시가 군주에게 말했다
"죽은 말도 오백 금을 주고 살 참인데, 살아있는 말이야 어떻겠습니
까? 세상 사람들이 임금님께서 말을 잘 산다는 것을 알면 틀림없이 말
이 당장 몰려올 것입니다"
일 년도 안 되어, 과연 천리마가 세 필이 몰려왔다
(古之君人, 有以千金求千里馬者, 三年不能得. 涓人言於君曰 "請
求之" 君遣之. 三月得千里馬, 馬已死, 買其首五百金, 反以報君. 君
大怒曰 "所求者生馬, 安事死馬而捐五百金?" 涓人對曰 "死馬且買
之五百金, 況生馬乎? 天下必以王爲能市馬, 馬至今矣" 於是不能
期年, 千里之馬至者三.)

≪전국책(戰國策)·연책일(燕策一)≫
<연소왕수파연후즉위장(燕昭王收破燕後卽位章)>

위 이야기에서 등장하는 천리마는 난세를 구제할 인재들을 의미

한다. 이처럼 당시의 군주들에게는 인재를 확보하는 것이 국가를 융성하는 지름길이었다. 말감별[相馬]로 유명한 백락(伯樂)과 구방고(九方皐), 탁월한 말몰이꾼 조보(造父) 등은 훌륭한 인재를 등용한 현군(賢君)을 우의화한 것이다.

당시의 인재들은 학파를 형성하였다. 사상논쟁을 벌이던 학사(學士), 달변과 유세를 통하여 정론(政論)을 선전하던 책사(策士), 천문과 지리 등 전문 지식이 뛰어났던 방사(方士), 식객과 자객 등으로 이루어진 양사(養士) 등이 그 예시이다. 당시의 사 계층은 자신들의 생존방식과 사상 및 정치적 성향에 따라 학파 내지는 정치 집단을 형성하였고, 각 집단간의 사상적 대립과 정치적 대응방식의 차이가 '백가쟁명(百家爭鳴)'의 국면을 열었다. 예악(禮樂)을 이념적 토대로 했던 귀족들을 대신하여 등장한 신흥 지식인 계층은 새로운 이념적 정통성과 정치적 우위성을 확보하기 위하여 집단 간에 끊임없는 논쟁을 벌여야 했다.

사 계층들의 이러한 역사적·문화적 인식 속에서 우언이 흥성하게 되었다. 이 시기에 유행한 우언은 수적으로 보면 중국고대우언사의 반 수 이상이며, 질적인 면에서도 수준이 매우 높았다. 후대의 우언들은 제재와 형식면에서의 약간의 변화가 있을 뿐, 이 시기 우언의 본질적 요소나 특징을 그대로 계승하였다. 후대의 우언 작가의 경우 역시 장자와 한비자 등 춘추전국 시대 우언 작가를 능가하지 못했다.

이 시기에 이처럼 우언이 흥성한 원인은 대체로 세 가지이다.

첫째, 역사의 변화를 들 수 있다. 춘추전국 시대에 이르러 종법적(宗法的) 질서가 붕괴되고, 새로운 사회질서가 건설되었다. '주인공의 부정적 행위에 대한 부정'을 원리로 하고 있는 우언이, 역사의 변화를 주도했던 사람의 의도에 매우 적합한 양식으로 채택되었다. 따라서 과거 역사를 고수하려는 집단과 그 대표적인 인물이 부정의 대상이 되었다. 송(宋)나라 사람, 정(鄭)나라 사람, 공자(孔子)가 주인공이다. 이 주인공들은 역사의 변혁을 부정하고 낡은 문화를 고수하려다가 세상 사람들의 웃음거리가 되는 바보로 등장한다.

≪한비자≫의 우언 한 편을 예로 들어보자.

<수주대토(守株待兎)>

송나라 사람이 밭을 갈고 있었는데, 토끼가 달려가다가 밭 가운데에 있던 나무에 걸려 목이 부러져 죽었다. 그러자 그는 쟁기를 놓고 나무 밑에서 토끼를 기다렸다. 다시 토끼가 나타나면 잡으려고 했던 것이다. 그러나 토끼를 다시 잡지 못했을 뿐만 아니라, 그 자신은 송나라 사람들의 웃음거리가 되었다

(宋人有耕田者, 田中有株, 兎走觸株, 折頸而死, 因釋其耒而守株, 冀復得兎, 兎不可復得, 而身爲宋國笑.)

≪한비자(韓非子)·오두편(五蠹篇)≫

송나라 사람은 과거의 예법을 그대로 지키려는 보수주의자로 등장한다. 정나라 사람들도 송나라 사람들처럼 시대의 변화에 부응하지 못하는 바보로 등장한다. 아무리 훌륭한 문화라 할지라도 현실에 부합하지 않는다면 '짚으로 만든 개(芻狗)'(≪장자·천운(天運)편≫)처럼 생명력을 잃은 빈 껍질에 불과하다는 것이었다. 이러한 인식은 춘추전국 시대 많은 우언에 특징적으로 나타난 주제였다.

공자는 당시 우언에서 부정의 대상자였다. 공자는 무너져가는 주대(周代)의 예악문화(禮樂文化)를 계승하여 혼란스러운 난세를 구제하겠다는 의지를 가지고 있었다. 그러나 진보적인 역사관을 지녔던 도가(道家)나 법가(法家) 등은 공자를 부정함으로써 사회 내부에 잔존하

고 있던 귀족 지배질서를 극복하려고 하였다. 공자는 포악한 인물의 상징인 도척(盜跖)에게 치욕적인 수모를 당하기도 하고, 때로는 속세의 영욕을 떠난 은자(隱者)들의 조소의 대상이기도 하였으며, 어떤 때는 사회의 버림을 받은 최하층민의 조롱을 받기도 했다.

이처럼 당시 우언에는, '나무갓을 쓰고, 죽은 소가죽 혁대를 맨 공자'(≪장자·도척편≫)가 되는 것을 거부하고, 거북이처럼 "차라리 진흙탕 속에서 꼬리를 끌며 살겠다"(≪장자·추수(秋水)편≫)는 강한 부정정신이 나타나 있다. 이처럼 우언은 과거 역사를 정리하고 새로운 질서를 구축하는데 유용하게 사용되었다.

둘째, 이념의 수립과 계몽을 위해서 우언을 창작했다는 점이다. 귀족 사회의 핵심적 가치인 종법적 질서를 계승하려고 했던 유가(儒家)집단의 우언은 비교적 적고, 이와 대립되는 학파인 도가의 장자와 열자, 법가의 한비자 등의 우언이 많다는 것이 이를 증명한다. 각 학파들은 이념을 수립하고 그것을 널리 계몽하기 위하여 이야기를 동원했다. 이념을 널리 대중들에게 계몽하는 데는 논리적인 문장이나 감성적인 시가보다는 쉬운 이야기가 유용했다. 민간에 떠돌던 이야기들을 개작하거나, 이념을 설명하는 데 적합한 이야기를 만들어 내어야 했다. 이야기에 등장하는 인물도 대중들에게 널리 알려진 역사적 인물[군자의 표상 공자, 미인의 대명사 서시(西施), 포악한 인물 도척, 명의 편작, 은자의 상징 허유(許由), 도덕군자 증자(曾子), 미치광이 접여(接輿) 등등], 인간의 본능을 특징화하기 쉬운 동물[건어물 가게의 붕어, 박제가 된 거북이, 사당의 쥐, 천리마, 수레바퀴 앞의 사마귀, 가시나무 위의 원숭이, 웅비하는 봉황, 교활한 고라니, 우물안 개구리 등등], 외형의 특이함을 통해 우의(寓意)를 부각시키기 쉬운 인물[턱이 배꼽에 닿는 지리소(支離疏), 목병신, 언청이, 혹불이, 곱사등이, 해골, 야수 등등]이 주로 등장한다. 따라서 우언은 이념을 대중들에게 널리 계몽하기 위한 도구였음을 알 수 있다.

셋째, 우언을 유세의 도구로 이용하였다. 사 계층은 자신들이 가지고 있던 '지식'이 권력가들의 '세력'과 균형을 이루려고 노력하였다. 그러나 종종 양자간의 균형이 깨지거나 첨예하게 대립하는 위기에 직면하곤 하였다. 그들의 정신적 기반은 귀족사회의 편견, 폭군의 폭정, 군주의 우매함과 경직된 사고 등에 의하여 여지없이 무너지게 된다. 그들은 이런 위험을 피하고 논쟁을 강화하기 위하여 우언이란 양식을 사용하였다.

한비자는 양자 간의 대립구도를 다음과 같이 잘 묘사하였다.

〈미자하가 총애를 잃다(彌子瑕失寵)〉

옛날에 미자하는 위(衛)나라 임금의 총애를 받던 미소년이었다. 위나라 국법에, 임금의 수레를 몰래 타는 사람은 다리 잘리는 형벌을 받게 된다.

한 번은 미자하의 어머니가 병이 들었다. 어떤 사람이 밤에 몰래 미자하에게 가서 군주의 수레를 타고 나가라고 일러주었다. 미자하는 군주의 명령을 사칭하고 군주의 수레를 타고 궁궐을 빠져나갔다. 군주가 이 소식을 듣고서 칭찬하였다.

"효자로다! 어머니 때문에 다리 잘리는 죄를 저질렀구나!"

얼마 있다가, 미자하는 군주와 함께 과수원에 놀러갔다. 복숭아를 먹다보니 맛이 있어서 다 먹지 않고 나머지 반을 군주에게 바치니 군주가 말했다.

"나를 사랑하고 있구나! 자기가 맛있어하던 것도 잊고 나에게 바쳤구나!"

그러나 미자하의 얼굴이 시들해지자 그에 대한 군주의 애정도 멀어졌다. 이 즈음에 그가 군주에게 죄를 지었다. 그러자 군주가 말했다.

"저 놈은 일찍이 군주의 명령을 사칭하여 내 수레를 탄 일이 있었을 뿐
만 아니라 자기가 먹다 남은 복숭아를 내게 먹인 적이 있었느니라!"

(昔者彌子瑕有寵於衛君. 衛國之法: 竊駕君車者罪刖. 彌子瑕母病,
人聞往夜告彌子, 彌子矯駕君車以出. 君聞而賢之, 曰: "孝哉! 爲母
之故, 忘其犯刖罪." 異日, 與君遊於果園, 食桃而甘, 不盡, 以其半
啗君. 君曰: "愛我哉! 忘其口味以啗寡人." 及彌子色衰愛弛, 得罪
於君, 君曰: "是固嘗矯駕吾車, 又嘗啗我以餘桃")

≪한비자(韓非子)·세난편(說難篇)≫

이처럼 한비자는 '유세의 어려움[說難]'을 강조하고, 다음과 같이
설파하였다. "용(龍)이란 동물은 유순하여 잘 길들이면 등에 탈 수 있
다. 그러나 그 목 아래 지름이 한 자나 되는 거꾸로 박힌 비늘이 있
다. 사람이 그것을 건드리면 반드시 죽음을 당한다. 군주도 역시 거
꾸로 난 비늘을 가지고 있다. 유세하는 자는 거꾸로 난 비늘을 건드
리지 않아야 임무를 완수할 수 있다"(≪한비자·세난편≫)

그래서 제후 간의 합종연횡을 배후에서 움직였던 종횡가(縱橫家)나
책사들이 우언을 외교적 수단으로 사용하였다. 험난한 정치세력과
의 팽팽한 긴장 속에서 살아남기 위해서는 "말은 여기 있으나 뜻은
저기에 있는(言在此, 意在彼)" 담화방식을 찾아야 했다. 우언이 그들의
의도에 부합하는 양식이 된 것은 매우 자연스런 일이었다.

3. 춘추전국 우언의 특징: 철학성, 정치성, 교훈성

춘추전국 시대 우언의 주요 특징은 어디에 있는가?

첫째, 철학성이 짙다는 점이다. 이 당시 우언은 각 학파의 철학적

원리나 주장을 널리 전파시키는 도구였다. 그러므로 당시 우언 속에
는 철학적 내용이 매우 짙게 나타나 있다.

여기서 장자의 우언 한 편을 예로 들어보자.

<혼돈의 죽음(渾沌之死)>

남해의 제왕은 숙(儵)이고, 북해의 신은 홀(忽)이며, 중앙의 신은 혼돈
이다. 숙과 홀은 종종 혼돈의 땅에서 만났고, 혼돈은 그들을 후하게 대
접하였다. 그래서 숙과 홀은 혼돈의 은혜에 어떻게 보답할까 하고 의
논을 하였다. 그래서 그들은, "사람들은 모두 일곱 개의 구멍을 가지고
보고 듣고 마시며 숨을 쉬는데, 혼돈만이 유독 구멍이 없으니, 그에게
구멍을 파 주기로 합시다."하고 결정하였다. 그리고 나서 그들은 매
일 구멍 하나씩 팠다. 그랬더니 혼돈은 7일 만에 죽어버리고 말았다.
(南海之帝爲儵, 北海之帝爲忽, 中央之帝爲渾沌. 儵與忽時相與遇
於渾沌之地, 渾沌待之甚善. 儵與忽謀報渾沌之德, 曰 "人皆有七竅
以視聽食息, 此獨無有, 嘗試鑿之."日鑿一竅, 七日而渾沌死.)

≪장자(莊子)·응제왕편(應帝王篇)≫

신속하지만 경망스러운 숙(儵)과 민첩하지만 신중하지 못한 홀(忽)
에 비하여 혼돈(渾沌)은 우직하다. 이야기 속의 '구멍'은 유가(儒家)들
이 주장하는 가치기준을 말한다. 혼돈은 인위적인 '구멍' 때문에 죽
었다. 이 우언은 만물은 생긴 대로 두자는 장자의 무위자연(無爲自然)
철학을 표현하였다. '유위(有爲)'와 '무위(無爲)' 그리고 '인공(人工)'과
'자연(自然)'의 극명한 대립을 통하여 장자의 철학을 형상적으로 표현
하였다.

전국시대 말기 ≪여씨춘추≫는 유가·도가·묵가·법가·음양가(陰陽

家) 등 다양한 학파의 철학을 망라하였다. 여기에 수록된 우언을 보면 춘추전국 시대 각 학파의 철학적 추이와 아울러 당시 우언의 특징을 파악할 수 있다.

이처럼 춘추전국 우언은 철학적 함의를 담고 있음을 알 수 있다. 이런 점에 있어 춘추전국 우언은 현실생활의 삶의 지혜를 주로 계몽하고 있는 이솝우화나, 불자(佛者)들의 수양을 목적으로 하는 인도의 우언과 사뭇 다르다.

둘째, 정치성을 띠고 있다. 춘추전국 시대는 각 제후들의 최대 목적은 주(周) 왕조를 대신하여 새로운 정치질서를 구축하는 것이었다.

≪여씨춘추≫우언을 보자.

유왕의 북(幽王擊鼓)

주(周)나라는 풍(酆)·호(鎬) 땅에 터를 잡고 있었기 때문에 오랑캐와 가까이 있었다. 그래서 각 제후들과 약속하였다. 길에 높은 보루를 쌓고 그 위에 북을 설치하여 두루 두루 잘 들리도록 하는데, 만약에 오랑캐가 침입했을 때 북을 두드리면 각 제후의 병사들은 일제히 출동하여 천자를 구해야 한다는 것이었다.

한 번은 오랑캐가 쳐들어 왔다. 유왕이 북을 두드리자 제후의 병사들이 일제히 출동하였다. 포사(襃似)가 이 광경을 보고 매우 기뻐하고 재미있어 하였다. 유왕은 포사를 즐겁게 하기 위해 자주 북을 두드렸다. 제후의 병사들이 일제히 출동하였으나 오랑캐는 보이지 않았다. 나중에 진짜 오랑캐가 쳐들어 왔다. 유왕이 북을 두드렸으나 제후의 병사들은 출동하지 않았다. 유왕은 여산(麗山) 아래에서 죽임을 당하는 신세가 되었고 천하의 웃음거리가 되었다.

(周宅酆鎬近戎人,與諸侯約,爲高葆禱於王路,置鼓其上,遠近相聞.

卽戎寇至,傳鼓相告,諸侯之兵皆至救天子.

戎寇當至,幽王擊鼓,諸侯之兵皆至,襃姒大說,喜之.幽王欲襃姒之
笑也,因數擊鼓,諸侯之兵數至而無寇.至於後戎寇眞至,幽王擊鼓,
諸侯兵不至,幽王之身,乃死於麗山之下,爲天下笑)

≪여씨춘추(呂氏春秋)·의사(疑似)≫

이 우언은 천하통치에서 가장 중요한 것이 민심을 얻는 것임을
강조하고 있다. 민심을 잃으면 유왕처럼 패망의 길을 걷는다는 경
고이다.

사 계층은 서로의 정치적 입장에 따라 자신의 주장을 펼쳤다. ≪맹
자≫ 우언은 왕도(王道)정치를 담았고, ≪한비자≫와 ≪여씨춘추≫ 우
언은 법치(法治)를 주장하였다. ≪전국책≫ 우언은 합종연횡과 정치
력, 제후간의 이해득실을 다각도로 반영하였다. ≪장자≫나 ≪열자≫
는 인간의 순수한 의지와 생명력을 파괴하는 통치자들의 인위적인
정치를 반대하였다.

당시 우언이 통치자들에게 요구했던 정치적 덕목은 '백성을 사랑
하라[愛民]'·'현명한 인재를 존중하라[尙賢]·충언을 받아들여라[納
諫]'·'소수 세력의 전횡을 경계하라[參觀]' 등이었다. 예를 들면, <주
막집의 사나운 개>·<사당의 쥐>·<아궁이 앞에 선 사람> 등은 소수
세력의 전횡을 풍자하였다. 또한 인재(人才)를 주제로 한 우언이 많은
것도 정치성과 관련이 깊다.

셋째, 교훈성을 들 수 있다. 교훈성은 모든 우언의 보편적인 특징
중의 하나다. 그 중에서 역사적 교훈을 들 수 있다. ≪전국책≫은 기
본적으로 역사서이면서 역사적 사실을 기술하는데 목적을 두지 않
고, 역사적 교훈을 전달하는데 무게를 두었다. ≪한비자≫ 우언 중에
는 ≪좌전≫의 역사 이야기를 주제로 한 것이 35편, ≪전국책≫과 동

일한 이야기가 37편이나 된다.

≪한비자·유로편(喩老篇)≫의 <순망치한(脣亡齒寒)> 우언이 대표적인 예이다.

<순망치한(脣亡齒寒)>

진(晉)나라 헌공(獻公)이 수극(垂棘) 땅에서 난 구슬을 우(虞)나라에 뇌물로 주고 우나라를 통해 괵(虢)나라를 치려고 하였다. 그러자 우나라 대부 궁지기(宮之奇)가 군주에게 간하여 말했다.

"안됩니다. 입술이 없으면 이가 시린 법입니다. 우나라와 괵나라가 서로 돕고 있는 것은 서로가 은덕을 입었기 때문이 아닙니다. 진나라가 지금 괵나라를 멸망시키고 나면, 그 다음 우나라는 따라서 망할 것입니다."

우나라 군주는 이 말을 듣지 않고, 구슬을 받고 길을 내 주었다. 진나라는 괵나라를 빼앗은 다음 돌아오면서 우나라를 멸망시켰다.

(晉獻公以垂棘之璧, 假道於虞而伐虢. 大夫宮之奇諫曰 "不可. 脣亡而齒寒, 虞·虢相救, 非相德也. 今日晉滅虢, 明日虞必隨之亡." 虞君不聽, 受其璧而假之道. 晉已取虢, 還反滅虞.)

≪한비자(韓非子)·유로편(喩老篇)≫

'힘이 약한 나라는 서로 힘을 합쳐야 큰 나라의 위협을 막을 수 있다.'는 교훈을 담았다. 이 이야기가 ≪여씨춘추·권훈편(權勳篇)≫ 등 여러 곳에 수록된 것으로 보아 당시에 널리 알려진 것임을 알 수 있다. 이 우언은 역사 이야기를 이용하여 ≪노자(老子)≫ 64장의 "징조가 일어나기 전에 일을 도모하면 쉽다[其未兆, 易謀也]"는 교훈을 표현하였다. 즉 사건은 가장 근본적인 것에서 발생하니 항상 경계를 소홀히 해서는 안 된다는 것이다. 현명한 사람의 올바른 충고를 받아들이는 것이 자기의 실수를 막는 지름길이다. 작은 이익에 연연하다가 해를 입게 되는 경우가 있다. 결국 자신의 작은 이익 때문에 나라를 잃는 통치자가 되어서는 안된다는 교훈이다.

≪전국책≫에는 '어부지리'를 경고한 우언이 수록되어 있다.

〈일거양득(一擧兩得)〉

사람을 서로 잡아먹으려고 싸우는 두 마리 호랑이를 발견하였다.

관장자(管莊子)가 칼로 찌르려고 하였다.

그러자 관여(管輿)가 가로막으며 말했다.

"호랑이는 사나운 짐승이고, 사람고기는 맛이 있으니, 지금 두 마리 호랑이가 사람고기를 차지하려고 서로 싸우고 있는 것이요. 작은 놈은 반드시 죽을 것이고, 큰 놈은 상처를 입을 것이오. 그대가 상처 입은 호랑이를 기다렸다가 찌르면 단번에 호랑이 두 마리를 한꺼번에 잡을 수 있습니다. 한 마리 호랑이를 찌르는 수고를 하지 않고도, 두 마리 호랑이를 찔렀다는 명성을 얻을 수 있소."

(有兩虎諍人而鬪者, 管莊子將刺之, 管輿止之曰 "虎者, 戾蟲;人者甘餌也. 今兩虎諍人而鬪, 小者必死, 大者必傷. 子待傷虎而刺之, 則是一擧而兼兩虎也. 無刺一虎之勞, 而有刺兩虎之名)

≪전국책(戰國策) 진책이(秦策二)≫

〈초절제제거병벌초장(楚絶齊齊擧兵伐楚章)〉

때를 제대로 파악하여 일을 진행하면 수고를 반으로 줄이면서도 성과를 두 배로 올릴 수 있다는 것이다. 이 우언은 진(秦)나라 진진

(陳軫)이 진혜왕(秦惠王)에게 유세할 때 인용한 이야기이다. 진나라는 제(齊)나라와 초(楚)나라 간의 싸움을 이용하여 외교적 이득을 얻어야 한다고 설득하였다. 사마천(司馬遷)은 ≪사기·장의열전(史記·張儀列傳)≫에서 이 우언을 인용하여 상대의 모순을 이용하고 시기를 포착하면 그 속에서 승리를 쟁취할 수 있다는 교훈을 제시하였다. 후에 '두 마리 호랑이가 싸우면 한 마리는 반드시 상처를 입는다(兩虎相爭, 必有一傷)'·'가만히 앉아 성패를 구경한다(坐觀成敗)'·'산에 앉아 호랑이 싸움을 구경한다(坐山觀虎鬪)'는 말들은 모두 이 우언과 관련 있다.

이 우언은 ≪전국책≫의 '어부지리(漁父之利)'(<燕策二>)와 연계되어 있다. 이쯤 되면, 이 우언들은 역사적 교훈 외에도 냉혹한 현실을 살아가는 일반인들에게 세속적인 지혜를 제공한다.

그러므로 당시 우언들은 현실적 삶 속에 스며있는 인간들의 '편견'·'탐욕'·'맹종'·'나태'·'우매'에 대한 풍자를 통하여 교훈을 전달하였다.

≪장자≫ 우언 한 편을 읽어보자.

<걸음마 배우기(邯鄲學步)>

당신은 수릉(壽陵) 땅에 사는 소년이 조(趙)나라 서울 한단(邯鄲)으로 가서 걸음마를 배웠다는 얘기를 들어보았는가? 그는 조나라 사람들의 걷는 방법을 배우지도 못했고, 원래 자기의 걸음 법마저 잃어버려 하는 수 없이 기어서 돌아왔다는군.

(且子獨不聞夫壽陵餘子之學行於邯鄲與? 未得國能, 又失其故行矣, 直匍匐而歸耳.)　　　　　　　≪장자(莊子)·추수편(秋水篇)≫

'수릉 땅의 소년'은 대도시 한단(邯鄲)으로 걸음마를 배우러 갔다가 기어서 돌아왔다. 우리 속담에 '뱁새가 황새를 쫓다가 가랑이 찢어진다'는 말이 연상된다. 사람은 항상 자신의 본성과 능력에 맞게 살아야 한다. 다른 사람의 특성을 추종하는데 급급하면 자기가 가지고 있는 능력마저 잃게 된다는 것이다.

전국시대 조나라의 공손용(公孫龍)은 자신의 학문이 그 어떤 사람보다 뛰어나다고 자만하고 있었다. 그러던 중 장자의 학문이 심오하다는 소문을 듣고, 친구인 위모(魏牟)를 찾아가 자신의 학문을 장자와 비교해 보자고 하였다. 그러자 위모는 그에게 "우물 안 개구리"와 "걸음마 배우기" 이야기를 들려주었다. 이 우언은, 사람은 각자 가지고 있는 능력과 개성을 발휘하며 살아가는 것이지, 남을 맹목적으로 추종해서는 안 된다는 가르침을 표현하였다.

이처럼 춘추전국 우언은 사람들에게 현실적 삶을 영위하는데 필요한 다양한 교훈을 전달하였다. 그것이 때로는 철학적 원리로, 때로는 정치적 덕목이나 술책으로, 혹은 삶의 지혜로 표출되었다.

4. 춘추전국 시대 우언의 현대적 의미

춘추전국 우언은 성어(成語)가 되어 사람들의 입에 자주 오르내린다. '오십보백보(五十步百步)' · '알묘조장(揠苗助長)' · '한단학보(邯鄲學步)' · '포정해우(庖丁解牛)' · '기로망양(岐路亡羊)' · '남원북철(南轅北轍)' · '휼방상쟁(鷸蚌相爭)' · '화사첨족(畵蛇添足)' · '모순(矛盾)' · '일명동인(一鳴動人)' · '연작지지(燕雀之志)' · 정저지와(井底之蛙) 등등이다. 우언이 이렇게 현대 언어와 긴밀한 관계를 맺고 있다는 것은 우언이 가지는 시대를 초월하는 보편성 때문이다.

춘추전국 시대 우언은 중국의 사유체계와 불가분의 관계에 있다.

그것은 인간의 보편적 도덕을 계몽하기 때문에 시간을 초월하는 가치를 가지고 있다.

우언은 삶의 경험이 얼마나 중요한지를 다음과 같이 강조하였다.

〈노마식도(老馬識途)〉

관중(管仲)과 습붕(隰朋)이 제환공(齊桓公)을 따라 고죽국(孤竹國)을 정벌하였다. 봄에 떠났다가 겨울에 돌아오는데 길을 잃어버렸다.

관중이 "늙은 말의 지혜를 이용하면 됩니다."라고 말하고, 곧바로 늙은 말을 풀어놓고 뒤를 따라가니 드디어 길이 나타났다.

한 번은 산행 중에 물이 떨어졌다. 그러자 습붕이 말했다

"개미는 겨울에 산의 북쪽에서 살고 여름에는 산의 남쪽에서 삽니다. 개미집의 높이가 한 자가 되면 그 아래 일곱 자 밑에는 물이 있습니다."

땅을 파보니 정말 물이 나왔다.

관중과 같이 영특하고 습붕과 같이 지혜로운 사람도 자신이 모르는 것이 있으면 늙은 말이나 개미에게 배우기를 주저하지 않거늘, 지금 사람들은 그 어리석은 마음 때문에 성인의 지혜를 배우려고 하지 않으니, 이 또한 잘못된 것이 아닌가?

(管仲, 隰朋從於桓公而伐孤竹, 春往冬反, 迷惑失道. 管仲曰: "老馬之智可用也." 乃放老馬而隨之, 遂得道. 行山中無水, 隰朋曰: "蟻冬居山之陽, 夏居山之陰. 蟻壤一寸而仞有水." 乃掘地, 遂得水. 以管仲之聖而隰朋之智, 至其所不知, 不難師於老馬與蟻. 今人不知以其愚心而師聖人之智, 不亦過乎?)

≪한비자(韓非子)·설림상(說林上)≫

≪한비자≫는 '늙은 말'이 가진 가치를 강조하였다. 문화의 발전

은 경험의 축적이고 학습에서 비롯된다. 과거를 충실히 배우고 계승하려는 정신은 매우 교훈적이다.

춘추전국 시대 우언은 자유에 대한 속박을 거부하였다.

〈들꿩의 자유(澤雉樂志)〉

들꿩은 열 발짝을 걸어야 먹이 하나를 쪼아 먹었다.
백 보를 걸어야 물 한 모금을 마실 수 있다.
그러나 새장에 갇혀 사육 당하는 것은 바라지 않는다.
(澤雉十步一啄, 百步一飮. 不蘄畜乎樊中)

≪장자(莊子)·양생주편(養生主篇)≫

사회의 속박으로부터 벗어나 자유를 추구하고 싶어 하는 것은 인간의 오랜 희망이다. 들꿩처럼 존비(尊卑)·귀천(貴賤)의 굴레에 갇히는 것을 싫어했다.

그렇다면, 개인의 자유를 추구하는 개체는 집단과 어떻게 조화를 이루어야 할 것인가?

우언은 다음과 같은 해답을 제시하였다.

〈야수 궐과 공공거허(蹶與蛩蛩距虛)〉

북쪽 지방에 궐이라는 야수가 살고 있었다. 앞부분은 쥐처럼 생겼고, 뒷부분은 토끼처럼 생겼다. 급히 걸을라치면 걸려 넘어지고 뛰면 엎어져 넘어진다. 그러나 궐은 항상 맛있는 풀을 뜯어 공공거허를 먹여 준다. 또한 궐이 위험에 닥치면 반드시 공공거허가 업고 도망친다.
이것이 바로 자기의 장점을 가지고 단점을 보충하는 것이다.

(北方有獸. 名曰蹶. 鼠前而兔後. 趨則跲 走則顚. 常爲蛩蛩距虛取
甘草以與之. 蹶有患害也. 蛩蛩距虛必負而走. 此以其所能託其所
不能.)
                                    ≪여씨춘추(呂氏春秋)·불광(不廣)≫

　야수 궐과 공공거허는 서로 돕고 의지하며 살 운명을 가지고 태어
났다. 새장에 갇혀 사육 당하기를 거부한 들꿩의 자유가 중요하다면,
야수 궐과 공공거허처럼 상호 보완하는 삶도 매우 귀중하다. 집단으
로부터 이탈된 개체의 자유가 중요한 만큼 공동체적 삶도 중요하다.
　춘추전국 시대 우언은 '사이비(似而非)'에 대하여 경계했다. 옳고
그름이 구별되지 않는 것은 편견·비이상적 행위·교조적 사고 때문
이라는 것이다.
　춘추전국 우언 속에는 인간으로부터 소외된 인물들이 등장한다.
잔질인(殘疾人)같이 누추한 인물도 사회적 존재 가치는 있다고 가르
친다. 당시 우언은 이들을 통해 정신을 속박하는 사상적 질곡과 인
간의 자유를 규제하는 부조리에 항변하였다. 인간의 아름다움을 실
현하고 왜곡된 삶을 바로 잡으며, 사회의 소외로부터 인간의 자존을
지키려는 그들의 극복 의지는 현대에 중요하다.
　춘추전국 우언에 담긴 진지한 역사의식, 사색과 예지의 조화, 개
체와 집단에 대한 거시적 안목, 인간의 생명의지 등은 오늘의 삶에
도 매우 절실한 덕목이다.
　이처럼 우언이 심미적 쾌감과 지성적 깨우침을 동시에 제공한다
는 면에서 현대 사회에도 유익하다고 할 수 있다.

권석환(權錫煥)

성균관대학교 중어중문학과에서 학사(1984), 석사(1986), 박사(1993) 학위를 취득하였다. 홍콩중문대학(香港中文大學)에 유학하여 연수과정을 마쳤고, 1995년 상명대학교 중국어문학과에 부임하여 20여 년 동안 학생들을 가르치며 연구하고 있다. ≪先秦寓言研究≫로 박사학위를 받은 이후, 우언 관련 연구 논문을 여러 편 발표하였다. 중국 산문을 연구 분야로 삼고 한국중국산문학회 창립에 참여하여 학회장을 역임한 바 있다.

중국 문화에 흥미를 느껴 백여 차례 중국의 각 지역을 답사하였고, ≪中國, 中國人, 中國文化≫(다락원, 2001) 출판을 통하여 중국문화의 원리를 제시하였고, ≪중국문화답사기1≫(다락원, 2002)·≪중국문화답사기2≫(다락원, 2004)·≪중국문화답사기3≫(다락원, 2006), ≪詩文을 따라 떠나는 중국문학유람≫(차이나하우스, 2008) 등을 통하여 문화지리학의 영역을 탐구하였다. 그 외에 ≪중국문자 텍스트의 시각적 재현≫(한국학술정보, 2010), ≪세계의 말 문화2 중국≫(한국마사회, 2010), ≪교훈의 미학 中國名言≫(박문사, 2015), ≪중국아집 : 일상과 일탈의 경계적 유희 中國雅集≫(박문사, 2015)을 출판하였다.

한중 문화 교류 방면에 관심을 가지고 ≪韓國古代寓言史≫(岳麓書社, 2004)·≪韓國古典文學精華≫(岳麓書社, 2006)·≪三國遺事(中國語譯)≫(岳麓書社, 2009)·≪金鰲新話(中國語譯)≫(岳麓書社, 2009)의 출간을 통하여 중국학계에 한국문화를 전파시키는 역할을 담당하였다.